"十四五"职业教育国家规划教材

职业教育财经商贸类专业教学用书

企业管理基础

（第四版）

主 编 龚卫星
副主编 郑静姝
主 审 乔 刚 吴建国 汪正干

华东师范大学出版社
·上海·

图书在版编目(CIP)数据

企业管理基础/龚卫星主编.—4版.—上海:华东师范大学出版社,2018
ISBN 978-7-5675-7421-2

Ⅰ.①企… Ⅱ.①龚… Ⅲ.①企业管理 Ⅳ.①F272

中国版本图书馆CIP数据核字(2018)第014215号

企业管理基础(第四版)

职业教育财经商贸类专业教学用书

主　　编　龚卫星
责任编辑　何　晶
审读编辑　王　奕
装帧设计　蒋　克
插　　图　石　滢　周炜敏
出版发行　华东师范大学出版社
社　　址　上海市中山北路3663号　邮编200062
网　　址　www.ecnupress.com.cn
电　　话　021-60821666　行政传真021-62572105
客服电话　021-62865537　门市(邮购)电话021-62869887
地　　址　上海市中山北路3663号华东师范大学校内先锋路口
网　　店　http://hdsdcbs.tmall.com
印　刷　者　上海市崇明县裕安印刷厂
开　　本　787毫米×1092毫米　1/16
印　　张　15
字　　数　366千字
版　　次　2018年5月第4版
印　　次　2024年7月第10次
书　　号　ISBN 978-7-5675-7421-2
定　　价　36.00元

出版人　王　焰

(如发现本版图书有印订质量问题,请寄回本社客服中心调换或电话021-62865537联系)

出版说明（第四版）

CHUBANSHUOMING

本书是"十四五"职业教育国家规划教材，职业教育财经商贸类专业的教学用书。

本书紧密结合职校生的特点，以现代企业所处的市场环境为切入点，对企业管理这一领域作了系统的阐述。文字简单明了，深入浅出。

具体栏目设计如下：

学习目标 在每章的开始明确地告诉学生本章学习的要求，使学生对即将学习的知识的框架有一个大致了解。

案例思考 在正文中穿插的对相关知识点的补充、拓展，并提出小问题，要求学生在思考中学习，可作为课堂讨论的内容。

案例分析 与每章知识点相关的经典案例，让学生了解该知识在实际中的运用，并有思考题供学生讨论、分析，锻炼其灵活运用新知识的能力。

本章小结 对每章知识点的系统梳理，简洁明了。

复习思考 每章后所附的练习思考题。

活动建议 对学生如何在现实生活中运用所学知识的建议。

为了方便教师的教学活动，本书还配套有教学资源可供下载，内容含有各章的教学重点、教学过程与方法选介、教材中案例题和复习思考题的参考答案等。

华东师范大学出版社
2023 年 12 月

前　　言（第四版）

QIANYAN

　　面对经济全球化的挑战以及市场经济大潮的猛烈冲击，现代企业管理正处于快速的发展变化时期，企业管理的体制在全面改革，企业管理的变革在不断加剧，企业管理的创新也在不断演进。与此相适应，对企业管理理论的研究也正处于不断拓展与深化的阶段，其突出表现是：企业管理的外延在不断扩大，企业管理的内涵在不断丰富，企业管理的体制在不断健全，企业管理的理论也在不断升华。企业管理实践的不断创新和企业管理理论的逐步完善，是社会生产迅速发展、市场经济逐步成熟、企业管理体制改革不断深化的要求和结果。

　　这本《企业管理基础》正是企业管理实践活动和企业管理理论探索的产物。全书以现代企业所处的市场环境为切入点，从企业管理概述、企业管理原理、组织管理、企业人力资源开发与管理、企业营销管理、企业规划、企业战略管理、商贸企业经营过程管理、工业企业生产过程管理、企业财务管理等十个方面进行了全面系统的论述。在阐述形式上，对知识要点的介绍尽可能做到简明扼要、深入浅出，并适当增加图、表，以求直观易懂。在教材的编写过程中，力求体现思想性、时效性、应用性、特色性、启发性和规范性，以便于学生学习。为了提高学生的综合管理能力，在每章中配有大量的案例思考、案例分析，在每章后附有复习思考题和活动建议，有助于巩固学生的学习效果，培养学生从事管理工作的职业技能，从而形成了本教材自身的特色。本教材作为"十四五"职业教育国家规划教材，可供中等职业学校市场营销、商务管理、电子商务等专业相关课程使用。

　　本次改版修订根据我国经济发展的新形势及企业发展的实际情况，调整并充实了部分教学内容和章节中所附的案例思考和案例分析；同时也对原教材的不妥之处进行了修订。

本教材由长期从事管理理论研究和实践的资深教师、专家编写而成。写作大纲由龚卫星拟定,并由龚卫星担任主编、郑静姝担任副主编。各章的初稿分别由下列老师编写:龚卫星(第一、三、五、八、十章),赵三宝(第二、九章),周美华(第四、六章),顾德祥(第七章)。全书由龚卫星总纂定稿。第四版教材改版主要工作由郑静姝承担,汪正干负责对改版内容进行审定,并提出了合理化建议。

本书的编写过程中,编者参考并引用了国内外相关专家、学者在管理理论与实践方面的最新理论研究成果。在此,我们表示衷心的感谢! 由于作者的水平有限,书中难免存在错误或不足之处,恳请批评指正。

最后,感谢两位主审专家——乔刚老师和吴建国老师对本书提出的宝贵意见。

编者
2022 年 8 月

目 录

MULU

第一章　企业管理概述　　1
　第一节　企业与管理概述　　2
　第二节　现代企业组织形式及面临的挑战　　6
　第三节　企业管理的意义及原则　　9

第二章　企业管理原理　　15
　第一节　企业管理理论的演进　　16
　第二节　企业管理的职能　　26
　第三节　企业管理的基本原理　　30

第三章　组织管理　　39
　第一节　组织概述　　40
　第二节　组织结构设计　　42
　第三节　企业组织结构的种类　　47

第四章　企业人力资源开发与管理　　53
　第一节　人力资源开发与管理概述　　54
　第二节　人力资源的规划　　58
　第三节　人力资源的开发　　62
　第四节　人力资源绩效评价　　73

第五章　企业营销管理　　79
　第一节　企业市场营销概述　　80
　第二节　企业市场营销组合策略　　82
　第三节　企业市场营销能力　　91
　第四节　网络营销　　93

第六章　企业规划　　99
- 第一节　规划的概述　　100
- 第二节　规划的前提——预测　　105
- 第三节　规划的核心——决策　　113
- 第四节　规划的结果——计划　　123

第七章　企业战略管理　　129
- 第一节　企业战略管理原理　　130
- 第二节　企业战略分析　　136
- 第三节　企业战略的类型　　146

第八章　商贸企业经营过程管理　　155
- 第一节　商品采购管理　　156
- 第二节　商品销售管理　　166
- 第三节　商品储存管理　　173

第九章　工业企业生产过程管理　　185
- 第一节　生产过程的组织　　186
- 第二节　质量管理　　195
- 第三节　物资管理　　206

第十章　企业财务管理　　211
- 第一节　企业财务管理综述　　212
- 第二节　筹资管理　　215
- 第三节　资产管理　　221
- 第四节　财务分析　　224

第一章　企业管理概述

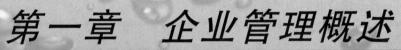

【学习目标】

通过本章的学习,掌握企业与管理的概念、企业管理的特征和功能,以及企业管理的原则;熟悉现代企业的特征、面临的挑战和企业管理的内容;了解企业管理的意义和重要性以及企业管理的要素。

第一节　企业与管理概述

企业是人类社会中的一种经济组织。管理活动是随人类社会的共同劳动而逐步形成和发展起来的。搞好企业管理对企业的实践活动具有重要意义。

一、企业与管理的概念和特征

（一）企业的概念和特征

1. 企业的概念

企业是从事生产、流通、服务等经济活动，为满足社会需要和获取利润，依照法定程序成立的具有法人资格，进行自主经营，享受权利和承担义务的经济组织。它集合土地、资本、劳动力、技术、信息等生产要素，并在创造利润的过程中承担风险。

> **案例思考1-1　如何认识企业**
> 你认为下列组织中哪些是企业？
> ①学校　②医院　③银行　④税务所　⑤饭店

2. 企业的基本特征

企业作为经济组织具有以下特征：

（1）**依法设立**　企业只有得到法律的认可，才能取得独立的法律地位，成为合法的经济组织，才能依法享有权利并承担义务。

（2）**经济组织**　企业是经济组织，它是由一定人员和财产结合而成的社会群体，它有自己的名称和组织机构，它实现了劳动者、生产资料、劳动对象的有机结合。它必须依据法律和按法定程序成立；必须有自己经营的财产；必须有明确的组织机构、名称和场所；必须能够独立承担民事、经济责任。

（3）**以盈利为目的**　企业从事生产经营活动的目的在于为社会创造价值，取得盈利，实现价值增长。企业经营的最终目的是盈利。在市场经济体制下，企业是一个自负盈亏的经济实体。企业不能盈利，就不能生存。

（4）**实行独立核算**　企业在生产经营活动中实行独立核算，自主经营，自负盈亏。面对市场环境，企业拥有自主经营和发展的各种权利。企业可以根据市场的需求状况、可能发生的变化以及自身的情况来组织生产。企业可以自主确定自身的积累比例，并通过增加投入、扩大积累来提高自身在市场上的竞争能力，从而增强自身的发展后劲，使自身经久不衰。

（5）**具有风险性**　市场竞争下，企业优胜劣汰，适者生存。市场瞬息万变，不可控因素很多，企业经营者稍有不慎，就有可能使企业陷入困境，甚至濒临破产或倒闭。这种高风险给企业的经营者带来的不仅是压力，同时也是机遇和挑战，使他们不断努力进取，改善经营管理，改进技术，降低成本，提高企业竞争能力。

> **案例思考1-2　这些现象合理吗**
> 某企业长期存在着如下一些现象：

① 为不断提高员工素质和政治觉悟,规定每周用半个工作日进行政治或时事学习。
② 为活跃员工生活、提高员工体质,每月用半个工作日举行各种文体活动。
③ 为履行社会责任,企业每月轮流从各岗位抽调四人到街头维护交通秩序。
④ 一次,企业所承担的一个工程项目因双方履行合同有误而打官司,总经理为避开官司,责成一个基层负责人全权出庭,并答应官司了结后给其奖励。
[思考] 在企业中存在上述现象是否合理?为什么?如何妥善处理上述问题?

(二)管理的概念和特征

管理是指管理者在一定范围内,通过计划、组织、控制、指挥、协调等手段,为了实现既定目标而对所拥有的资源进行合理配置并有效利用的过程。对管理概念的理解需要掌握四个方面:①管理是一个过程;②管理的目的是达到目标;③管理的对象是所拥有的资源;④管理的手段是计划、组织、控制、指挥和协调。

管理具有以下特征。

1. 科学性

管理是一门科学,从泰罗制(详见第二章第一节)开始就日益体现其科学性。它涉及到生产力、生产关系和上层建筑等诸多领域,是社会科学与自然科学相结合的产物。

2. 艺术性

管理是一门艺术,它反映着千变万化的管理现象。在管理实践中,对象复杂多变,且同一事项会因人、时间、空间的不同而不同,需要有较强的技巧性、创造性和灵活性,很难用规律或原理来禁锢。

案例思考 1-3 如何认识管理

什么是管理?A 认为:管理就是为在集体中工作的人员谋划和保持一个能使他们完成预定目标和任务的工作环境。B 认为:管理就是实行计划、组织、指挥、协调和控制。C 认为:管理就是决策。D 认为:管理就是通过其他人来完成工作。E 认为:管理是由一个或更多的人来协调他人活动,以便收到个人单独活动所不能收到的效果而进行的各种活动。对于这些观点,一些人有以下评价:

① A 的说法更为科学,所以大多数管理学教材都遵循这种框架。
② 这些说法本质上并没有什么差别,只是描述的角度不同而已。
③ E 的说法更为科学,这反映出管理追求增强效应的本质。
④ 这些说法都只是关注管理某方面的局部问题,所以才有不同的解释。

[思考] 对以上几种评价,你的看法如何?你是如何认识管理的?

二、企业与管理的功能

(一)企业的功能

1. 企业的要素

就如同人的身体由各种不同器官所组成,企业也是由许多部分组成并共同配合,才能经营运作;若其中有一部分停滞不前,则整个结构的运作就会受到阻碍。这些部分组成了一个企业的各项资源,称之为企业要素。企业的要素大致有下列八项。

(1) 管理　管理制度是企业的灵魂所在,也是发挥团队力量的总枢纽。

(2) 人力　人是企业发展的原动力,也是现代企业最重要的资源;如何使各种人员人尽其才、发挥工作效率,是现代管理的重要课题。

(3) 资金　资金是企业设立、日常营运不可缺少的资源,又可称为资本(capital)。

(4) 物料　物料是企业生产、行销所必须使用的各种物品的总称,包括生产时的原料、零件及半成品。如何使物料库存不致太多而造成资金积压,又能适时适地提供生产经营活动,是企业应努力的目标。

(5) 机器设备　机器设备是企业进行生产、行销及管理的重要资产,包括生产器具、机器及各项工具等。

(6) 技术方法　它是企业生产、行销产品及劳务的一种专业技能,也是企业赢得市场竞争的秘密武器。

(7) 工作精神　工作精神就是工作士气。若员工工作士气高涨,企业生产力必将提升,则容易达成企业的营运目标。

(8) 市场　市场是沟通生产者与消费者的桥梁,也是企业生存发展的唯一途径。

有了良好及健全的各项要素,企业才能充分掌握、了解并适时满足消费者的任何需要。以上八项要素,称为企业的 8M 要素(因每个要素的英文单词的首字母为 m 而得名,见图 1-1),其中人力、资金、物料、机器设备、技术方法是企业的五大要素。

图 1-1　企业 8M 要素之间的关系

2. 企业的功能

既然企业设立的目的是生产及行销商品以服务消费者,那么企业的功能就是要运用企业内部的各项要素转换成产品、劳务,来满足消费者的需求。一般而言,企业的主要功能有下列五项。

(1) 人事功能　就企业的整体而言,人员是最重要的营运要素。因为,所有的要素都要受人支配,若无充沛的人力或人力运用不当,企业的营运将无法达到理想的目标。因此,人事功能是指对于人力的来源、选取及运用均应有整套的计划,内容包括:员工甄选、任用、培训、考核、福利等。

(2) **生产功能** 泛指创造商品与劳务的一切活动,如:运用原料、设备、技术、方法以制造商品,以及产品设计、工厂布置、品质管理等。

(3) **行销功能** 现代企业正处在一个"市场导向"和"顾客导向"的时代,而企业经营的目的则在于创造与满足顾客需求。所以,行销的功能就是要设计及制造让顾客满意的商品(product),通过最有效的通路(place),以合理的价格(price)来销售推广(promotion)给顾客。所以商品、行销通路、价格、销售推广就合称为行销组合,简称为行销的4P。

(4) **财务功能** 指筹募及运用资金的工作,包括资金的来源、资金筹募及分配、资金的融通、预算编制、财务分析及成本控制等。由于企业在营运过程中,不论是采购、生产、行销,还是人事方面,无一不需要资金,因此若资金不足或运用不当,往往容易造成企业营运的危机。很多中小企业倒闭的原因往往是财务危机。

(5) **研究与发展功能** 研究发展主要可分为两方面:一是解决管理上所面对的问题;二是将研究所得的知识或成果,转化为对组织、管理、产品、劳务、产销过程及顾客服务等各方面的革新。研究发展是企业赖以生存及不断创新成长的法宝,企业若要在激烈的竞争中,不断求新、求变,以突破目前的困境,则一定要重视研究发展的工作。

以上几项企业功能之间的关系非常密切,而各功能之间也互相影响着,并非单独运行。例如,企业生产的产品必须要通过市场行销,才能到达消费者的手中。而要持续不断地生产及行销消费者所满意的产品,则必须依赖研究发展。生产、行销、研究发展等工作都要人去做,更要有充裕的资金做后盾,这样才能购买生产所需的物料、设备,支付各种行销推广及研究发展的费用。

因此,以上五项企业功能构成一个整体的企业系统(见图1-2)。

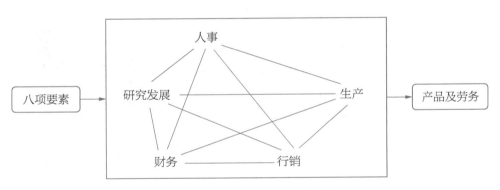

图1-2 企业各项功能之间的关系

(二) 管理的功能

1. 规划功能

规划是指企业在经营过程中,管理者针对各种变动情况必须设法加以预测、控制,并作出决策。规划的工作有:认识问题所在,搜集并分析各种资料,拟定及评估各种可行方案,确定执行方案,制订整套行动计划。

在此特别说明,计划并不等于规划。规划是代表一种程序、过程,而计划乃是规划下的结果。两者相关,但概念、内容并不相同。

2. 组织功能

组织就是根据不同的业务,将一个具有共同目标的工作团体分为若干部门,各赋予其通常的职权,使团体内的各项活动、部门、职位,能产生分工合作的关系,使工作顺利进行,而非仅指静态的组织结构。因此,组织的工作有:工作部门的划分,工作的指派与协调,授予员工工作应有的权责。

3. 用人功能

用人是针对组织内各项工作的性质及形态,选用能胜任工作的人,分派其担任组织内各项职位,并且发挥各人能力,以便将来担负更重要的职位。因此,用人的工作有:甄选所需员工,要因事设人,而非因人设事;培育训练,应提供各种途径给予员工在职进修或训练;考核及任用,应以能力、品德为依据,切忌徇私;升迁发展,给予员工合理的升迁机会,发展员工前途。

4. 领导功能

领导一词包括指导与监督之意,由管理者通过指导、沟通等方式,使部属努力完成任务,并鼓励部属能自动、自发在热情合作下参与工作。因此,领导的工作有:双方意见沟通,包含上级对下级、下级对上级及部门间的沟通;激励部属努力工作;监督与辅导部属的工作状况。

5. 控制功能

控制是指在各项工作的进行过程中,随时检查实际工作成果是否与原定计划相符合,以确保计划能顺利进行,达成预定目标。控制代表一个管理循环的结束,也是另一个循环的开始,其工作有:提示明确的计划,并设定标准;纠正偏差;衡量实际绩效,检查其得失;采取适当的改善措施。

> **案例思考 1-4 如此激励**
>
> 某企业制定了各部门及岗位的责任制度,醒目地挂在各部门的墙上。原先考虑到员工的积极性和自觉性,企业并没有制定相应的监督检查制度,然而年终总结和评奖时遇到了难题,评了多次也评不出一、二、三等奖。最后,经理规定了硬性条件:凡全勤者都有奖;全勤又积极参加政治学习和班组活动者为二等奖;一等奖由大家评,按票数多少决定;一、二、三等奖的差额均为 50 元。很快,评奖结束了。
>
> [思考] 该企业的管理存在什么问题?这种方法是否达到了激励的目的?较有效的激励方法有哪些?

第二节　现代企业组织形式及面临的挑战

一、现代企业组织形式

企业组织形式从不同角度划分有不同形式,从财产组织形式方面考察有以下三种类型:

(一)独资企业

独资企业,西方也称"个人业主制"。它是由个人出资创办的,有很大的自由度。在不违反法律法规的前提下,如何经营,要雇多少人,贷多少款,全由业主自己决定;赚了钱,交了税,一切听从业主的分配;赔了本,欠了债,全由业主的资产来抵偿。我国的个体户和私营企业很多属于此类企业。

(二)合伙企业

合伙企业是由几个人、几十人,甚至几百人联合起来共同出资创办的企业。它不同于所有权和管理权分离的公司企业,通常是依合同或协议组织起来的,结构较不稳定。合伙人对整个合伙企业所欠的债务负有无限的责任。合伙企业不如独资企业自由,决策通常要由合伙人集体做出,但它具有一定的企业规模优势。

以上两类企业属自然人企业,出资者对企业承担无限责任。

(三)公司企业

公司企业是所有权和管理权分离,出资者按出资额对公司承担有限责任的企业。其主要包括有限责任公司和股份有限公司。

有限责任公司指不通过发行股票,而由为数不多的股东集资组建的公司(一般由2人以上50人以下股东共同出资设立),其资本无需划分为等额股份,股东在出让股权时受到一定的限制。在有限责任公司中,董事和高层经理人员往往具有股东身份,所有权和管理权的分离程度不如股份有限公司那样高。有限责任公司的财务状况不必向社会披露,公司的设立和解散程序比较简单,管理机构也比较简单,比较适合中小型企业。

股份有限公司全部注册资本由等额股份构成并通过发行股票(或股权证)筹集资本,公司以其全部资产对公司债务承担有限责任(应当有2人以上200以下的发起人,注册资本的最低限额为人民币500万元)。其主要特征是:公司的资本总额平分为金额相等的股份;股东以其所认购股份对公司承担有限责任,公司以其全部资产对公司债务承担责任;每一股有一票表决权,股东以其持有的股份享受权利,承担义务。

二、现代企业所面临的挑战

全球环境不断变迁,面对不确定的将来,现代企业必然面临更多的挑战。

(一)同业竞争日趋激烈

科技日新月异,使得产业资讯非常容易取得,造成新的竞争者不断加入、市场形成供过于求的局面,且现代企业不仅要和国内同业者竞争,更要面对国外同业者的挑战,其竞争压力可谓愈来愈大。

(二)贸易壁垒逐渐上升

由于全球区域经济的蓬勃发展,区域经济组织,如:欧盟(European Union,简称 EU)、北美自由贸易区(North America Free Trade Area,简称 NAFTA)等对非会员国企业的产品输入一律采取高关税壁垒,以及反倾销税、片面贸易报复(如:美国的"超级301条款")等非关税障碍,均对现代企业进行国际贸易造成了极大的挑战。

(三)消费者对品质的要求提高

在生活水准普遍提升、消费者意识抬头的今天,人们对产品与服务品质的要求,已不再像过去那样无知。企业唯有提高其产品与服务的品质,才能满足客户的需求;否则若故步自封,必遭消费者所摒弃,企业也只能走上关门一途。

(四)天然资源日益减少

由于人类不断开采各种能源及物资原料,使得森林、矿产等资源日益减少,无形中增加了原料的价格与生产的成本。对面临激烈竞争的企业来说,如何提高生产力以降低营运成本,可谓是一大挑战。

(五)人工成本不断提升

随着生活水准的提高,人工成本也不断上扬,不利于企业成本的结构及发展。在强调物美价廉的今天,这无疑又是对企业的一大挑战。

(六)产品生命周期愈来愈短

就如同人类的寿命一样,产品也有一定的生命周期,也会经历从出生(导入期)到死亡(衰退期)的过程(见图1-3)。由于科技发展进步神速,以及消费者的需求趋于多样化,使得每一种新产品从上市到进入衰退期的时间愈来愈短。例如,信息产品的生命周期已从过去的4年缩短至现今的6个月。因此,企业若不加强研究发展工作,以不断开发新产品及技术,或者从外引入新产品及技术,那么一旦原来的产品步入衰退期之后,企业很可能会面临被淘汰的命运。

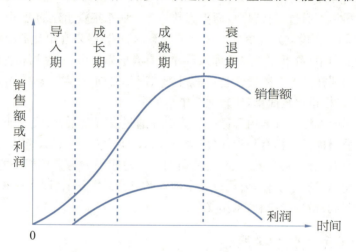

图1-3 产品生命周期

案例分析 1-1

留个缺口给别人

一位著名企业家在作报告,一位听众问:"你在事业上取得了巨大的成功,请问,对你来说,最重要的是什么?"企业家没有直接回答,他拿起粉笔在黑板上画了一个圈,只是并没有画圆满,留下一个缺口。他反问道:"这是什么?""零"、"圈"、"未完成的事业"、"成功",台下的听众七嘴八舌地答道。他对这些回答未置可否:"其实,这只是一个未画完整的句号。你们问我为什么会取得辉煌的业绩,道理很简单——我不会把事情做得很圆满,就像画个句号,一定要留个缺口,让我的下属去填满它。"

[分析]请你结合上述案例,谈谈对管理的艺术性的理解。

第三节　企业管理的意义及原则

一、企业管理的概念和意义

（一）企业管理的概念

企业管理是指根据企业的特点及其生产经营规律，按照市场反映出来的社会需求，充分利用各种资源，对企业的生产经营活动进行计划、组织、领导、控制等一系列活动，实现企业的目标。

企业管理可以细分为：组织管理、人力资源开发与管理、营销管理、经营决策与计划管理、战略管理、经营过程管理、生产过程管理、财务管理等。

（二）企业管理的意义

企业管理就如同射箭，除了要具有良好的技巧及力量（管理的五大功能）之外，也必须拥有好的材质（8M基本要素），以做出好的射弓与箭矢，所射出去的箭才能又快又准地射中目标（见图1-4）。

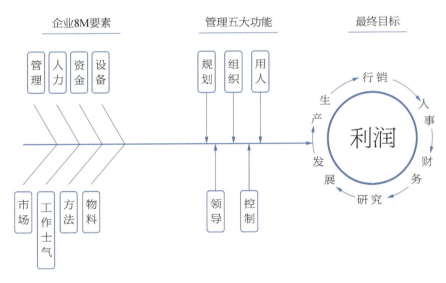

图1-4　企业管理意义

因此，企业管理的意义是：一个以追求利润为目的的事业团体中，管理者运用规划、组织、用人、领导、控制等管理活动，有效利用企业内的人力、资金、物料、设备、技术方法等资源，使其密切地配合，以达到企业预定的目标。

二、企业管理的原则

不同的企业虽有不同的管理制度与方法，但仍有一些共同的原则可依循。

（一）树立正确的目标政策

目标是企业经营共同努力的目的，而政策则是企业经营的指南针，两者均为企业经营管理、执行各项措施的基础。如果企业没有正确的目标和一贯的政策，将使各项业务及管理工作因失去方向而产生偏差，最后将使企业面临倒闭的危机。

其次,目标及政策的制定,必须从国家及社会大众的利益出发,本着为社会大众服务的基本方针及态度,如此才不会被社会所唾弃。

(二) 编制完整的工作计划

企业的目标及政策确立之后,为了力求贯彻,必须制订完整的工作计划,逐步实施,并随时检查改进。其次,必须依据所制订的工作计划,划分各部门及职位的工作权责,作为绩效考核的基础。

(三) 制定合理的管理制度

企业的管理工作,错综复杂,员工也为数众多,如果没有整套合理的管理制度,将使大家无所适从,除影响工作的推行外,还将造成人力及财力的浪费。此外,管理制度的制订,必须博采大家的意见,使制度能兼顾到各阶层的利益,做到公平公正,以降低执行制度或管理员工时的阻力。

(四) 激励员工的工作士气

管理的本质就是通过他人的努力来达成企业的目标,因此,企业的员工既是被管理的对象,又是推动各项管理工作的主要动力。若员工工作情绪高昂,则有助于提升工作效率。所以,激发员工自发的工作热情,使员工富有责任心与荣誉感,是企业人事管理的重要课题。

(五) 有效控制工作的执行

要使企业的各项工作、计划顺利地进行并达到目的,非依赖控制不可;由于企业管理的工作非常复杂,若不能有效控制,等于没有管理。况且有效控制工作的执行,除了可减少时间、资金等资源的浪费,更可确保目标的达成。因此,最有效的管理也是最有效的控制。

(六) 维持良好的公共关系

经营管理者在管理过程中,既要面对公司内部员工,又要面对政府机构、各种社会团体、竞争者及企业周围的社区民众等不同的对象。如果能与这些不同的对象维持良好的关系,并获得他们的支持与认同,则可巩固企业的地位,以促进业务的顺利经营发展。例如,企业可以通过资助社区建设,或者承包社区街道清扫,赞助公益活动等与民众建立良好的关系,从而提升企业形象,促进企业的发展。

三、企业管理的要素

企业管理系统一般由以下要素构成:管理目标、管理主体、管理对象、管理机制与方法、管理环境。

(一) 管理目标

管理目标就是使企业资源得到优化配置和合理利用,并与社会需要和市场需求紧密结合起来,实现最佳的社会效益和经济效益。

(二) 管理主体

管理的主体是管理者。管理者是指在企业中行使管理职能、指挥或协调他人完成具体业务的人,它区别于作业者。作业者是指在企业中直接从事具体的业务,且不承担对他人工作监督职责的人。

(三) 管理对象

管理对象是管理者为实现管理目标所管理的客体。管理的对象包括各类社会组织及其构成要素与职能活动。其内容包括专业知识、经验;技术、技巧;程序、方法、操作与工具运用熟练程度。

(四) 管理机制与方法

管理机制与方法是管理主体作用下管理对象所运用的媒介,主要包括管理作用的一些运作原理与实施方式、手段。管理机制在管理系统中具有极为关键的作用,是决定管理功能的核心问题,是加强科学管理的依据。管理机制的改革与创新是企业改革的核心。

(五) 管理环境

管理环境是指存在于企业内部与外部,影响管理实施和管理功效的各种力量、条件和因素的总和。管理与所处的环境存在着对应、交换和影响三种关系。

(1) 对应关系　以一家企业为例,可以将社会上的环境划分为经济、技术和社会三大环境,那么,企业内部就与之相对应,存在着经营、作业和人际关系三大管理领域。

(2) 交换关系　企业与环境之间不断地进行着物质、能量和信息的交换。例如,一家生产企业,从市场上搜集情报信息,购进原材料,再将加工完的产品到市场上进行销售,并通过广告等形式向社会广泛传递有关产品的信息。组织、协调和控制这些活动的管理行为,在环境之间存在着交换关系。

(3) 影响关系　企业的管理受外部环境的决定与制约,但同时企业的管理也会反作用于外部环境。两者之间存在着极为密切的决定、影响和制约关系。

案例思考 1-5　谁应当对此负责

2008年年初,南方某商业企业在市场鸡蛋供应紧张时,积极拓展进货渠道,抓住机会,扩大鲜蛋经营。该企业先后三次从外地调入鲜蛋1400箱,每箱可赚取进销差价40元,而每只箱子的租金是35元。一个月后,当所有鸡蛋都销完时,销售部门只收回箱子200只,其他蛋箱由于无人看管都已被附近的居民拿走。企业核算利润时,经理发现与预期收益相差甚远。经理责问财务部门,财务部门称有1200只箱子不知去向。经理责问进货部门,进货部门说是销售部门丢失的,对方要扣除租借箱子的押金。经理责问销售部门,销售部门申辩说进货部门并未说明蛋箱是租借的。至此,企业应得的收益无法实现。

[思考] 谁应当对此负责?该企业的管理存在什么问题?

四、企业管理的内容

为实现组织的总体目标,企业管理作为一个系统,需要各组成部分的科学分工和密切配合。企业管理是由一些纵横交错的层次、部门和岗位组成的完整体系。

(一) 不同层次的管理

企业管理从纵向上一般划分为三个层次,即高层管理(经营战略层)、中层管理(职能管理层)和基层管理(作业管理层)。

企业高层管理的任务是根据企业的环境和自身条件,拟订和设计企业的经营战略、发展规划,实施企业的资本运营和资源开发;构建企业组织结构,培养和使用管理人才,培育企业文化,建立有企业特色的管理理念和管理模式;协调企业与外部各方面的关键性关系,处理企业出现的重大危机,寻找企业发展机会,引发企业变革等。企业高层管理是企业管理体系中最重要的组成部分,处于主导地位。

企业中层管理是为实现企业总体战略目标而进行的专业化分工管理,具有明显的专业化和智能化特点。中层管理的任务是将企业战略决策和总体目标在不同领域和不同组织中进行设计与落实,使管理在专业领域中得以体现。同时为高层管理提供专业依据,为基层管理提供职能参谋。中层管理是把高层管理同基层管理联结起来的纽带,既对高层管理发挥参谋和助手的作用,又对基层管理进行指导、服务和监督。中层管理的内容一般是以企业生产经营全过程的不同阶段(开发、供应、生产、营销等)和构成要素(人员、财、物、知识、顾客等)为对象,形成一系列的专业管理。

企业基层管理的对象是作业层。作业层在工业企业通常指的是生产现场,在商贸企业是指交易现场,在服务性企业就是指作业场所。基层管理的任务是科学合理地组织劳动分工与协作,充分调动企业员工的积极性和创造性,确保企业生产运营业务活动有计划、有条理地进行,并将现场的信息反馈到上级有关管理部门。其内容一般包括:工序管理、物流管理、环境管理、规模化管理、职工自主管理、现场人员激励和指挥等。

(二)各项专业管理

针对企业生产经营过程和经营特点的不同,针对企业管理对象和要素的不同,企业管理又可以从横向上形成一系列的专业管理,如:技术开发管理、生产管理、物资供应管理、市场营销管理、财务管理、人力资源管理等。

技术开发管理是对企业从事生产经营活动必须进行的各种技术活动的管理,包括项目开发、产品开发、技术开发、资源开发、设备开发等,对这些开发活动进行管理,为企业拓展良好的发展远景和提供充分的经营活动支持,是技术开发管理的目的。

生产管理是对生产企业的日常生产活动进行计划、组织、协调和控制等一系列的管理活动过程,主要包括工厂布置、生产过程组织、劳动组织、生产计划、生产作业计划、质量管理、设备管理等工作。

物资供应管理包括物资的采购、储备、保管、发放和合理使用等管理工作。

市场营销管理是指企业在变化发展的市场环境中,为满足顾客需要,实现企业目标的商务活动过程的管理。它包括市场研究、营销战略设计、营销组合策略设计、销售渠道、广告宣传、产品定价、用户服务等方面的管理活动。

财务管理是对企业资金的管理,其主要内容有:资金筹措、固定资金和流动资金管理、成本费用管理、利润管理等。

人力资源管理是根据企业发展与企业经营活动的需要,面向未来和面向社会,对企业所需的人力资源进行战略规划、开发利用、教育培养、考核评价和优化组合的管理过程。其主要内容有:人力资源规划,人员的招聘、录用、调配、考核、升迁等,工作设计,员工激励,企业福利等。

企业管理是一个系统,除上述的企业综合管理、专业管理以外,还必须有企业管理的基础工作作为支持。企业管理的基础工作是指为实现企业管理目标和有效运用管理职能,为企业管理提供信息依据、共同准则、基本手段和基本条件的日常管理工作。管理基础工作主要包括:标准化工作、定额工作、计量工作、制度规范工作、信息工作、职工教育和班组建设等。企业管理的基础工作对企业具有重要意义,是企业实现各项管理职能的基础,是完善各项管理工作的必要条件。

案例思考1-6 管理应该做什么

某企业的一名部门经理,经常在总经理处为本部门争奖金,然后平均分给每名下属,因为他认为员工工资不高,自己若能为大家多争些奖金,部门工作一定能搞好。但是部门的员工并不领情,奖金多了还想再多,分配工作时仍是挑挑拣拣,工作积极性也不高。

[思考]员工为什么会这样?激励可能受哪些因素影响?你认为做好部门管理应该注意哪些因素?

案例思考 1-7　法国斯太利公司的"工人自我管理"

法国斯太利公司根据生产经营的要求和轮换班次的需要,把全厂职工以 15 人一组,分成许多小组,每组选出两名组长,一位组长专抓生产线上的问题,另一位组长负责培训、召集讨论会和作记录。厂方只制订总生产进度和要求,小组自行安排组内人员工作。小组还有权决定组内招工和对组员奖惩。该厂实行"自我管理"后,生产效率提高很快,成本也明显下降。

[思考] 请结合上述案例谈谈你对管理的认识。

案例分析 1-2

麦当劳:把所有经理的椅背锯掉

麦当劳创始人克罗克是美国社会最有影响力的十大企业家之一。他不喜欢整天坐在办公室里,大部分工作时间都用在"走动管理"上,即到各公司、各部门走走、看看、听听、问问。麦当劳公司曾有一段时间面临严重亏损的危机,克罗克发现其中一个重要原因是公司各职能部门的经理有严重的官僚主义,习惯靠在舒适的椅背上指手画脚,把许多宝贵时间耗费在抽烟和闲聊上。于是克罗克想出一个"奇招"——将所有经理的椅背锯掉,并要求立即照办。开始很多人骂克罗克是个疯子,但不久大家开始品出了他的一番"苦心"。经理们纷纷走出办公室,深入基层,开展"走动管理",及时了解情况,现场解决问题,终于使公司扭亏为盈。

[分析] 请你结合上述案例谈谈对企业管理的理解。

★★★★★ 本章小结 ★★★★★

一、企业与管理的概念
- **企业概念**　以盈利为目的从事生产、流通、服务等经济活动,为满足社会需要和获取利润,依照法定程序成立的具有法人资格,进行自主经营,享受权利和承担义务的经济组织。
- **企业特征**　依法设立、经济组织、盈利为目的、实行独立核算、具有风险性。
- **管理概念**　根据企业的特点及其生产经营规律,按照市场反映出来的社会需求,充分利用各种资源,对企业的生产经营活动进行计划、组织、领导、控制等一系列活动,实现企业的目标。
- **管理要素**　管理目标、管理主体、管理对象、管理机制与方法、管理环境。

二、企业与管理的功能 ┬ 企业的功能　人事、生产、行销、财务、研究与发展功能。
　　　　　　　　　└ 管理的功能　规划、组织、用人、领导、控制功能。

三、现代企业组织形式 ┬ 独资企业
　　　　　　　　　　├ 合伙企业
　　　　　　　　　　└ 公司企业

四、现代企业所面临的挑战 ┬ 同业竞争日趋激烈
　　　　　　　　　　　　├ 贸易壁垒逐渐上升
　　　　　　　　　　　　├ 消费者对品质的要求提高
　　　　　　　　　　　　├ 天然资源日益减少
　　　　　　　　　　　　├ 人工成本不断提升
　　　　　　　　　　　　└ 产品生命周期愈来愈短

五、企业管理的意义及原则 ┬ 企业管理的意义　管理者通过管理活动有效利用企业内的人力、资金、物料、设备、技术方法等资源，使其密切地配合，以达到企业预定的目标。
　　　　　　　　　　　　└ 企业管理的原则　树立正确的目标政策、编制完整的工作计划、制定合理的管理制度、激励员工的工作士气、有效控制工作的执行、维持良好的公共关系。

六、企业管理的内容 ┬ 不同层次的管理
　　　　　　　　　└ 各项专业管理

复习思考

1. 企业与管理的概念各是什么？
2. 企业具有哪些主要功能？
3. 现代企业将面临哪些挑战？
4. 企业管理应依循哪些原则？

活动建议

1. 如何将管理功能运用到班级活动中去？
2. 请你想想，如果没有企业管理，我们的生活将受到什么影响？
3. 讨论：现代企业应承担的社会责任有哪些？
4. 请你叙述一位成功管理者的故事。

第二章　企业管理原理

【学习目标】

通过本章的学习,理解传统管理阶段、科学管理阶段、行为科学管理阶段和现代管理阶段的管理理论;理解和掌握企业管理的五项基本职能及其相互关系;理解企业管理的系统、人本、封闭、能级、效益等原理。

第一节　企业管理理论的演进

随着科学技术不断进步,社会生产力不断发展,人们从生产、经营、管理的实践中逐步积累、总结和概括管理经验,进而将其抽象、升华为管理理论,用于指导社会生产实践,从而创造出更高的生产力,推动社会进步。资本主义管理理论的产生和发展大致经历了传统管理、科学管理、行为科学管理和现代管理四个阶段。

一、传统管理阶段

传统管理阶段开始于18世纪80年代的工业革命,止于19世纪末,其间经历了一百多年时间。蒸汽技术推动的第一次工业革命使工厂成为资本主义工业生产的主要经营方式,生产水平的提高和劳动方式的变化对管理提出了新的要求,从而促使人们从许多方面对管理工作进行探索。

(一)传统管理阶段的主要代表人物

1. 亚当·斯密(1732—1790年)

图 2-1　亚当·斯密

英国古典经济学家亚当·斯密(见图2-1)在他1776年发表的《国富论》中,第一次系统地论述了古典政治经济学。其主要观点如下:

- 认为劳动是国民财富的源泉。只有减少非生产性劳动,增加生产性劳动,同时提高劳动者的技能,才能增加国民财富。
- 强调了劳动分工对劳动生产力提高的重要性。他列举了劳动分工的三个优点:使劳动者的技能得到提高,节约由于工作变化而损失的时间,有利于专门从事某项作业的劳动者改良或发明生产工具。在此基础上,他对由分工而产生的管理问题作了理论分析。
- 提出了"经济人"的观点。人们在经济活动中追求的是个人利益,但是市场体系拥有一双看不见的手,这只手会引导人们在追求自己的利益时经常地促进社会利益,达到个人利益与公共利益的高度一致。因此社会利益是以个人利益为基础的。

2. 罗伯特·欧文(1771—1858年)

1850年,英国的空想社会主义者罗伯特·欧文在苏格兰的一座棉纺厂中尝试了一种新的工厂管理制度。在这座工厂里,他大力减轻工人的劳动强度,改善劳动条件,为员工提供较多的福利、设施。他认为,工厂是由员工组成的,只要把他们有效地组织起来,使他们相互合作,就能产生最大效益。他因较早注意到企业中人事管理的问题而被后人称为"人事管理之父"。

3. 查尔斯·巴贝奇(1792—1871年)

查尔斯·巴贝奇是英国剑桥大学著名的数学家,曾用几年时间到英、法等国的工厂了解和研究管理问题,并提出了劳动分工、用科学方法有效地使用设备和原料等观点。他在工作方法和报酬制度方面的研究卓有成效,他主张通过科学研究来提高设备、材料的使用效率和工人的工作效率,采用利润分配制以谋求劳资之间的调和。

（二）传统管理阶段的主要特点

1. 由资本家直接担任企业管理者

资本家凭借手中的资本，将劳动者、劳动资料和劳动对象集中到一起，进行商品生产。拥有资本的资本家自然而然地成为企业管理者，他们的思想观念直接左右着企业的管理活动。

2. 靠个人的经验从事生产和管理

工人凭经验进行业务操作，没有统一的操作规程；产品没有统一规格，缺乏互换性；管理者凭经验管理，没有统一的管理方法；工人和管理人员的培训主要采取师傅带徒弟的方法，没有统一的训练要求。这个时期的管理仍然具有很大的随意性。

3. 管理的重点是解决分工和协作问题

这一阶段的管理主要着眼于生产过程中企业内部如何进行分工和协调，以保证生产顺利进行，以及如何减少资金消耗、提高工人的日产量指标，以赚取更多利润等。

二、科学管理阶段

传统的家长式经验管理只是以简单粗暴的方式来追求成本的降低和利润的提高，缺少对管理科学的研究。随着自由资本主义向垄断资本主义过渡，企业的生产规模日益扩大，这对管理提出了更高的要求。于是，各种新的管理思想纷纷出现，管理理论由此进入了科学管理阶段。

科学管理阶段从19世纪末开始，到20世纪三四十年代结束。在这一阶段，涌现了以泰罗、法约尔、韦伯为代表人物提出来的一系列科学管理理论。这些管理思想是对社会化大生产发展初期管理思想较为系统的总结，标志着管理科学理论的建立。

（一）科学管理阶段的主要代表人物

1. 泰罗（1856—1915年）

泰罗（见图2-2）生于美国宾夕法尼亚州，通过夜校学习获得了工程学位。泰罗年轻时由于刻苦学习和勤奋工作，在六年中从普通工人接连升为工长、车间主任，直至升为总工程师，进入管理阶层。泰罗毕生致力于研究如何提高劳动效率（包括管理人员和工人的工作效率），1911年他出版了《科学管理原理》一书，奠定了科学管理的理论基础，标志着科学管理思想的正式形成，泰罗也因此被西方管理学界称为"科学管理之父"。泰罗认为一切管理问题都可以，而且应当通过科学的方法来加以解决，否定了靠经验办事的传统管理思想，把管理从经验升华为理论。泰罗通过动作研究、时间研究和操作设计，在实践中取得了工效提高、成本下降的效果。他既反对雇主过分压低工人工资的做法，也反对工人少干活而多拿工资的做法，提出了"高工资、低成本、高利润"的设想。泰罗的管理思想可归纳为以下几个方面：

图2-2　泰罗

● 工作方法的标准化。通过分析研究工人的操作动作，选用最合适的工具，集中先进合理的操作动作，制订出各种工作的标准操作方法。

● 工时的科学利用。通过对工人工时消耗的研究，规定完成合理操作的标准时间，定出单位工作量所需劳动时间定额。

● 实行有差别的计件工资制。对于按照标准操作方法在规定时间内完成工作的工人，按较高工资率计发工资;反之,则按较低工资率计发工资。

- 计划职能与执行职能的分开。在工人与管理人员之间,明确划分计划职能(管理者的工作)和执行职能(劳动者的工作),并由计划职能帮助实施执行职能。
- 例外原理。企业高级管理人员把一般的日常事务授权给下级管理人员处理,而自己只保留对例外事项(即重要事项和偶发事件)的决策权和监督权。

2. 法约尔(1841—1925 年)

图 2-3　法约尔

法约尔(见图 2-3)毕业于法国国立矿业学院,担任过工程师和总经理,晚年担任大学的管理学教授。1916 年,法约尔出版了《工业管理和一般管理》一书,提出了他的一般管理理论。法约尔从理论上概括了一般管理的职能、要素和原则,把管理科学提到一个新的高度,使管理科学不仅在工商业界受到重视,而且对其他领域也产生了重要影响。法约尔的管理思想主要体现在以下几个方面:

- 概括了管理的基本职能。法约尔通过对企业活动的长期观察和总结,提出了企业所从事的一切活动都可以归纳为六类:技术活动、商业活动、财务活动、安全活动、会计活动及管理活动。他集中分析了管理活动,并提出了管理的五项职能:①计划职能,就是设计行动方案,使企业达到目标;②组织职能,就是合理安排各项资源去实现目标;③指挥职能,就是指挥调动组织成员为实现企业目标而有序地工作;④协调职能,就是使组织内的资源、组织与活动能够相互配合;⑤控制职能,就是保证实际工作与计划拟定的标准相一致。

- 概括了管理的基本原则。法约尔对企业管理的实践规律进行总结,提出了企业管理的 14 项通用性原则:①劳动分工,就是企业的一切活动应实行专门化,通过专门化提高工作效率和工作成果。②权力和职责,就是管理者必须被授予一定的权力,即指挥和要求别人服从的权力,同时要明确他们的职责,因为职责是权力的必然结果和必要补充。③纪律,纪律的实质是企业成员之间在共同工作中对个人或集体的行为所达成的一种协议。为了保证纪律有效,企业必须拥有品质优良的领导、明确而公平的规则和必要的奖罚。④统一指挥,就是在企业各项活动中,一名下属只应接受一名上级的命令。⑤统一领导,这是指企业目标体系的一致性,它是企业整体统一行动、协调力量和一致努力的必要条件。⑥个人利益服从整体利益。⑦个人的报酬应当公平合理。⑧集中,集中的程度应该适合该企业的实际情况和所处环境。⑨等级层次,就是管理通过组织体系逐层进行,表现为从最高权力机构直至基层管理人员的领导体系,上下层次之间和横向部门之间应保持及时、有效的信息沟通。⑩秩序,企业员工和物资都应各归其位、各得其用。⑪公平,只有遵循公平原则才能鼓励员工忠诚地履行其职责。⑫人员稳定,减少不必要的人才流动,以保证员工安心地完成工作。⑬首创性,表现为员工发表建议和执行任务的自觉性和积极性,是企业发展的巨大力量。⑭团结精神,任何分裂对企业都是非常有害的,所以要注意协作、协调、沟通、配合,有时甚至要作必要的妥协。

此外,法约尔还提出了对管理者的素质和知识的要求,即管理者必须具备必要的身体素质、智力素质、道德素质、文化知识、专业知识和经验等。法约尔提出的管理理论和思想,对以后管理学理论的发展产生了重大影响,很多理论直到今天仍然为管理者所采用。

3. 韦伯(1864—1920 年)

马克斯·韦伯是德国著名的社会学家,他提出了理想的行政组织体系理论。他认为理想的行政组织体系至少要做到：组织的成员之间有明确的任务分工；上下层次之间有职位、责权分明的结构；组织成员的任用必须一视同仁，严格遵守标准；组织内部任何人都必须遵循共同的法规和制度；组织内人员之间的关系是工作关系，不受个人感情影响。这样，组织体系才具有精确性、稳定性、纪律性和可靠性，才能高效率地运转。

（二）科学管理阶段的主要特点

1. 资本所有者与企业管理者的分离

在传统管理阶段的企业管理中，经营者和管理者大多是由同一个资本家担任的，出于资本内在的增值冲动，资本家只追求减少成本和增加利润，缺少对企业业务活动和管理活动规律的研究，采取家长式的独裁管理。随着企业生产规模的扩大和生产过程的复杂化，这种管理方式逐渐暴露出其致命的局限性。为此，许多企业逐步进行了改革，建立了分级责任制，选拔有管理才能的人担任领导，由此开始了财产所有权和经营管理权的分离，企业中出现了一批像泰罗、法约尔等专门从事经营管理的管理者。

2. 用科学管理代替单纯的经验管理

传统管理阶段的经验管理方法是与简单的小生产的生产方式相适应的，随着生产社会化程度的提高，传统的管理方法渐渐被科学的管理方法所取代。科学管理阶段中，管理学家们着重解决的问题就是促使传统的家长式的放任管理过渡到制度化、标准化的科学管理。他们重点强调严格分工、按标准方法操作、按定额付酬、健全组织机构、完善人员培训等等，从而使企业管理朝着遵循客观规律、讲究科学方法的方向发展。

3. 强调了组织形式而忽视了人的社会性

科学管理阶段的管理思想有很大局限性：把人看做是单纯的"经济人"、"活机器"，认为工人只能服从而没有主动性；在组织结构上是集权式的管理，强调了组织形式而忽视了对人格的尊重；等级层次和规章制度过于僵硬，缺乏灵活性。随着社会和经济的发展，该阶段管理思想的局限性日渐突出，管理科学需要继续发展到新的阶段。

案例思考 2-1　经理的烦恼

一家邮购服务公司，专门为客户提供把各种资料填入信封的服务，如：在信封上填写地址等信息。公司刚刚接下一家大客户的重头任务，这批邮件必须在下星期内寄出。经理急忙张榜通知，要求公司全体员工下星期每天加班两小时，同时，他还要求采购部门成倍购入邮签。可是到了下个星期三，经理发现这项任务几乎是难以完成的。原因是：①公司最强的两名业务能手说家里有急事，无法加班；②采购部门告诉经理，一直向公司供应邮签的厂商因为印刷机坏了，无法加倍生产。经理十分恼怒，声称如员工不能加班就将立即被辞退，采购部主任若完不成采购任务就将被免职。但是，员工和采购部主任不以为然，宁愿离去。

[思考] 对于此案例你怎么看？你认为经理应怎样做？

三、行为科学管理阶段

行为科学管理思想起源于 20 世纪 30 年代，其社会背景一是企业组织规模进一步扩大，使生产、经营、销售等活动的开展需要更为先进的管理方法和手段；二是科学管理阶段由于其管理方法上的局限性，把人当成"活机器"的管理方法使劳资矛盾不断激化，影响了劳动生产率的进一步提高,这促使管理学家们开始从另外一个角度,即人类行为的角度,对管理活动进行研究。该阶段管理理论力图克服科学管理理论的弱点,从社会学、心理学、人类学的角度出发,强调人的需要以及人与人之间的相互关系对生产经营活动的影响。

(一)行为科学管理阶段的主要代表理论

1. 梅奥(1880—1949年)的人际关系理论

梅奥原籍澳大利亚,后移居美国,曾在美国哈佛大学任教,从事过哲学、医学和心理学方面的研究。1924年,一些管理专家在芝加哥西方电气公司所属的霍桑工厂进行有关科学管理的试验,研究工作环境、物质条件与劳动生产率的关系。按照科学管理理论,工作环境与物质条件应该与劳动生产率成正比,但是试验的结果却否定了这一结论。1927年,梅奥应邀参加并指导霍桑试验。经过研究,取得了一系列重要成果,他在此基础上发表了他的代表作《工业文明中人的问题》和《工业文明中的社会问题》(1945年),提出了人际关系理论的一系列思想:

● 关于"社会人"的观点。梅奥认为企业中的人首先是"社会人",而不是科学管理理论所描述的"经济人"。工人不仅仅追求金钱收入,他们还追求人与人之间的友情,追求安全感、归属感和他人的尊重等等。

● 关于"人际关系"的观点。企业管理者不仅要具有解决技术、经济问题的能力,而且要具有与被管理者建立良好人际关系的能力。他应力求了解员工各种行为发生的原因,认识到满足员工各种需要的重要性,必须学会与非正式组织打交道的技巧,学会通过提高员工的满意程度来提高士气。因此,就要改变传统的领导方式,使员工有机会参与管理,从而建立和谐的人际关系。

● 关于"非正式组织"的观点。梅奥认为企业中除了存在"正式组织",还存在着"非正式组织"。"非正式组织"的作用是员工自发地维护其成员的共同利益,使之免受因内部成员疏忽或外部人员干涉而造成的损失。管理人员要想实施有效的管理,就不仅要重视正式组织的作用,还要重视非正式组织的存在和作用。

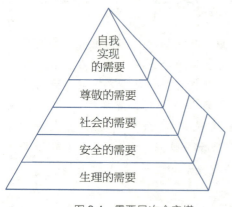

图 2-4　需要层次金字塔

2. 马斯洛的需要层次理论

美国心理学家马斯洛在《人类动机的理论》和《动机和人》等著作中,把人的需要分成五类,并按其重要性和产生的先后次序将其排列成一个需要层次(见图 2-4)。

(1) 生理的需要　这是人类最原始、最基本的需要。它包括衣、食、住、行、结婚、生子等。这些需要是人类生存的必要条件,如果得不到满足,人类就不能生存,社会也得不到发展。

(2) 安全的需要　当人们的生理需要得到基本满足后,就有安全的需要。它包括使个体免于对失业、挨饿、生病、伤残、年老无依靠、意外事故以及不公正待遇等的担心,即职业安全、经济安全、劳动安全、环境安全、心理安全等。为了满足这些需要,人们就会希望有固定收入、劳动保护、公费医疗、社会保险、社会救济、养老金、退休工资等。

(3) 社会的需要　社会的需要又叫社交的需要、归属的需要。人是社会人,在前两类需要得到基本满足后,社会的需要就成为人们行动的强烈动力。社会的需要包括个人希望成为某一团体或群体的一员,并得到相互关心和照顾;希望和他人有来往,如离群索居便会感到痛苦;希望伙伴、同事之间关系融洽,有友谊、忠诚、互助、团结、爱情等。社会的需要比前两类需要更细、更复杂,并且难以捉摸,这是因为它与人们的性格、经历、教育、信仰、风俗习惯等有关。这种需要通过人们相互接触,比如访问、游戏、娱乐、聊天、共进午餐等活动而得到满足。如果这种需要得不到满足,人们的精神、情绪就会受到影响。例如,许多企业管理者发现,当员工在工作岗位上有良好的人际关系时,缺勤率就会下降。

(4) **尊敬的需要**　尊敬的需要又叫心理的需要。它包括自尊的需要和受他人尊敬的需要两方面。自尊的需要即有自尊心、自信心,有对个人知识、能力和成就的自豪感,以及独立工作的信心等,这是一种自我认可的需要。受人尊敬的需要即希望自己有名誉、地位、威望、权力,这些都是希望他人对自己认可的需要。某些人想当领导,这种对地位、权力的欲望其实就是受人尊敬的需要。尊敬的需要是无止境的,不可能完全满足。

(5) **自我实现的需要**　自我成就的需要又叫自我成就的需要。这是最高层次的需要。自我成就的需要包括经过自己的努力成就事业,实现个人的理想与抱负,实现自己对未来美好生活和工作的期望等。为了满足这种需要,人们会自觉地发挥自己的聪明才智、内在潜力,努力地工作,直至成功。例如,学生考取理想中的大学,科学家从事某方面的发明创造,音乐家、美术家进行艺术创作,运动员创造某项记录等等。

以上五种需要由高到低依次排列成一个阶梯,当低层次需要获得基本满足后,高一层次的需要就成为人们行动的激励因素。马斯洛的"需要层次论"说明了需要与激励的一般关系。

> **案例思考 2-2　需要层次**
> 你认为下列消费行为分别属于什么层次的需要?
> ① 购买食品　② 购买服装　③ 购买名牌商品　④ 购买首饰　⑤ 购买书籍
> ⑥ 旅游　⑦ 买保险

3. 赫茨伯格的双因素理论

美国心理学家赫茨伯格在长期的研究中发现,许多引起人们不满意的因素与工作环境有关,而许多引起人们满意的因素与工作本身有关。因此,他认为影响人们工作中行为的因素有两种:保健因素和激励因素。

所谓保健因素,就是能使人们维持工作现状,起保健作用的因素。它主要包括工作环境和工作关系方面的因素,如:工作条件、生活条件、人际关系等。当这些因素低于员工可接受的水平时,就会引起员工的不满;相反,当这些因素达到了员工可接受的水平时,就可以消除员工的不满,但对调动其工作积极性起不到推动作用。

所谓激励因素,就是对人们的积极性起调动作用的因素,主要包括工作本身和工作内容方面的因素,如:工作成绩得到肯定,工作本身具有较大的责任,上级信任自己,有晋升、发展的可能性等等。

双因素理论与需要层次论有其相通之处,层次论中第一、二、三层次的需要相当于保健因素;第四、五层次的需要相当于激励因素。

4. 麦格雷戈的 X 和 Y 理论

X 和 Y 理论的指导思想是对人性的假设。该理论是由美国麻省理工学院心理学教授道格拉斯·麦格雷戈于 1957 年提出的。1960 年,他出版了《企业的人性问题》一书,对 X、Y 理论作了进一步的说明。

(1) X理论　X理论建立在"人之初,性本恶"的假设上,认为一般人都好逸恶劳,会尽可能躲避工作;一般人宁愿服从,不愿负责,没有抱负,明哲保身;对大多数人来说,必须强迫、控制,甚至处罚,才能使他们完成任务;绝大多数人只有极少的创造力。

根据这些假定,管理就要严格,就要重视自上而下的支配,管理者的工作就是规定和告诉工人应该做什么、怎样做,并且监督他们、威胁他们,或用金钱刺激他们去做。传统管理奉行的就是X理论。在实践中,管理者逐渐认识到,当工人主要追求生理和安全需要时,从X理论出发采取的管理措施是有效的;但当工人的一些基本需要得到满足后,仍然实行传统的管理方式就行不通了,必须从Y理论上来考虑。

(2) Y理论　Y理论对人性的假设与X理论相反,认为一般人的天性并不厌恶工作,他们对工作的好恶取决于他们对工作的满足和惩罚的理解;怕负责任、没有抱负等并不是人的本性,在正常条件下,一般人不但勇于承担责任,而且还追求责任;控制与惩罚不是实现组织目标的唯一手段,人们在工作中会自我指导或自我控制;大多数人在工作中都能发挥较高的想象力和创造力,然而,一般人的智力潜能只是部分地得到了发挥。

Y理论告诉管理者,要尊重和相信下属员工,要为他们提供工作和发展的条件和机会,要想办法激励和调动员工的工作积极性,使人的智力、才能得到充分的发挥,在满足个人需求和目标的同时完成组织的目标。

从现代管理发展的趋势来看,似乎Y理论更容易被大多数人接受,但这并不等于说Y理论就十分正确、任何情况都适用;也不等于说X理论就完全错误、毫无用处。在实际管理工作中,还是要将两者结合起来,根据不同情况灵活运用。

(二)行为科学管理阶段的主要特点

1. 提出以人为中心来研究管理问题

科学管理阶段强调了组织形式而忽视了人,行为科学管理阶段则主张以人为中心来研究管理问题,这是管理思想的一个重大转变。由于研究的目的与方法不同,行为科学管理阶段出现了许多不同的理论和假说,但是,它们的共同特点是重视人在组织中的关键作用,认为人是组织中最重要的因素。

2. 否定了"经济人"的观点,肯定了人的社会性和复杂性

行为科学注意吸取心理学、社会学、人类学、经济学等多学科的研究成果,对人的行为规律进行了多方面的剖析,认为人们工作不仅仅是为了物质利益和建立社会关系,人的行为动机和需要是非常复杂的。行为科学研究的重点就是人的动机、人的需求、人的行为的激励和领导方式等问题。行为科学重视发挥人的主动性、创造性,提倡民主型、参与式的领导方式。

案例思考2-3　李强的困惑

李强已经在智宏软件开发公司工作了6年。在这期间,他工作勤恳负责,技术能力强,多次受到公司的表扬,领导也很赏识他,并给予他更多的工作和责任。几年中他从普通的程序员晋升到了资深的系统分析员。虽然他的工资不是很高,住房也不宽敞,但他对公司还是比较满意的,并经常被工作中的创造性要求所激励。公司经理经常在外来的客人面前赞扬他:"李强是我们公司的技术骨干,是一个具有创新能力的人才……"

去年7月份,公司有申报职称的指标,李强属于有条件申报之列,但公司却将名额给了一个学历比他低、工作业绩平平的老同志。他想问一下领导,谁知领导却先来找他:"李强,你年轻,机会有得是。"

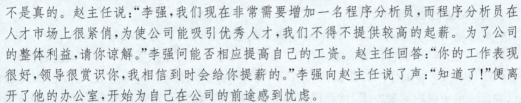

最近,李强在和同事们的聊天中了解到,他所在的部门新聘用了一位刚从大学毕业的程序分析员,但其工资仅比自己少50元。尽管李强平时是个不太计较的人,但对此还是感到迷惑不解,甚至很生气,他觉得这里可能有什么问题。

一天下午,李强找到了人力资源部赵主任,问他此事是不是真的。赵主任说:"李强,我们现在非常需要增加一名程序分析员,而程序分析员在人才市场上很紧俏,为使公司能吸引优秀人才,我们不得不提供较高的起薪。为了公司的整体利益,请你谅解。"李强问能否相应提高自己的工资。赵主任回答:"你的工作表现很好,领导很赏识你,我相信到时会给你提薪的。"李强向赵主任说了声:"知道了!"便离开了他的办公室,开始为自己在公司的前途感到忧虑。

[思考] (1) 请用双因素理论解释李强的忧虑、困惑。
(2) 谈一谈企业应如何做才能更好地、有效地激励员工。

四、现代管理阶段

现代管理思想最早起源于第二次世界大战,20世纪60年代以后得到了迅速发展。这一时期科学技术的迅速发展,科技成果的广泛采用使得企业生产过程的自动化、连续化和社会化的程度空前提高。企业规模的扩大、市场竞争的激烈、市场环境的变化多端都对企业管理提出了更高的要求,从而推动了管理科学思想的新发展。

现代管理思想是在科学管理思想的基础上发展起来的,它侧重探讨如何把科学应用于管理之中,重视运用现代数学和统计学以及计算机科学去解决生产与经营问题,所以被称为"管理科学"。管理科学与行为科学管理思想有过并行发展的时期,所以,这两种科学思想既是管理科学思想发展的两个阶段,又常常被称为现代管理思想的两大学派或分支。

(一) 现代管理阶段的主要代表人物

1. 巴纳德(1886—1961年)的组织理论和系统管理学派

巴纳德是美国著名管理学家,系统管理学派的创始人。他自1927年起长期担任美国新泽西贝尔电话公司的总经理职务,其间经常去哈佛大学讲学,他于1938年出版了《经理的职责》一书,简述了他的管理思想。

● 系统组织理论。巴纳德认为,组织是一个有意识地对两个或两个以上的人的活动或力量进行协调的系统。组织系统包括物理的因素(厂房、机器和其他物质条件)、生物的因素(组织成员)和社会心理因素(信息、热情、集体的相互作用等)。巴纳德指出,一个管理人员必须具备同所有这些因素打交道的能力。

● 经理的作用。经理是协作组织系统中的关键人物。经理在三个方面发挥重要作用:一是建立整个组织的信息系统并保持其畅通;二是发现人才,并正确任用;三是确立组织的目标和宗旨。

- 权力理论。巴纳德认为,权力的使用必须同时满足下列条件才能顺利实现:一是必须使下属理解这个命令;二是必须使下属认识到这个命令是和组织的目标相一致的;三是必须使下属认识到这个命令是和他们本身的利益相一致的;四是必须使下属认识到他们具备完成任务的能力。

2. 西蒙的决策管理思想

西蒙于1943年获芝加哥大学博士学位,曾任教于美国加州大学、纽约大学等学校,出版有《管理行为》(1947年)、《组织》(1958年)、《管理决策新科学》(1960年)等书,是决策管理学派的主要创始人。作为决策管理学派的主要代表人物,西蒙的贡献主要有以下三个方面:

- 突出决策在管理中的地位。西蒙认为,决策贯穿于管理的全过程,决定了整个管理活动的成败。他曾说:"管理就是决策,管理的关键在于决策。"如果决策失误,组织的资源再丰富,技术再先进,也是无济于事的。
- 系统地阐述了决策原理。西蒙对于决策的程序、准则、类型及决策技术等作了分析,并提出用"满意标准"来代替传统决策理论的"最优化标准",研究了决策过程中冲突的解决方法。
- 强调了决策者的作用。西蒙认为组织是由作为决策者的个人所组成的系统,因此强调不仅要在决策中应用定量方法、计算机技术等新的科学方法,还要重视心理因素、人际关系等社会因素在决策中的作用。

3. 卢桑斯的权变理论

权变理论是在20世纪70年代开始形成并发展起来的,其代表人物是美国管理学家卢桑斯。所谓权变,就是具体情况具体分析、具体处理。权变理论的核心思想是:不存在一成不变的、无条件适用于一切组织的最好的管理方法。该理论强调管理要根据组织所处的内外部环境的变化而随机应变,针对不同的情况寻找不同的方案和方法。权变理论在提出后的几十年内,其理论价值和应用价值日益为管理实践所证明,故而得到了越来越多的人的支持,成为具有重大影响的管理学派之一。

(二)现代管理阶段的主要特点

1. 强调系统管理

现代管理理论以系统论为基础,用系统的观点和方法研究组织及其管理问题,认为任何组织都是由复杂的内部因素所构成的,并且处于复杂的外部环境之中。因此,现代管理理论强调要从全局而不是从局部出发来考虑管理问题;强调不仅要从静态的角度,更要从动态的角度,即从各个因素之间、系统与环境之间的相互影响和变化中去研究管理问题;要求管理者具有较宽的视野、灵活的思维方式,科学的管理方法和卓越的协调能力,可以进行有效管理,顺利地实现组织目标。

2. 突出经营决策的战略地位

在现代复杂多变、竞争激烈的环境中,一切组织都应重视战略研究和决策研究,只有注意了解外部环境,及时掌握各种信息,进行科学决策,才能实现既定目标,获得生存和发展。

3. 重视管理方法的定量化和管理手段的自动化

在现代管理和决策中,传统的单靠经验和直观判断的做法已越来越不适用,企业应广泛采用现代管理方法进行定量分析,找出最优方案,进行科学决策。所以,现代管理非常重视系统科学方法、运筹方法、数理统计方法和计算机模拟等定量化方法,并且越来越重视计算机等先进的技术手段的应用。

案例思考 2-4

(1) 某经理认为,只要多发奖金,工人生产的积极性就会高。你认为这对吗?为什么?

(2) 匈牙利诗人裴多菲有一首著名的诗:"生命诚可贵,爱情价更高,若为自由故,两者皆可抛。"试用需求层次论来解释这首诗。

(3) 你怎样看待建立在"人之初,性本恶"上的 X 理论和建立在"人之初,性本善"上的 Y 理论?

案例分析 2-1

赵助理的难题

利达公司是一家经营绩效良好的企业。在前几年有过骄人的业绩,但近几年以来,公司的盈利水平不断下降,作为一个中等规模的企业,盈利水平甚至不如本地一家小型企业。公司上下对此颇感迷惑,人心浮动,企业面临着严峻的考验。一天,公司总经理把总经理助理赵立实叫到办公室。总经理首先跟他简单地讨论了公司目前的经营状况,明显地表示了对这一现状的担忧。接着,总经理交给小赵一个特殊任务:集中一段时间,深入调查一下造成企业目前盈利水平下降的主要原因是什么,并提出对策建议。

小赵来到这个企业工作时间不长。他过去曾系统地学习过管理理论,对古典管理理论与现代管理理论都有较深入的研究。他高度重视总经理交办的这个任务,决心运用自己所学的管理理论来分析与解决企业当前的实际问题。

小赵首先将目光投向市场,在激烈竞争的今天,市场是决定企业盈利水平的最主要因素。在调查过程中,小赵了解到,本公司为开拓市场,建立了本地本行业最庞大的营销队伍,而且每年的营销预算都高于同行业其他企业,占据了与本地几家最大企业旗鼓相当的市场份额。他觉得营销环节问题不大。接着,他调查了本企业产品研发与价格情况。他了解到,本企业有很强的技术力量,有一支高水平的科技研发队伍。本企业的产品不比同行的产品差,而且价格合理。他也感到困惑,这怎么会造成盈利水平下降呢?

他又深入车间了解一线生产情况。生产线运行正常,员工们工作也比较认真。当然,也发现有些员工积极性不是很高,工作节奏较慢。车间主任抱怨道:"去年每个人都涨了一级工资。咱厂在本地工厂中是工资最高的,可是这些工人的积极性一点也没提高。"关于严格管理,他说道:"其实咱厂管理是很严格的,有那么多的管理规章制度。我本人管理是非常严格的,对于那些迟到早退、生产不合格品、浪费材料的工人从不客气,都对其进行了狠狠的批评。可是这些现象就是屡禁不止,生产率就是上不去。有的工人好像是在同厂里作对。我是没办法了。"小赵还了解到公司的管理机构庞大,管理费用高,产品生产成本也普遍高于同行,据说原材料进价也偏高……

调查的情况千头万绪,小赵决心运用管理理论进行分析,并提出有效的对策,以出色地完成总经理交办的任务。但他似乎觉得在运用泰勒的经济刺激手段与现代行为科学原理之间还有一些冲突,有需要进一步理顺的地方。

[分析]

(1) 造成该公司盈利水平下降的原因有哪些?最主要的原因是什么?

(2) 你认为解决该公司目前的问题,应用泰勒的科学管理原理还是应用行为科学理论?哪个更为重要?

(3) 请你对赵助理制定解决该公司问题的对策方案提出建议。

第二节 企业管理的职能

企业管理职能,是指企业管理者为了实行有效管理所必须具有的职责和功能。在管理实践中,企业管理者对企业的管理是以这种职责和功能的存在为前提的。

一、计划职能

(一) 计划职能的概念和内容

计划职能就是通过调查研究,预测未来,确定生产经营活动的目标和方针,制订和选择方案,综合平衡,做出决策。计划正确与否,对企业的成败具有决定作用。因此,计划是企业管理的首要职能。

一份完整的计划必须包括:

1. 未来的目标

组织是为了实现一定的目标而建立起来的,要想实现目标,必须建立起一定的保障体系。计划工作就是通过对组织内外条件的分析,使组织要实现的总体目标、各部门目标、各阶段性目标明确化,并制订出实施这些阶段性目标的方法、措施,使组织的各项活动为实现企业的总目标服务。

2. 实现目标的方法和途径

计划还包括如何实现目标,具体需要完成哪些任务。例如,制订生产计划,应明确在该计划期内为实现产量和质量目标,应做好哪些工作,如:成本核算、原材料的采购、厂房和机器设备等。

3. 目标的实现者

规定执行具体任务的责任人和权限,并将责任和权限落实到具体的人员身上。

4. 实现目标的标准

实现目标的标准包括完成每项任务的具体时间和考核完成结果的具体标准。

计划一般具有以下特点:

(1) 统一性 计划的内容不同、形式多样,但对同一组织而言,必须上下同心,目标一致。

(2) 持续性 计划不是时间点的概念,而是时间段的概念。计划不仅是对过去的总结、现在的分析,更是对未来的规划。

(3) **灵活性** 计划的制订和执行是相对稳定的,但"计划赶不上变化",也就是说计划在执行的过程中,条件和环境都是在不断变化的,当计划的内容与实际情况产生差异时,就需要调整计划,以便更好地实现目标。

(二) 计划制订的步骤

制订计划的工作过程,一般包括以下几个步骤:

1. 确定目标

由于计划是组织目标的实施方案和规划,在制订计划前,必须首先确立组织目标。

2. 调查研究

这一阶段的重点是收集有关的资料,将预测的情况与确定的目标相比较,找出差距,拟定消除差距的措施。

3. 制订计划

这一阶段的主要工作是根据经过决策优选出的目标实现方案,具体编制该方案的实施计划。

4. 计划的监督和检查

为了及时克服和消除计划执行过程中出现的问题,应有一定的监督方法,以检查计划执行的效果是否符合预定的要求。

案例思考 2-5　分粥

有 7 个人曾经住在一起,每天分吃一大桶粥。但要命的是,粥每天都是不够吃的。

一开始,他们通过抓阄决定谁来分粥,每天轮一个。于是乎每周下来,他们只有一天是吃饱的,就是自己分粥的那一天。

后来,他们推选出一个道德高尚的人出来分粥。大家开始挖空心思地去讨好他、贿赂他,搞得整个小团体乌烟瘴气。

然后,大家开始组成 3 人的分粥委员会及 4 人的评选委员会,经过互相攻击和扯皮,最后吃到嘴里的粥全是凉的。

最后,大家想出来一个方法:轮流分粥,但分粥的人要等其他人都挑完后拿剩下的最后一碗。为了不让自己吃到最少的,每人都尽量分得平均,就算不平,也只能认了。结果,大家快快乐乐,和和气气,日子越过越好。

同样是 7 个人,不同的分配制度,就会有不同的风气。

[思考] 几种不同的分粥方法有何不同? 这些分粥方法各自对应现实中的哪些现象?

二、组织职能

(一) 组织职能的概念

组织是一个由多人组成的、具有明确目的和系统结构的实体。美国管理学家切斯特·巴纳德认为,组织不论大小,其存在和发展都必须具备三个基本条件,即明确的目标、协作的意愿和良好的沟通。为了实现组织目标,完成计划,管理人员必须把工作小组和组织成员结合起来,使信息、资源和任务能够顺利地在组织内部流动。

组织职能是指在组织目标已经确定的情况下,将实现组织目标所必需进行的各项业务活动加以分类组合,并根据管理幅度,划分出不同管理层次和部门,将监督各类活动所必需的职权授予各层次、各部门的管理人员,并且规定这些层次和部门间的相互配合关系。

(二)组织职能的内容

组织职能的内容主要包括:
① 根据组织目标设计和建立一个组织机构和职位体系;
② 确定职权关系,建立信息沟通的渠道,把组织各部分联系起来;
③ 与管理的其他职能相结合,以确保组织机构的有效运行;
④ 根据组织内部条件和外部环境的变化,适时调整组织结构。

三、指挥职能

(一)指挥职能的概念

指挥职能是管理者或管理机构通过下达指示和命令等方式,有效地指导和推动下级实现计划目标的活动。

马克思曾指出:"一切规模较大的直接社会劳动或共同劳动,都或多或少地需要指挥,以协调个人的活动,并执行生产总体的运动。"所以,只要有共同劳动的地方,就必须要有统一的指挥。

(二)指挥职能内容

指挥的根本任务在于调动全体员工的积极性和创造性,为实现企业目标而努力。指挥职能包括以下内容。

1. 发挥领导统帅作用

组织要适应环境的变化,就需要各部门的紧密配合,因此,必须要有集中统一的指挥。指挥主要是凭借权力和权威,要求全体人员服从。这就必须按照计划的要求,按照一定的组织层次,自上而下地发出指令。

2. 集中领导与分工负责

任何一个组织,其全局性的管理指挥权应集中到最高层领导手中,这样才能做到统一领导,统一指挥。然而,现代企业经营管理活动涉及面广,经营环境复杂多变,又使得企业的最高层领导不能事无巨细、统包统揽,而是必须将权力分解,让各部门、各环节在自己的管辖范围内,有权自主地处理问题。这样,既有利于充分调动各方面的积极性、主动性,又能使企业统帅人物集中精力研究和解决企业经营管理中的重大问题。

3. 领导指挥与参谋指导

组织的管理者对所属部下的管理方式有两种:一是指挥,二是参谋。领导指挥形式分为命令和指导。命令是强制程度最高的指挥形式,一般包括规定任务本身和实现任务的方式方法,下级必须服从。指导比命令的强制程度低,下级可以选择实现任务的方式方法。

实施指挥职能必须注意的是:①指挥的统一性。只有统一指挥,才能有统一的计划、统一的步调、统一的行动。②指挥的权威性。即下级必须服从上级,"有令则行,有禁则止"。③指挥的科学性。科学的指挥必须建立在了解实际情况的基础之上,做到切实可行。

四、监督职能

(一) 监督职能的概念

监督或称为控制,就是在计划执行过程中,要经常检查计划的执行情况,把实际情况同原定的目标、计划、标准、定额进行对比,找出偏差或发现新的潜力,分析原因、采取措施,对原计划进行修订,促进生产发展,提高经济效益。监督控制职能就是指组织对所属各部门、各环节、各层次的运作与管理活动情况进行监督、检查和调节的全部过程。

(二) 监督职能的内容

监督职能的基本内容包括以下三方面。

1. 制订标准

标准是人们检查和衡量工作及其结果的规范。制订标准是进行监督和控制的基础。标准的具体内容与需要控制的对象有关,主要包括政策标准、价值标准、技术标准、收益标准、时间标准等。要制订控制的标准,必须找准控制的对象,并采用恰当而科学的方法。

2. 衡量绩效

衡量绩效,就是用各种科学的方法,将计划的具体完成情况与标准进行对比分析,找出差距,并分析产生差距的原因。为了能够及时而正确地提供能够反映偏差的信息,管理者在衡量工作绩效时应注意以下问题:首先,通过衡量绩效检验标准的客观性和有效性;其次,确定适宜的检查和衡量的频率;最后,建立信息管理系统。

3. 纠正偏差

纠正偏差是在衡量绩效的基础上,对计划执行过程中出现的偏差,采取相应的纠正或改进措施,根据绩效衡量过程中分析出来的偏差产生的原因,适当做出调整,如:调整计划、修改标准等。

五、调节职能

(一) 调节职能的概念

调节职能是指组织的管理者从实现组织的总体目标出发,依据正确的政策、原则和工作计划,运用恰当的方法,及时排除各种障碍,促进组织机构正常运转和工作平衡发展的一个管理过程。

在组织机构运行的过程中出现的各种矛盾和冲突,都在调节的范围之内。对组织内部的各种矛盾和冲突的调节,称之为内部调节;对组织与其他组织、个人的矛盾和冲突的调节,称之为外部调节。只有把组织内外部的各方面关系都调节好,才能创造良好的内外部环境,保证工作的顺利推行和组织目标的最终实现。

(二) 调节职能的内容

在组织管理过程中,调节工作涉及的范围相当广泛,内容十分复杂。按照所调节的关系的性质,可以把调节的内容归纳为以下几个方面:

1. 调节思想认识

在组织管理过程中,不同部门、个人对同一问题的认识往往是不一致的,这会导致行动上的差异和整个组织活动的不协调。因此,必须调节不同部门、人员的思想认识,统一看法。

2. 调节奋斗目标

如果不同部门、人员的目标出现冲突,必然会导致行动的差异和组织活动的不协调。因此,必须明确组织的共同目标,并强调为此目标统一行动。

3. 调节工作计划

计划设计不周或组织内外部情况发生变化,是导致计划执行受阻和工作脱节的重要原因。所以,必须根据实际情况适时调节计划方案。

4. 调节职权关系

如果各部门之间的职权划分不清,任务分配不明,就会造成工作过程中互相推诿。因此,必须明确各部门责权范围。

5. 调节政策措施

政策措施不统一,互相矛盾,是造成组织活动不协调的重要原因,这就要求企业高层管理者要制定科学的管理政策,并伴随明确的赏罚措施,使政策得以实施。

案例思考 2-6　李经理的困惑

某公司东北分公司最近从南方调来李某任总经理。李某在南方当地是很有名气的经理人,他有个特点,讲话从不用讲稿,经常即兴发言。他讲的地方方言风趣幽默,常常博得满堂喝彩,但他讲不好普通话。他到任后通过召开全体员工大会阐述经营思想,与下属积极沟通交流以了解情况。开始下属很愿意找他汇报工作,但他经常打断下属的汇报,提出批评意见。员工渐渐不愿向他汇报工作了。而且李某发现他在大会上的即席发言也得不到与会者的响应了,再也不能引起大家共鸣。

[思考] 请从调节职能角度帮助李某分析原因,并提出相应对策。

第三节　企业管理的基本原理

管理原理是对现实管理现象的一种抽象,是大量管理实践经验的升华,它指导一切管理行为,对于做好管理工作有着普遍的指导意义。掌握管理原理有助于提高管理工作的科学性,避免盲目性;有助于掌握管理的基本规律;有助于迅速找到解决管理问题的手段。

一、系统原理

任何组织都是由人、物、信息组成的系统,任何管理都是对系统的管理。没有系统,也就没有管理。系统原理不仅为认识管理的本质和方法提供了新的视角,而且它所提供的观点和方法也广泛地渗透到人本原理、封闭原理、效益原理和能级原理之中,所以从某种程度上来说,系统原理是企业管理中一项最基本的原理,其他原理均是系统原理的派生。

(一) 系统的概念

系统,是指由若干相互联系、相互作用的部分组成的,在一定环境中具有特定功能的有机整体。就其本质来说,系统是"过程的复合体"。

在自然界和人类社会中,一切事物都是以系统的形式存在的,任何事物都可以看作是一个系统,例如,人的呼吸系统、生态系统、复杂的工程技术系统、行政系统、经济系统、教育系统等等。系统从组成要素的性质来看,可划分为自然系统和人造系统:自然系统是由自然物组成的系统,比如生态系统、气象系统、太阳系等;人造系统是人们为达到某种目的而建立的系统,比如生产系统、交通系统、商业系统、管理系统、军事预警系统等。

(二)系统的特征

1. 集合性

这是系统最基本的特征。一个系统至少由两个或两个以上的子系统构成,构成系统的子系统称为要素。如:一个典型的大中型工业企业系统通常由研究开发子系统、生产子系统、销售子系统、生产及生活服务子系统、管理子系统等组成。

2. 层次性

系统的结构是有层次的,各个构成系统的子系统和子子系统分别处于不同的地位。系统概念本身也具有层次性,有系统、子系统、子子系统等。例如,工厂的车间,相对于工厂系统来说是子系统,而相对于班组子系统来说,又是一个系统;工厂是一个系统,但相对于公司系统来说,是一个子系统。系统与子系统是相对而言的,而层次是客观存在的。

3. 相关性

系统内各要素之间相互依存、相互制约的关系,就是系统的相关性。首先,它表现为子系统同系统之间的关系。系统的存在和发展,是子系统存在和发展的前提,因而各子系统本身的发展受到系统的制约。例如,国民经济系统中的工业、农业、商业等子系统的发展,受到国民经济这一系统的制约。其次,它表现为系统内部子系统(要素)之间的关系。某要素的变化会影响另一些要素的变化,而各个要素之间关系的状态,对子系统和整个系统的发展,都可能产生重要的影响。

4. 整体性

整体性指系统要素之间的相互关系及要素与系统之间的关系以整体为主进行协调,即局部服从整体,使整体效果为最优。整体大于部分之和,部分最优不等于整体最优。整体性是系统理论的精髓。

5. 适应性

系统不是孤立存在的,它要与周围的事物发生各种联系。这些与系统发生联系的周围事物的全体,就是系统所处的环境,环境是一个更高层次的大系统。如果系统与环境进行物质、能量和信息的交流时能够保持最佳适应状态,则说明这是一个有活力的理想的系统;否则,就是一个不能适应环境的系统,是没有生命力的。

二、人本原理

世界上一切科学技术的进步,一切物质财富的创造,一切社会生产力的发展,一切社会经济系统的运行,都离不开人的服务、人的劳动与人的管理。人本原理就是以人为中心的管理思想。这是管理理论发展到 20 世纪末的主要特点。

人本原理主要包括下述主要观点。

(一)员工是企业的主体

20 世纪 70 年代以来,随着日本经济的崛起,人们通过对日本成功企业的经验剖析,进一步认识到员工在企业生产经营活动中的重要作用,逐渐形成了以人为中心的管理思想。我国管理学家蒋一苇在20世纪80年代末发表了著名论文《职工主体论》,明确提出了职工是企业主体的观点,从而把对员工在企业经营活动中的地位和作用的认识提到了一个新的高度。根据这种观点,员工是企业的主体,而非客体;企业管理既是对人的管理,也是服务于人的管理;企业经营的目的,绝不是单纯的商品生产,而是为包括企业员工在内的人的社会发展而服务的。

(二)员工参与是有效管理的关键

实现有效管理有两条完全不同的途径:①高度集权、从严治厂,依靠严格的管理和铁的纪律重奖重罚,使得企业目标统一、行动一致,从而实现较高的工作效率。②适度分权、民主治厂,依靠科学管理和员工参与,使个人利益与企业利益紧密结合,使企业全体员工为了共同的目标而自觉地努力奋斗,从而实现较高的工作效率。

两条途径的根本不同之处,在于前者把企业员工视作管理上的客体,员工处在被动地位;后者把企业员工视作管理的主体,员工处于主动参与管理的地位。当企业员工受到饥饿或失业的威胁,或政治与社会的压力时,前一种管理方法可能是有效的;但当员工经济上已比较富裕,基本生活已得到保证,就业和流动比较容易,政治和社会环境比较宽松时,后一种方法就必然更为合理和有效。

(三)使人性得到最完美的发展是现代管理的核心

人之初,是性本善,还是性本恶?这个问题已经争论了许多世纪。这个争论,不论在古今中外的伦理思想中,还是在现代管理学的研究中都得到了不同程度的反映。现代管理的核心是使人性得到最完美的发展。

(四)服务于人是管理的根本目的

管理是以人为中心的,是为人服务的。这个"人"不仅包括企业内部参与企业生产经营活动的人(虽然在大多数情况下,这类人是管理学研究的主要对象),而且包括存在于企业外部的、企业通过提供产品为之服务的用户。

为社会生产和提供某种物质产品或服务,是企业存在的主要意义。在我国传统的计划经济体制下,企业是根据国家的指令性计划来组织产品生产的。据此生产出来的产品,交由国家有关部门统一销售。企业不需研究社会和用户的要求,服务于行政主管部门成为企业管理明显的或隐含的宗旨。

在市场经济体制下,用户是企业生存的社会土壤,是企业利润的来源。用户是否愿意接受和购买企业的产品,取决于这些产品的消费和使用能否满足他们的需要。因此,为用户服务、满足用户的需要,实质上就是企业实现其社会存在的基本条件。

综上所述,"尊重人、依靠人、发展人、为了人"是人本原理的基本内容和特点。

三、封闭原理

封闭原理是指在任一系统内,管理手段和管理职能只有构成一个连续封闭的回路,才能形成有效的管理运动。一个管理系统可以分解为指挥中心、执行机构、监督机构和反馈机构(见图2-5)。指挥中心是司令部,管理的起点是由指挥中心发出的指令,指令同时发向执行机构和监督机构,指令执行效果输入反馈机构,反馈机构对信息进行处理,比较效果与指令的差距后,返回指挥中心,指挥中心再根据情况发出新的指令。这些作为管理手段的机构互相联系,互相制约,形成一个封闭回路,这个封闭回路越严密、越完善,管理就越科学、越有效。

管理的各种法规也应该构成封闭的回路。要建立健全的管理规章制度,不仅要有执行法,

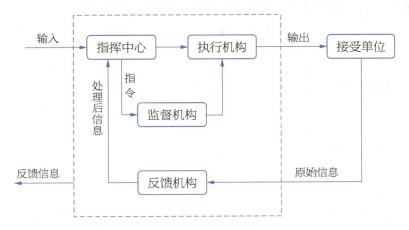

图 2-5 封闭原理图

而且要有监督法、反馈法、奖惩法等。如果管理法规不能构成一个封闭回路,执行起来就会漏洞百出,让人钻空子。比如,建立的岗位责任制,如果不监督执行,对执行情况又没有明确的赏罚,这个法规就不封闭,即使贴在墙上也只是空有形式而已。

> **案例思考 2-7 严格管理出效果**
>
> 早晨 8 点上班,是河北宾馆多年的一贯制度。可倪经理非要将宾馆的上班时间改为 7 点半,还实行上下班打卡制度,迟到 3 次就取消当月的奖金。"看他能行得通?"有的职工在观望。终于有一天,倪经理也迟到了,尽管只有 2 分钟。"怎么办?"别人问他。"罚!"一字千钧。当月就有包括倪经理在内的 4 位领导没有领到奖金。"动真格了。"职工们开始议论,全宾馆的风气也就有了明显好转。宾馆在国内率先实行"双向百分管理法",一方面对经营和职能部门的服务质量和经济效益等 50 个项目进行打分,设立质量检查部,几位经理协同加强对部门的控制;另一方面对部门负责人也实行评分考核,一改过去一人说了算的状况。实行一级对一级负责,一级对一级考核,把职工个人利益巧妙地与企业利益结合起来,使干得好的,一个月能拿一千多元奖金,干得差的,几个月的奖金可能还不够买双皮鞋。宾馆的严格管理,带来了上乘的服务质量,迎来了南来北往客人们的赞誉。
>
> [思考] 倪经理行使了哪些领导权力?效果如何?

四、能级原理

能级是现代物理学的概念。能是做功的本领,能量有大有小,把能量按等级排列,就叫能级。在企业管理中,机构、人员、制度、方法等都牵涉能量问题,能量大小不同,在管理中发挥的作用也不同。现代企业管理必须适应社会化分工协作的要求,在管理系统和管理过程中,根据系统、岗位、职责的要求来安排、组合与其能量相称的人员和组织,从而形成完整的、有层次的、尽责尽才的管理能级,保证企业管理最大能量的发挥。管理能级在企业管理系统中主要分为组织能级和个人能级。

(一)组织能级

组织能级是指企业组织的分级管理,即依据工作的性质、特点、涉及的范围以及对企业经营成果的影响程度等因素来进行组织分工,同时全面、系统地进行工作分析,形成合理的能级结构。通用型的企业管理结构一般是正三角形的,分为三个层次:①战略决策层,负责确定企业大政方针、战略规划;②职能管理层,运用各种专业管理技术实现各种职能管理;③基层管理层,在各种业务现场从事组织、调动和控制具体业务的操作和完成。使命的不同决定各个层次具有不同的责权,需要有与其能量相符的管理要素支持。与能级相适应的权力可以保证各类人员完成任务,实现目标;与能级相适应的责任可以保证各类人员合理使用权力,忠于职守;与能级相适应的利益可以促使各类人员挖掘潜力,发挥最大能量。总之,组织能级原理要求管理系统中的每个要素都能在其位、谋其政、行其权、尽其责,以保证该能级目标的实现。

(二) 个人能级

个人能级主要体现在个人能力的合理开发与使用上。人的能力的差异主要表现在量、质和发展三个方面。从量上看,不同人的能力有水平上的差异;从质的方面看,不同人的能力有类型上的差异;从能力发展方面看,不同人的能力发展有早晚之分,每个人的潜在能力也不同。由于人与人之间存在个别差异,所以,不同的人对同一工作有着不同的适应性。量才适用,人尽其才,挖掘潜能是设计个人能级的目的。

五、效益原理

(一) 管理的效益原理

任何管理都是为了实现既定目标,取得成效。企业的一切活动都是以提高经济效益为核心的。追求效益,获得更多的盈利,这是企业管理的根本目的。

从企业管理的根本目的出发,运用系统观点指导企业各项活动,使它们彼此协调、相互配合,充分发挥管理的职能,以较少的劳动和时间耗费,取得较好的经济效益和社会效益,这就是管理的效益原理。

(二) 效益原理的具体化

在管理活动中,效益原理具体化为价值原则和时效原则。

1. 价值原则

价值原则是作为企业管理中的一种"尺度"提出来的,概括地说,就是评价事物有益程度的尺度。具体到企业,就是评价企业各项经济活动的合算性,即劳动耗费对客观效用的关系。

要研究管理工作的效益,就必须研究管理系统付出了多大的耗费,获得了多少效用。这是现代管理中价值原则的集中体现。价值原则中的"效用"是指管理工作完成目标和执行任务的效率,是管理活动的整体效能。这里的"价值"不能完全用货币来表现,它既包括物力、财力的消耗,又包括智力、时间的消耗,是一种综合的成本效用概念。用价值原则评价企业经济活动的一般情况是:有利程度高、效益大、好处多,则价值高;有利程度低、效益小、好处少,则价值低。

2. 时效原则

时效原则是指管理要特别重视时间效率和效益。现代企业面对着复杂的社会和市场环境,这就决定了企业经营必须时刻考虑时间价值,也就是通常所说的"时间就是金钱,效率就是生命"。生产力发展是一个过程,企业的生产、经营是一个过程,管理也是一个过程,这种动态过程本身就包含了时间因素。例如,我们衡量企业物化劳动的利用效益时,常用费用率作为指标;衡量资金利用效益时,常用资金周转率作为指标;衡量活劳动利用效益时,则用劳动效率作为指标。这些指标本身就体现了时间概念,意味着单位时间内,产量越高,消耗越少,周转速度越快,流通量越大,创造价值就越多,劳动效率就越高。因此,为提高活劳动和物化劳动效率而作出的努力,实际上就是为控制时间而奋斗。

时效原则是效益原理中最重要的原则,也是管理学诸原理中均有所体现的原则。因此,现代企业管理必须重视对时间因素的研究,重视时间的节约,向时间要速度、要效益。

案例分析 2-2

根据每个人的长处充分授权

本田株式会社第二任社长河岛决定进入美国办厂时,企业预先设立了筹备委员会,聚集了来自人事、生产、资本三个专门委员会中最有才干的人员。作出决策的是河岛,而制订具体方案的是员工组织,河岛不参加,他认为员工比自己做得更好。比如,位于美国的厂房基地,河岛一次也没有去看过,这足以证明他充分授权给下属。当有人问河岛为何不赴美实地考察时,他说:"我对美国不很熟悉。既然熟悉它的人觉得这块地最好,难道不该相信他的眼光吗?我又不是房地产商,也不是账房先生。"河岛将财务和销售方面的工作全权托付给副社长。

1985年9月,在东京青山,一栋充满现代感的大楼落成。实际上规划这栋总社大楼,提出各种方案并将它实现的是一些年轻的员工们,本田宗一朗本人没有插手此事。作为国际性大企业的本田公司在新建总社大楼时,这位开山元老竟没有发表任何意见,实在令人难以想象。

第三任社长久米在"城市"车开发中也充分显现了对下属的授权原则。"城市"车开发小组的成员大多是20多岁的年轻人,有些董事担心地说:"都交给这帮年轻人,不会有问题吧?会不会弄出稀奇古怪的车来呢?"但久米对此根本不担心。年轻的技术人员则平静地对董事们说:"开这车的不是你们,而是我们这一代人。"

就这样,这些年轻技术员开发出的新车——"城市"车的车型高挑,打破了汽车必须呈流线型的常规。那些故步自封的董事又说:"这车型太丑了,这样的汽车能卖得出去吗?"但年轻人坚信,如今年轻的技术员就是想要这样的车。果然,"城市"车一上市,很快就在年轻人中风靡一时,久米正是根据每个人的长处充分授权,并大胆重用年轻人,培养他们强烈的工作使命感,从而造就了本田公司辉煌的业绩。

高明的管理者之所以高明,平庸的管理者之所以平庸,其区别很简单:高明者懂得放手管理,充分授权于下属;而平庸者则事无巨细,全部包揽。

授权也并不难,每个人都有自己擅长的领域,也有不熟悉的方面,所以管理者在授权的时候若能够人尽其才,大胆起用精通某一行业或专业的人,并授予其充分的权力,使其具有独立自主的自由,能自己作出决定,就能激发他们工作的使命感。这是管理人实现成功管理的简单原则,也是适应公司发展潮流的必然要求。

[分析]
(1) 企业管理理论发展经历了哪几个阶段?
(2) 此案例符合哪种企业管理理论?

★★★★★ 本章小结 ★★★★★

一、企业管理理论的演进
- 传统管理阶段　由资本家直接担任企业管理者；靠个人的经验从事生产和管理；管理的重点是解决分工和协作问题。
- 科学管理阶段
  - 泰罗　以研究工厂内部生产管理为重点，以提高生产效率为中心，提出解决生产组织方法科学化和生产程序标准化方面问题的管理理论。
  - 法约尔　以企业整体为对象提出的有关企业经营管理职能和管理原则的管理理论。
  - 韦伯　以组织结构为对象而建立的古典组织理论。
  - 科学管理理论对企业管理的影响　资本所有者与企业管理者的分离；用科学管理代替单纯的经验管理；强调了组织形式而忽视了人的社会性。
- 行为科学管理阶段　人际关系理论、需要层次理论、双因素理论、X和Y理论。
- 现代管理阶段　组织理论和系统管理思想、决策管理思想、权变理论。

二、企业管理的职能——计划、组织、指挥、监督、调节。

三、企业管理的基本原则
- 系统原理
- 人本原理
- 封闭原理
- 能级原理
- 效益原理

复习思考

1. 企业管理有哪些基本职能？
2. 科学管理阶段的主要观点是什么？
3. 行为科学管理阶段的主要观点是什么？
4. 科学管理理论为什么会在19世纪末的美国产生？泰罗的科学管理理论的实质是什么？谈谈科学管理理论对目前我国企业管理的实践意义。
5. 简述法约尔关于经营和管理的定义及其管理原则。
6. 现代管理思想的主要特点是什么？
7. 什么是系统？系统有哪些基本特征？管理者可从系统原理中得到哪些启示？
8. 何谓"以人为中心的管理"？又如何实现"以人为中心的管理"？
9. 如何理解企业管理的基本原理？

活动建议

1. 你认为你的班级管理比较偏向于 Y 理论(性本善)还是 X 理论(性本恶)？为什么？
2. 你是否能有效地控制你的学习过程？你是如何控制的？
3. 列举在现实生活中哪些案例体现了人本原理。

第三章　组织管理

【学习目标】

通过本章的学习,掌握组织的含义及其特征,组织工作应遵循的原则和各种组织结构形式;熟悉组织管理的具体内容;了解组织的作用和组织的变革;认识组织的发展趋势。

第一节　组织概述

组织是在这个现实世界普遍存在的现象,人类社会的各种活动无不以组织的形式进行。而企业组织是这些组织中普遍存在的、最为复杂的组织形式之一。企业组织管理是企业管理的重要内容。管理者的主要任务之一就是构造组织,维护组织,并使之不断发展、完善、更加富有成效。

一、组织及其要素

组织,就是指一群人为了实现某个共同目标而结合起来协调行动的集合体。组织一般包括下列构成要素。

(一)组织成员

任何组织都是一定数量的个人的集合体。任何个人,只要接受组织的目标,遵守组织的规章,并提供组织所需的劳动,都可能成为组织的一员,参加组织的集体活动。

(二)组织目标

组织目标是组织成员之间的"粘合剂"。作为组织成员的个人,之所以愿意加入组织并与其他人协调行动,是因为他们需要实现某种依靠自身力量无法实现的目标。在此有两点要强调:

第一,一般来说,每个组织的终极目标都不会轻易改变,但各个时期的具体目标则会经常改变。

第二,在很多情况下,个人目标与组织的共同目标是不一致的,有时甚至是相互矛盾的。但是,组织成员仍然愿意接受和承认组织共同目标,这是因为个人目标的实现往往是以集体共同目标的实现为前提的。管理者的一项非常重要的任务便是为组织选择一个能被其成员普遍接受的目标。

(三)组织活动

为了实现共同的目标,组织成员必须从事某种活动。组织活动的内容是由组织目标的性质所决定的。由于能够实现同一目标的活动形式和内容是多样的,因此组织必须对不同的组织活动进行权衡、比较和选择。

(四)组织资源

任何活动的进行都需要一定种类和数量的资源。组织不仅是人的集合,还是不同资源的集合。特定的组织是人与资源的特殊集合。除了人以外,组织在目标活动中需要利用的资源包括信息、物质条件以及获取信息和物质条件的财务手段。

(五)组织环境

作为人的集合体,组织总是存在于一定的社会中。它在实现目标的活动中必然会与外部存在的其他单位发生各种经济或非经济的联系。外部社会环境便是通过这种联系来影响组织的目标和活动的。同时,组织自身也会通过这种联系,利用自己的活动去影响和改造外部环境。由于构成外部环境的众多因素是不断变化的,因此组织与其环境的交互作用是一个持续不断的过程。

二、组织的重要性

由于企业是一个团体,因此企业要经营成功,唯有使员工同心协力,发挥团队精神,才有成功的希望,而这当然要依靠健全的组织才能做到。一个健全有效的组织,对企业可以发挥下列功用。

(一)发挥团体的力量,凝聚向心力

组织就像一部大机器,可以使出千百人的力量,完成千百人的工作,这是单独一个人无法做到的。而健全的组织,能够让员工发挥所长,并且凝聚员工的心,使员工自愿为组织效力。

(二)提高工作效率

制度健全的组织,都有其适用的组织图表,将每一个部门的业务、每一位员工的职位、职责、职权等都规定得清楚、详细。这样,在推动各项工作计划时,就不会有推诿责任的现象产生。而员工依据组织的规章行事、处理问题,也就可以减少甚至避免员工之间的冲突或摩擦。所以,健全的组织能够使员工共同遵守组织规范,同心协力合作,并提高工作效率。

因此,组织是实现分工的基础,对企业经营的成功与失败,影响重大。

案例思考 3-1　组织职责

丁经理是文山电机公司技术部门的主管,颇得总经理的赏识。但他常有不按牌理出牌的举止,以致许多制度只是徒有形式罢了。

在一次干部协调会议上,讨论某工程变更所产生的责权划分问题。机设课长引用作业程序的规定,很肯定地表明是电设课的职责。电设课长却说其课内没有这种专长的人,但机设课则有一位。丁经理听后裁决道:"按规定是电设课的职责,但机设课有此能力,就勉强接下来吧!事情总要有人去处理。"问题暂时解决了,但日后这项工作却演变成机设课的职责了。

[思考] 请你对丁经理的工作作风作一评价。

三、正式组织与非正式组织

(一)正式组织

凡有正式结构的组织,即为正式组织。当两个以上的人为了既定目标而自觉协调其活动时,这样的组织就是"正式的"。正式组织的实质就是有自觉的共同目标。如果人们彼此能相互沟通,都愿意为集体作出自己的贡献,并有一个自觉的共同目标时,正式的组织就形成了。

正式组织具有如下特征:

有明确的组织目标;有正式设计的组织结构和组织功能;组织内有权威系统存在,上级可以指挥下级;讲求效率,注重协调人与人之间、部门与部门之间,人、财、物之间的关系,追求"整体大于部分之和"的效果;有明确的行为规范,借助于各种规章制度约束个人和组织的行为,以求达到组织的同一性。

(二)非正式组织

著名的霍桑实验揭示了工作团体中非正式组织的存在及其对完成组织目标影响力的存在,由此,人们开始了对非正式组织的研究。

非正式组织是未经官方规定、自然形成的一种无形组织。任何组织内部都不可避免地存在着非正式组织,因为正式组织的成员除了工作以外,还有许多个人的需求,需要通过与其他

成员之间的非正式交往来满足。

非正式组织具有如下特征：

没有共同的目标，只有某种共同的利益、共同的观点；没有正式的结构和规章制度，因成员具有相同的社会背景、类似的经历或生活在邻近地区等因素形成；稳定性较差，成员的变动性较大；非正式组织有自然形成的领导人物；成员间有较牢固的感情纽带和灵敏的沟通渠道；有自卫性和排外性；其成员行为的相互影响是显著的。

非正式组织是客观存在的，无论我们承认与否，允许与否，非正式组织都会对正式组织产生影响。这种影响可以是积极的，也可以是消极的。对管理者来说，首先要认识到非正式组织存在的客观必然性，允许乃至鼓励非正式组织的存在，并为非正式组织的形成提供条件。其次，通过建立和宣传正确的组织文化来影响非正式组织的行为规范，引导非正式组织与正式组织的目标趋于一致，消除两者间的冲突，使之为正式组织作出积极的贡献。

案例思考3-2　三个和尚没水喝

俗话说："一个和尚挑水喝，两个和尚抬水喝，三个和尚没水喝。"

[思考]请从组织的原理分析一下是什么原因造成了"三个和尚没水喝"。

第二节　组织结构设计

一、企业组织结构的概念

企业是一种相对独立的经济组织，为了实施管理职能，实现经营目标，在其内部建立科学合理的组织结构是非常必要的。所谓企业组织结构，是指企业内部按照一定的分工方式，由若干个职能不同的管理部门和管理层次构成的有机组织体。它是构成企业的各机构有机结合的状态，是机构设置、机构职权划分、各机构在企业中的地位与作用及其相互关系的总体体现。

商贸企业的组织结构是随着企业经营的发展而逐渐发展完善的。在小型商贸企业中，由于人数少、分工简单，经理一个人，或只需配备极少数助手，就能直接指挥协调全体员工的劳动，履行管理职能。这种企业的组织结构极其原始、简单，组织结构的作用还不太显著。但随着企业经营规模的扩大、人员的增多、劳动分工的细化和专业化程度的提高，单靠经理个人或少数几个管理者就很难对所有人员的劳动直接进行指挥和控制了。在这种情况下，企业就需要按照一定的原则，设立若干职能不同的机构并分清管理层次，形成一套完整的组织结构。这时，企业组织结构的作用就凸显出来了。企业的管理职能能否实现，主要取决于企业组织结构是否科学合理，取决于组织结构整体功能的发挥程度。

二、建立企业组织结构的原则

商贸企业要建立科学合理的组织结构，在指导思想上必须明确以经营为中心，从企业经营目标和任务出发,遵循以下原则。

(一) 精简原则

所谓精简原则,是指企业的组织结构必须在符合经营需要的前提下,把人员和机构的数量减少到最低限度,做到结构紧凑,人员精简。

1. 部门划分适当

每个部门都有明确的分工,没有互相推诿、互相扯皮的现象。

2. 层次划分科学

每个管理层次的设立都是必要的,没有可有可无的管理环节。

3. 人员配备合理

每个人都有明确的职责和充足的工作量,没有人浮于事的现象。

企业组织结构的精简,关键在于"精",应该以精求简。只有人员精干,人员素质不断提高,才能真正实现精简。如果简而不精,不重视人员素质,人员经营管理能力弱,就无法实现企业的经营目标。

(二) 统一原则

所谓统一原则,是指企业内部各部门、各层次的建立及运转,必须有利于企业的组织结构形成一个统一的有机整体。统一,是现代化生产经营活动的客观要求,是实现企业经营目标的重要保证。企业经营规模愈大,内部分工愈细,管理层次愈多,统一就愈重要。

1. 目标的统一

企业必须有明确的经营目标,企业内部各部门、各层次的经营管理活动必须紧紧围绕这个目标来开展,以实现企业的总目标。各部门、各层次可以在各自的职权范围内制订具体的工作目标,但必须统一于企业总目标之下。

2. 指挥命令的统一

企业内部每个部门、每个层次、每个员工只能接受一个上级的领导,并对之负责,防止多头领导和越级指挥。

3. 重要规章制度的统一

企业内部涉及全局性的规章制度的制订、执行、修订、废除都必须统一,要防止各部门、各层次各行其是。

必须指出,这里讲的统一,是指权力的适当集中,不能把统一的原则理解为把一切权力都集中到企业的最高管理层,而是应该理解为要在最高管理层的统一领导下,实行分级管理,只有这样,才能保证真正的统一。

(三) 责权对应原则

所谓责权对应原则,是指在建立组织结构的过程中,既要对每个部门、每个层次规定明确的职责,又要根据其职责大小,赋予其相应的权力,做到责权一致。责权对应,是企业内部各部门、各层次履行管理职能的基本条件之一。有责无权或责大权小,都难以履责;有权无责或权大责小,往往会产生瞎指挥,甚至滥用职权的现象。因此,责和权不能分割,必须对应。只有责权一致,各部门、各层次才能充分发挥积极性、主动性和创造性。

(四) 弹性原则

所谓弹性(又称自动调节)原则,是指每个部门、每个环节和每个员工都能自主地履行自己的职责,都能根据客观情况的变化自动地调整其履行职责的方式、方法,自觉完成所承担的任务。这项原则要求一个合理的组织结构必须在集中领导的前提下实行分级管理,也就是在统一的前提下适当分权,赋予每个部门、每个层次以必要的权力,使他们在自己的职权范围内,能够自主管理、自动调节,充分发挥自己的积极性和主动性,增强对外部环境变化的适应性和应变能力。

(五) 效能原则

所谓效能原则,是指要评价一个组织结构合理与否,必须看它是否有利于提高工作效率和经济效益。在设置或调整组织结构时,经常会遇到诸如精简与任务、集权与分权、分工与协作、稳定性与适应性等矛盾。处理这些矛盾时,首先要考虑是否有利于提高工作效率,是否有利于提高经济效益。因此,效能原则是衡量组织结构是否科学合理的最高原则。贯彻精简、统一、责权对应、弹性等原则的目的,都是为了提高组织结构的效能。

案例思考 3-3　文字处理部门的工作安排

宋晓晓在英大图书音像出版公司工作,她是公司组建中的文字处理部门的经理。宋晓晓正在着手组建这个部门,而组建的工作程序的第一步就是把有关工作分门别类,形成一个个的岗位,以待分配任命。她仔细分析了文字处理工作中的各个环节,得出了自己的分析结果。这些工作环节包括:①取出文字原件或者口述录音磁带;②打开计算机;③备好一只空白的优盘;④把优盘格式化;⑤用键盘写入文件;⑥在计算机显示屏上检查文件的每一页;⑦在优盘上设置一个目录;⑧打印文件;⑨在计算机显示屏上校对修改文字上的错误;⑩打印修改好了的文件;⑪把优盘存入档案;⑫把打印好了的文件放在待人来取的文件筐里。

在宋晓晓看来,这些工作是一般文字处理工作的细节,不像生产工序那样是可以分开的,因而不值得去分成一个个单独的职务。于是,她根据本部门要处理的文件种类,来考虑划分工作职务的可能性。文件种类包括:A. 工作文件;B. 正式信函;C. 项目情况报告;D. 为各类报告做梗概;E. 各类数据图表。

宋晓晓认为,准备这些文件,才算得上专业化的工作,才可以分别形成不同的职务。因此,她在组建自己的部门时,安排了六类岗位。由于有些岗位的工作量需要更多的人手,因此她就多雇人来做。比如说,打印正式信函,画数据图表等。而像打印个人信函或给报告作梗概这种工作,就不需要太多的人。

她以这种方式组建了文字处理部门。但六个月过去后,她听到有些职员在抱怨,有些职员如打印信函、画图表的人认为自己的工作老是重复,不仅如此,这些员工的工作成绩也没有达到所设定的标准。

[思考] (1) 什么叫组织结构设计?
　　　　(2) 宋晓晓的组织结构设计有什么问题?需要怎么调整?

三、管理层次与管理幅度

(一) 管理层次

管理层次是指企业管理组织在纵向分级管理的基础上形成的组织层次。一个企业集中着众多员工,企业的最高领导者不可能直接指挥和管理每一个员工,这就需要设置管理层次,在各管理层次上进行逐级指挥和管理。

一个企业往往有多个管理层次,它既存在于企业的直线指挥系统中,比如工厂、车间、工段、班组等组织层次的划分;也存在于企业的职能参谋系统中,比如厂部、专业职能部、职能科室等组织层次中。一般而言,企业组织的管理层次可分为高层管理者、中层管理者和基层管理者。

高层管理者的主要职能是对整个企业的管理负有全面责任,负责制定企业的大政方针,加强企业与外界的交往与联系,对企业的生产、经营活动实行统一指挥和综合管理等。高层管理者对企业的发展战略、计划与目标以及各种资源的安排拥有充分的权力。高层决策正确与否,直接关系到企业的成败。

中层管理者的主要职能是贯彻高层管理者所制订的大政方针,拟订和选择计划的实施方案、步骤和程序,对计划的实施进行控制,并指挥基层管理者的活动。中层管理者在管理组织中起承上启下的作用。

基层管理者的主要职能是按照规定的计划和程序,协调基层组织的各项工作和实施生产作业,直接指挥和监督现场作业人员,保证上级下达的各项计划和指令的完成。基层管理者直接与具体作业人员打交道,是整个管理系统的基础。

不同层次的管理者所从事的管理工作的量是不同的。越是层次高的管理者,其从事的管理性工作就越多。

> **案例思考 3-4　信息传递中的漏斗效应**
>
> 所谓漏斗效应,是指通常情况下一个人心里想的是 100%,说出来的只有 80%,别人听到的是 60%,听懂的只有 40%,结果执行了 20%。所以,一个组织的行政指令能否畅通,制度是否有效执行,不能仅仅依赖下属。作为组织的管理者,必须首先确保信息传递的准确、完整,并能收到有效的反馈。在获取信息时,则要详细核实,以确保了解对方的真实意图。
>
>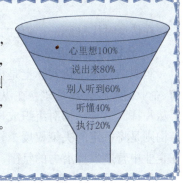
>
> [思考] 如何提高信息传递效率?

(二) 管理幅度

管理幅度是指一个上级管理人员直接指挥的下级人员的数量。如:一个科长的下属有 5 个科员,其管理幅度即为 5;一个生产班长的下属有 10 个工人,其管理幅度即为 10。

管理幅度对组织结构的最终形成有着重要的影响。一般来说,在一定的组织规模条件下,管理者管理幅度的大小在很大程度上制约着组织层次的多少(见图 3-1)。管理幅度与组织层次呈反比关系,即在组织成员数量一定的条件下,管理幅度加大,组织层次就会减少;反之,管理幅度缩小,组织层次就要增加。如:一个 100 人的组织,若管理人员的管理幅度均定为 10,则组织的管理层次就需要定为 2 层;若管理人员的管理幅度均定为 5,则组织的管理层次就需要定为 3 层。

对一个组织而言,管理幅度过大或过小都是不好的。

若管理幅度过小,会导致组织层次过多,这样一是会大量增加管理人员,导致管理费用的增加;二是会导致上下级关系的复杂化,致使信息沟通迟缓,易失误;三是会导致计划工作和控制工作的复杂化;四是不利于下属人员积极性的发挥。而管理幅度大、组织层次少的组织,一般具有节省管理费用,信息沟通迅速,易于管理的特点。但是若管理幅度过大,一是管理人员管理的下属越多,对下属提供的具体指导就会越少;二是可能由于管不过来,而导致对下属管理的失控。

一个企业组织的管理层次设置多少个为好,各个层次的管理幅度究竟以多大为宜,要受多种因素的综合影响。一般的影响因素有:领导者的能力、下属人员的素质、上级对下级授权的明确程度、计划的完整程度、组织政策的稳定程度、考核标准的明确程度、信息沟通的效率、组织的凝聚力等等。

(三)扁平化的组织结构

所谓组织结构扁平化,是指一种通过减少中间管理层次、压缩职能机构、裁减人员,使组织最大可能地将决策权延伸至最远的底层,从而提高企业效率而建立起来的一种紧凑而富有弹性的新型组织。

扁平结构

图 3-1 组织的扁平结构

在信息时代和经济全球化的竞争新格局下,企业要构建扁平化组织,可从以下几个方面入手。

1. 分权与集权相结合

组织结构扁平化实际上是权力中心下移,尽量减少决策在时间和空间上的延迟过程。目前,企业的集权管理是建立在纵向和横向分工基础上的,要求规范工作程序,员工要服从命令、听从指挥。这种结构对组织成员的行为是一种约束,会制约创造力的发挥。而分权化的组织结构则是将一定的决策权授予较低层级和较多组织成员,增强员工的参与感和自主性,有利于在企业中营造发挥潜力的氛围。组织扁平化管理的本质内涵应界定为"有控制的分权"。

2. 实行团队式管理

团队是扁平化组织的基础。扁平化组织的竞争优势主要在于通过对组织所拥有的知识、信息进行整合、创造和管理,从而更直接地面向市场、面向用户。扁平化组织内部不能以职能为单位,而是应形成一个个完整、统一的知识团队,这种团队将个体和组织结合起来。扁平化组织的运作核心就是通过这种团队式管理,不断释放整体知识能量,从而实现企业价值创造空间的创新和拓展。

3. 建立学习型组织,提高人员素质

扁平化组织的充分授权、分权,加大管理幅度,决策中心下移,对人力资源的要求是非常高的——它要求每个人都是各自领域的专家,知识员工是企业的主要载体。因此,企业组织要对员工进行专业化的教育、培训,并强调终身学习,以适应剧烈变迁的外部环境。在组织内要建立量化与质化的知识系统,让组织中的信息与知识,通过获得、分享、整合、记录、存取、更新、创新等过程,不断地回馈到知识系统内,形成个人与组织的知识,不断积累最终成为组织智慧的循环。

4. 建立企业 CIMS 系统

CIMS 是一种基于 CIM 理念构成的计算机化、信息化、智能化、绿色化、集成优化的制造系统。它将传统的制造技术与现代信息技术、管理技术、自动化技术、系统工程技术等有机地结合,将企业在市场需求分析、产品定义、采购、研发、生产、销售及售后服务等各阶段活动中有关的三要素(即人或组织、经营管理和技术)及其信息流、物流和价值流(以产品 T、Q、C、S、E 等价值指标所体现的企业业务过程流,比如成本流等)有机集成,并优化运行,进而提高企业的柔性、健壮性、敏捷性,使企业赢得市场竞争。

随着信息时代的到来,越来越多的企业意识到了 CIMS 系统对于企业整个价值链管理的重要意义,并纷纷将其作为推进企业组织结构柔性化和扁平化的有力工具。

案例思考 3-5 现代管理幅度:扁平化

古典管理学者认为窄小的管理幅度更好,通常不超过 6 人,这样便于对下属紧密控制。

但在现代社会里,由于环境的变化,越来越多的组织正努力扩大管理幅度(扁平化)。1992 年,沃尔玛超过西尔斯公司成为美国的第一大零售商。管理大师汤姆·彼得斯早在几年前就预见到了这一结果。他说:"西尔斯没有机会的",原因是"一个 12 层次的公司无法与一个只有 3 个层次的公司抗争"。这反映了组织结构扁平化的趋势。例如,通用电气和雷诺兹金属等公司,它们的管理者的管理幅度已拓宽到 10~12 个下属,比 20 世纪 80 年代初扩大了一倍。

[思考] 你是否认为组织结构越扁平越好?

第三节 企业组织结构的种类

组织结构是表明组织各部分的排列顺序、空间位置、联系方式之间关系的一种模式,企业组织结构是企业的"框架",是企业管理得以进行的载体,它受到行业特点、生产规模、生产技术的复杂程度、企业管理水平等因素的影响,并随着企业生产经营活动的发展不断演变。

一、直线制组织结构

直线制组织结构也可称为直线型组织结构,是一种最早、最简单的组织结构形式。在直线制组织结构中,企业各级行政单位从上到下实行垂直领导,下属部门只接受一个上级的指令,企业管理的一切问题均由各级主管负责人独自负责,不设专门的职能管理部门,其结构形式如图 3-2 所示。

直线制组织结构的优点是结构简单、责任分明、命令统一、决策迅速、工作效率高;缺点是要求主管负责人通晓各种专业知识和技能,亲自处理各种业务,当企业规模较大、业务复杂时,所有管理职能都让一个人承担是比较困难的。因此,直线制只适用于规模较小、生产技术较简单的企业或者应用于现场作业管理。

二、职能制组织结构

在职能制组织结构中,各级行政主管下设职能机构和人员,实行专业化分工,并把相应的管理职责和权力交给这些机构,各职能机构在各自业务范围内可以向下级行政单位下命令,下

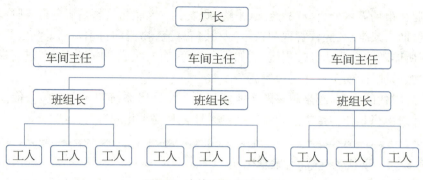

图 3-2 直线制组织结构图

级执行者除了接受上级行政主管的指挥外,还必须接受上级各职能机构的领导,其结构形式如图 3-3 所示。

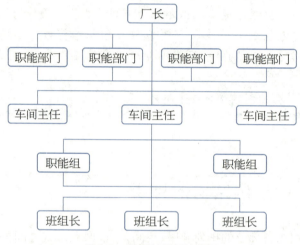

图 3-3 职能制组织结构图

职能制组织结构的优点是适应现代化生产技术比较复杂、管理工作分工较细的特点,能充分发挥职能部门的专业管理作用,减轻直线主管人员的工作负担。但缺点是实行多头领导,妨碍了组织的统一指挥,当上级行政主管和职能机构的命令、指挥发生矛盾时,下级就无所适从;同时职能制强调专业化,不利于培养能力全面的管理人才。由于这种组织结构的缺陷明显,企业一般都不采用职能制。

三、直线职能制组织结构

直线职能制组织结构也称 U 型结构,又称生产区域制,是在直线制组织结构和职能制组织结构的基础上取长补短而建立起来的。在直线职能制组织结构中,各级行政主管之下设置相应的职能部门或人员,分别从事专业管理,为各级主管充当参谋并提供建议;职能部门只能对下级业务部门进行业务指导,无权发布命令指示,无权进行直线指挥,除非上级行政主管授予他们这种权力,其组织结构形式如图 3-4 所示。

直线职能制组织结构的优点是分工细密、任务明确、稳定性强,各个部门的职责都有明显的界限,既保证了企业管理体系的集中统一,又可以在各级行政主管的领导下,充分发挥各专业管理机构的作用。其缺点是各个职能部门之间的协作与配合性较差,容易产生脱节和矛盾,

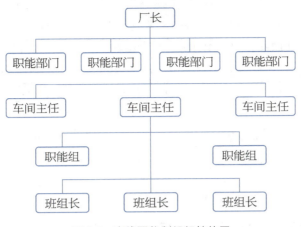

图 3-4 直线职能制组织结构图

企业主管人员的协调工作量大,不容易从企业内部培养全面的管理人才,难以适应环境的变化等。它主要适用于中小企业及产品品种比较单一、市场销售情况比较稳定的企业。

案例思考 3-6 某媒体的组织结构

早上 8 点 30 分,当一般上班族拎着早点进公司的时候,"某媒体"信息科技公司的经营团队早已坐在会议室和董事长一起开会了。董事长领导的经营团队——技术研发和通路营销是公司的两大支柱。总经理负责带领技术研发团队,董事长十分倚重总经理对于网络未来趋势的分析和软件技术的研发。另一个支柱是通路营销,由副总经理负责。

另外,董事长的幕僚,包括技术研发执行长、负责财务的副总经理和担任公关即发言人的副总经理。董事长尊重他们的专长,也擅用他们的专长:如何使科技人员了解营销,营销人员理解科技,使两者集合发挥乘数效应,"最大的秘诀就是建立共同愿景",董事长说。

[思考]
(1)"某媒体"组织结构属于哪种形式?请画出该组织的组织结构图。
(2)对于竞争激烈的网络行业,你认为"某媒体"的组织结构应如何适应?

四、事业部制组织结构

事业部制组织结构也称 M 型结构,最早是由原美国通用汽车公司总裁斯隆于 1924 年提出的。它是一种高度集权下的分权管理体制,实行"集中决策,分散经营"的管理原则,在这种组织结构中,企业按产品或地区分别建立事业部,每个事业部从产品设计、原材料采购、产品制造、成本核算,一直到产品销售,全部实行相对独立核算,自负盈亏;事业部既是在总公司控制下的利润中心,又是企业中的一个责任单位;公司最高管理机构掌握战略决策、财务控制、重大人事安排及监督权力,并利用利润指标对事业部进行控制;日常生产经营活动由各事业部自行管理。其组织结构形式如图 3-5 所示。

事业部制组织结构具有许多显著的优点:它能使公司最高领导层摆脱日常行政事务,集中

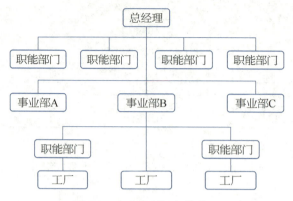

图 3-5　事业部制组织结构图

精力搞好企业战略决策和长远规划;有利于事业部之间开展竞争,发挥各事业部的主动性和创造性;有利于企业的发展,有利于培养和提高事业部管理人员的领导能力,培养全面的管理人才;具有较高的稳定性和适应性。其主要缺点是:由于各事业部的利益相对独立,比较容易产生本位主义;总部对各事业部之间的协调困难,从而降低了工作效率;总部与各事业部的职能部门重复设置,造成管理人员增多,管理费用提高。这是欧美、日本大型企业所采用的典型组织结构形式,近几年也为我国一些大型企业所采用,它适用于规模大、品种多、技术复杂的大型企业。

五、矩阵制组织结构

矩阵制组织结构是第二次世界大战后在美国首先出现的。它由纵横两套系统构成,一套是按职能划分的垂直领导系统,另一套是按项目产品划分的横向领导系统,这两者形成一个矩阵结构,其组织结构形式如图 3-6 所示。

图 3-6　矩阵制组织结构图

矩阵制组织结构是围绕特定产品或项目而建立的,每一项目或产品设有专门负责人,项目或产品负责人拥有一定的责任和权力;在项目或产品执行期间,为负责人配置一定数量来自各职能部门的人员,共同组织产品小组或项目小组;小组成员受原属职能部门和项目小组的双重领导,项目一旦完成,各小组成员返回原职能部门。

矩阵制组织结构的优点是:它能加强不同部门之间的配合和信息交流,克服直线职能制组织结构中各部门互相脱节的现象;项目小组具有机动灵活性,可随着项目(产品)进行组织;目的明确,任务清楚,各方面有专长的人都是有备而来的;能激发其工作热情,促进项目的实现。其缺点是:项目负责人的责任大于权力;同时参加项目的每个人都来自不同的部门,他们仅仅是临时参加该项目,隶属关系仍在原部门,所以项目负责人对其工作的好坏没有足够的激励与惩罚手段;双重指挥也是一大缺陷,项目负责人和原部门负责人都对参加该项目的人员有指挥权,所以项目负责人必须与各个部门的负责人很好地配合,才能顺利地工作。矩阵结构适用于企业新产品研制、企业规划与涉及面广、临时性的、复杂的工程项目工作。

案例分析 3-1

提高管理效率取决于组织结构

英国管理学家谢尔登长期致力于组织结构的研究,"谢尔登定理"是他对组织效率的一项研究成果。

一个总裁最大的苦恼也许就是,虽然总裁室与财务室或者其他部室只有一墙之隔,另一间屋子着火了,自己却是最后一个知道,等整个企业大厦倒掉的那一刻,他不知道该裁谁了。

总裁的工作不是总是裁人,或许应该是裁掉那个多余的玻璃天花板。送一封信给一墙之隔的总裁要用一年时间,有时并不是什么笑话。

到目前为止,最著名的组织结构改革当以通用汽车的"斯隆模式"和松下电器的"分层结构"最为典型。20世纪30年代,松下电器采用的组织结构是分层负责制,而推行这种制度的原因是因为松下先生当时可能对于掌握一家大公司已经无能为力,于是想要简化他的企业。

其实当时他的松下公司只有1600人,而今天他的公司已经有20万人。松下的成功首先是有创新精神。第二个重要因素就是组织结构改革。松下认为,分层负责的组织可以使事情简化及企业化,增加组织的清晰度及控制力,同时具有增强执行力的优点。每一个部门都可以独立作业,发挥本身最大的功能。每一个部门的部长可以不停地严密注意市场上的发展。

当然,没有一种组织结构称得上是完美无缺的,斯隆对通用公司的管理体制进行全面改组,建立反集权的分部式管理体制,这就是著名的"斯隆模式"。集权制组织虽然权力相对集中,比较利于集中资源,但是灵活性和创造力不足。

[分析]
(1) 设计组织结构时应遵循哪些原则?
(2) 为什么通用汽车在组织结构设计时以"斯隆模式"为依据?

★★★★★ **本章小结** ★★★★★

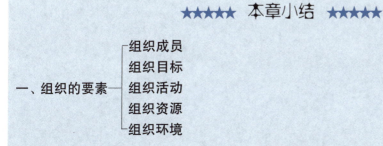

- 二、组织的重要性
  - 发挥团体的力量，凝聚向心力
  - 提高工作效率

- 三、正式组织与非正式组织
  - 正式组织　有正式结构的组织。
  - 非正式组织　未经官方规定、自然形成的无形组织，可能对正式组织造成正面与负面的影响。

- 四、企业组织结构
  - 概念　企业内部按照一定的分工方式，由若干个职能不同的管理部门和管理层次构成的有机组织体。
  - 原则　精简、统一、责权对应、弹性、效能等原则。

- 五、管理层次与管理幅度
  - 管理层次　企业管理组织在纵向分级管理的基础上形成的组织层次。
  - 管理幅度　一个上级管理人员直接指挥的下级人员的数量。

- 六、企业组织结构的模式
  - 直线制组织结构
  - 职能制组织结构
  - 直线职能制组织结构
  - 事业部制组织结构
  - 矩阵制组织结构

复习思考

1. 组织有哪些要素？
2. 什么是正式组织与非正式组织？各有哪些主要特征？
3. 建立企业组织结构应遵循哪些原则？
4. 什么是管理层次和管理幅度？它们的相互关系是什么？
5. 部门划分有哪几种方法？
6. 企业组织结构有哪些主要模式？

活动建议

1. 在生活中有许多不同形式的组织，请你举例，并说明其组织目的。
2. 画一张企业的组织结构图，并说明该组织结构图的划分方式。
3. 通常在什么情况下正式组织的员工较容易组成非正式组织？
4. 科技日益发达，沟通使人与人的距离缩短，你认为管理的幅度是愈大愈好还是愈小愈好？

第四章　企业人力资源开发与管理

【学习目标】

通过本章的学习,清楚认识人力资源开发与管理的实际意义和重要性;了解人力资源规划的任务、内容及程序;掌握人员甄选与聘用及培训的要求,运用好激励原则,及时进行绩效评价。

第一节　人力资源开发与管理概述

随着现代企业的发展,人的决定性作用越来越凸显出来。造就和保持一个适合人才成长的良好环境,造就一支高素质、高凝聚力的员工队伍,日益成为企业成功的关键,人力资源的开发管理是现代企业管理的根本课题。

一、人力资源的含义及特点

当代经济学家一般把企业的资源划分为自然资源、资本资源、信息资源、时间资源和人力资源。

人力资源既是一种自然资源,也是一种再生资源。一方面,人一生下来,就是一个具有潜在体力和脑力的个体,从资源来源的角度上看,它是一种自然资源;另一方面,人在社会中受到各种教育、训练后获得的知识,以及在劳动中获得的各种技能与经验,都不是与生俱来的,这些经过他人与本人对个体加工、转换后产生的部分,就是再生资源。人力资源中再生资源比天然固有的那部分资源更为重要,更具有价值。

(一)人力资源的含义

人力资源是指一定范围内人口总体所具有的劳动能力的总和;或者说是指组织内能够推动社会和经济发展的智力和体力劳动能力的总称。人力资源包括数量和质量两个方面。

对人力资源、人口资源和人才资源三者的关系(见图 4-1)进行分析,有助于我们更准确地理解人力资源的内涵。人口资源和人力资源分别突出了人的数量和劳动者数量,而人才资源侧重于人的质量。因此,从数量上看,我国人口众多,人口资源、人力资源居世界首位,但从质量上看,人才资源却极为短缺。

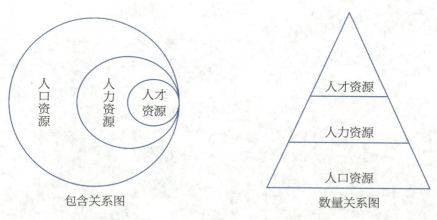

图 4-1　人口资源、人力资源和人才资源三者的关系图

(二)人力资源的特点

1. 能动性

这是人力资源区别于其他资源的最根本特点。人力资源具有思想、感情和思维,具有主观能动性,能主动利用其他资源去推动社会和经济的发展,而其他资源则处于被动使用的地位。另外,由于人具有创造性思维的潜能,因此人力资源是唯一能发挥创造作用的资源。

2. 时代性

人力资源的成长与成熟，都是在一个特定的时代背景下进行的。一个时代的社会状况，包括经济、教育、文化等诸多因素，都会影响和制约本时代成长起来的人们，包括他们的价值观、道德观和认知方式等，并体现在他们的经济活动之中。

3. 高增值性

人力资源虽是指人们的体力与智力，但在现代社会中，人力资源的智力价值——掌握了知识、技能、经验的人所带来的投资效益，其收益率远远超过其他形态资本投资的收益率。美国经济学家曾测算出美国 1929～1957 年的经济增长中，人力资源投资的贡献比例高达 33%。另据测算，1900～1995 年挪威对于固定资产投资、劳动力投资、智力投资的额度每增加 1%，相应的社会生产量分别增加为 0.2%、0.76%、1.8%，高素质人力资源的投资效益大约是固定资产投资的 9 倍。

4. 时效性

人力资源是一种具有生命的资源，它的形成、开发和利用都要受到时间的限制。人在生命周期不同阶段的体能和智能是不同的，因而这种资源在各个时期的可利用程度也不相同。与物质资源相似，人力资源在使用过程中也会出现有形磨损和无形磨损。有形磨损是指人自身的疲劳和衰弱等，这是一个不可避免的、无法抗拒的损耗；无形磨损是指个人的知识技能与科学技术发展相比的相对老化。所以，人力资源的使用是一个可持续开发、丰富再生的独特过程。

5. 社会性

从人类社会经济活动的角度来看，人类劳动是群体性活动，不同的劳动者一般都分别处于不同的组织之中，承担社会分工的劳动，这构成了人力资源社会性的微观基础，而且人类劳动总是与一定的社会环境相联系的。因此，从本质上讲，人力资源是一种社会资源。

案例思考 4-1　为人才买公司

世界著名的福特汽车公司有个显著特点，就是非常器重人才。

一次，公司的一台马达发生故障，怎么也修不好，只好请一个名叫斯坦曼的人来修。这个人绕着马达看了一会儿，指着电机的一个地方说："这里的线圈多了 16 圈。"果然，去掉多余的 16 圈线后，电机马上正常运转了。

这正好被公司董事长福特看到了，他便邀请斯坦曼到自己的公司来上班。谁知斯坦曼说自己现在的公司对他很好，他不能来。福特马上说："那么看来我只有把你那家公司买过来，这样你就可以来上班了。"

福特为了得到一个人才，竟不惜买下一个公司！他求才若渴的举动其实并不难理解，因为市场竞争归根结底就是人才的竞争——设备需要人操作，产品需要人开发，市场需要人开拓。人才意味着高效率、高效益，意味着企业的兴旺发达，没有人才，即使硬件再好，设备再先进，企业也难以支撑。

与之相反，一些企业对待人才的态度却令人忧虑，它们往往只有遇到很大困难、火烧眉毛时才想到人才，平时则把人才晾到一边。在工作上，企业不积极创造条件，甚至故意刁难，使人才的才能无法得到充分的发挥。结果，人才伤透了心，纷纷心不在焉，寻思跳槽，留下来的也是"做一天和尚撞一天钟"，混一天是一天。这不仅仅是人才个人的悲哀，更是企业的不幸，也是国家的不幸。

[思考] 人力是资源吗？怎样才能发挥其作用？

二、人力资源开发与管理的重要性

（一）人力资源开发与管理的含义

人力资源开发与管理是指企业运用各种科学方法对企业的人力资源进行合理培训、组织、调配；以人为中心，使人、财、物、任务及企业经常保持最佳配置；对员工的思想、心理和行为进行恰当的引导、调整、协调，充分发挥人的主观能动性；使人尽其才，事得其人，人事相宜，以实现企业目标。

人力资源开发与管理可以分为宏观、微观两个层次。宏观的人力资源开发与管理是对一个国家或地区的人力资源进行开发与管理。微观的人力资源开发与管理是对企业、事业单位等组织的人力资源进行开发与管理，包括：人力资源的规划，人力资源的开发，工作分析，对人员的配置、激励和考核等。如果将企业的人力资源开发与管理分开来看，人力资源开发就如同对一块田地的开垦和播种，人力资源管理则是对庄稼的精耕细作和施肥浇水。两者形成一个有机整体，缺一不可。

> **案例思考 4-2　梭子鱼、虾和天鹅**
>
> 梭子鱼、虾和天鹅是好朋友。一天，他们发现路上有一辆车，车上有许多好吃的东西，于是就想把车子拖回家慢慢享用。三个伙伴一齐负起沉重的担子，每个人都铆足了劲，身上青筋暴出，累得气喘吁吁。可是，无论他们怎样拖呀、拉呀、推呀，小车还是在老地方，一步也没动。原来，他们没有把车朝一个方向拉。天鹅使劲往天上提，虾一步步向后倒拖，梭子鱼又朝着海边拉去。究竟谁对谁错？反正，它们都使劲了。
>
> ［思考］看完这个故事，你得到了什么启发？

（二）人力资源开发与管理的重要性

企业是由一群人组成的，为求企业长期的稳定发展，人力资源开发与管理是相当重要的。毕竟人是一切的根本。人力资源开发与管理对企业的重要性，主要表现在以下几个方面。

1. 奠定企业成功的基础

人力资源管理讲求科学方法的运用，对于甄选及任用的员工所具备的专业知识、才能及品格等等，都具有一定的客观标准，这对于提升企业人力资源素质及企业整体形象非常重要。因此，员工的甄选及任用工作若能事先规划完善，人力资源管理可说是成功了一半。

2. 减少费用的开支

通过人力资源开发与管理，可替企业甄选及任用到优秀合适的人才，减少员工的流动率，对于促进企业的稳定发展有着相当大的帮助。因为一个流动率高的企业，如果需经常开展员工甄选、训练等工作，就会造成企业大量的费用支出，同时也会降低企业的竞争力。

3. 有效分配企业内部人力资源

企业经过人力资源开发与管理后，就可以清楚地了解到：企业目前有哪些部门存在人力不足或过多的现象,需要扩编或裁减,企业未来发展需要哪些人才等有关人力资源分配的问题,从而改善人力资源分配不均的现象。

(三) 人力资源开发与管理和传统人事管理的区别

人力资源开发与管理是以传统人事管理为基础发展起来的,随着时代的进步形成了新的体系,这一体系与传统人事管理有如下区别(见表4-1)。

表 4-1　　　　　　　　人力资源开发与管理和传统人事管理的区别

管理涉及的项目	人力资源开发与管理	传统人事管理
观念	员工是有价值的主要资源	员工是投入的成本负担
目的	满足员工自我发展的需要,保障组织长远利益的实现	保障组织短期目标的实现
范围	扩大到非正式组织团队及至组织外的人力资源	正式组织内
模式	以人为中心	以事为中心
视野	广阔、远程性	狭窄、短期性
性质	战略、策略性	战术、业务性
深度	主动、注意开发	被动、注意"管人"
功能	系统、整合	单一、分散
工作方式	参与、透明	控制
协调关系	合作、和谐	监督、对立
角色	挑战、变化	例行、记载
部门属性	生产与效益部门	非生产、非效益部门

案例思考 4-3　世上没有不成才的人

在一次聚会上,有一个公司老板说准备将三个不成才的员工炒掉——总是喜欢鸡蛋里挑骨头的王五,成天忧心忡忡、怕这怕那、担心工厂出事故的赵六和喜欢神侃海聊的张七。另一个老板听到后,微微一笑说:"把他们三个让给我吧。"第一个老板想,这是辞掉他们的好机会,于是大手一挥:"你真要?明天就可以让他们去你那儿!"

第二天,三人真的到新公司上班了。新老板说:"现在安排你们三人的任务,王五负责检查产品质量,赵六负责生产安全和公司保卫工作,张七到外面去搞商品宣传。"三人一听,忍不住拍手叫好,兴冲冲地走马上任。

不久,由于三人工作十分努力,公司效益直线上升。

〔思考〕看完这个故事,你得到了什么启发?

第二节 人力资源的规划

一、人力资源规划的任务

企业为实现自己的目标,在发展过程中的每一个阶段都需要充足的人力资源,这既包括量的需求,也包含质的要求。所以,必须重视企业人力资源规划工作,它是企业人力资源开发与管理活动的起点和依据,直接影响到企业人力资源开发与管理活动的效率。

(一) 人力资源规划的含义

人力资源规划是企业为实现其发展目标,对未来发展所需人力资源进行供求预测,制定系统的政策和措施,以满足自身人力资源需求的活动。

人力资源规划的目的是为了使企业实现其发展目标。企业为了谋求长期的发展和利益,必须配置一定数量和质量的人力资源并有效地利用,从而提高企业成员的工作效率,保证企业的目标得以实现。同时,企业又要通过人力资源规划的落实,有效地兼顾组织成员的个人目标和利益,将组织成员个人的发展目标与企业的发展目标有效地结合起来。

人力资源规划的基础是科学的人力资源供求预测。无论企业内部的结构或企业外部的环境,都是不断变化的,因此人力资源规划要对人力资源的供求状况进行预测和分析,并据此作出系统的人力资源管理决策和活动安排。

(二) 人力资源规划的作用

"人无远虑,必有近忧"。正如计划是管理的首要职能一样,人力资源规划也是人力资源管理的首要职能,人力资源规划对企业有着极其重要的作用。

第一,人力资源规划能增强企业对环境变化的适应能力,为企业的发展提供人力保证。环境是变化的,企业对人力资源的需求也是变化的,人力资源规划能使企业未雨绸缪,在需要的时候得到合适的人才,尤其是高素质的人才。

第二,人力资源规划能优化人员结构,实现人尽其才,提高企业效益。例如,有些企业不重视对本单位已有人才的培养和使用,却以高成本从外面引进"人才",而引进后又将其"冷冻"起来,不充分使用,结果企业人浮于事的现象日趋严重,这是对人力资源的极大浪费。通过制定人力资源规划,企业就可以发现这方面的弊端,并及时采取措施,提高人力资源管理的效益。

(三) 人力资源规划的任务

人力资源规划有以下几大任务:

第一,根据企业总的战略发展规划和中长期经营计划,研究市场变化趋势,掌握科学技术革新的方向,确定各种和各类程度的人力需求。

第二,研究未来企业组织变革的可能性,确定由于设备的更新、企业活动范围的扩大而导致的资源组织的变更,进而推测未来的人力需求的变动情形。

第三,分析现有人力的素质、年龄结构与性别结构、变动率与缺勤率、工作情绪的变动趋势等状况,确定完成各项生产经营活动所需的各种类别和等级的人力。

第四,研究分析就业市场的人力供需状况,确定可以从社会人力供给中直接获得,或者必须与教育及培训机构合作预先培养各种类别和等级的人力。

第五,使人力资源规划体系中的各项具体行动计划保持平衡,并使之与企业的发展规划和经营计划相互衔接。

二、人力资源规划的内容

人力资源规划有两个层次:一是企业总体的人力资源规划,二是组织内具体的人力资源规划。每一个具体的人力资源规划都有其特定的目标和任务,并与多项专门的人力资源政策、措施相关。

(一)组织人力资源总体规划

此规划的目标是企业的经营目标与长期发展战略,通过人力资源管理各子系统,做好人力资源的供求平衡与员工发展工作。规划的相关政策与措施包括组织人力资源总体发展战略等。

(二)人力资源补充更新规划

此规划的目标是优化人力资源结构,满足企业对人力资源数量和质量上的要求。规划的相关政策与措施包括老员工退休政策、过剩人员及不适合上岗者的解聘、工作分析、新员工的招聘等。

(三)人力资源使用和调整规划

此规划的目标是提高人力资源使用效率,适人适位,使组织内部人力资源流动。规划的相关政策与措施包括岗位轮换制度、岗位责任与资格制度、企业内部员工流动制度等。

(四)人力资源发展规划

此规划的目标是选拔后备人才,形成人才群体,规划员工职业生涯。规划的相关政策与措施包括管理者与技术工作者的岗位选拔制度、提升职位的确定、未提升资深人员的安排、员工职业生涯规划等。

(五)评估规划

此规划的目标是增加员工参与度,增进绩效,增强组织凝聚力,改善组织文化。规划的相关政策与措施包括绩效评估规划、奖罚制度、沟通机制等。

(六)员工薪酬规划

此规划的目标是内外部员工薪酬调查,形成有效的员工薪酬管理机制。规划的相关政策与措施包括薪酬制度、奖励规划、福利规划等。

(七)员工培训规划

此规划的目标是拟定培训项目,确定培训内容,评估培训效果。规划的相关政策与措施包括普通员工培训制度、管理人员培训制度、专业技术人员培训制度等。

(八)员工关系规划

此规划的目标是协调员工关系,增进员工沟通,完善企业文化,增加员工满意度。规划的相关政策与措施包括员工参与管理制度、合理化建议制度、员工沟通制度等。

(九)员工退休解聘规划

此规划的目标是做好员工退休工作,做好员工解聘工作,使员工离岗正常化、规范化。规划的相关政策与措施包括员工退休政策和规定、员工解聘制度和程序、员工退休与解聘人选工作的确定和实施等。

三、人力资源规划的程序

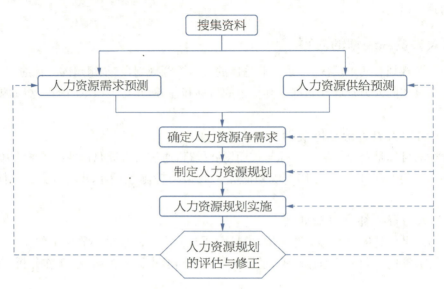

图 4-2　人力资源规划程序图

（一）搜集资料

信息资料是制定人力资源规划的依据。这一阶段的主要任务是广泛搜集企业外部和内部的有关信息，并进行分析整理，为后阶段确定具体方法做准备。

企业外部信息包括宏观经济发展趋势、行业的发展前景、竞争对手的动向、相关技术的发展、劳动力市场人才的供需状况、政府的政策法规等。企业内部信息包括企业战略、人力资源战略、企业员工流动状况、员工的素质、人力资源的成本及变动趋势、产品的市场占有率、岗位需求的变化等。

（二）预测企业人力资源的供需状况

这一阶段的主要任务是在分析所搜集的人力资源信息的基础上，采用定性、定量相结合、以定量为基础的各种统计方法和预测模型，对企业未来的人力资源状况进行预测。

人力资源预测主要从供给、需求两方面进行。其中供给预测又包括两个方面：一个是内部人员拥有量预测，即根据现有人力资源及未来变动情况，预测出规划期内各时间点上的人员拥有量；另一个是外部供给量预测，即确定在规划期内各时间点上可以从外部获取的各类人员数量。企业在进行人力资源预测时，应把重点放在内部人员拥有量的预测上，外部人员供给量的预测应着重于关键人员，如：高级管理人员、专业技术人员等。

人力资源的供需预测是一项技术性较强的工作，其准确程度直接决定了规划的有效性。

（三）确定人力资源的净需求

这一阶段的主要任务是在企业员工未来供需预测的数据基础上，将本企业人力资源需求的预测数与在同期企业本身可提供的人力资源预测数进行对比分析，就可以计算出各类人员的净需求了。净需求如果是正值，则表明这类人员欠缺，企业可以选择的方案有：培训本企业员工，对受过培训的员工择优提升，补缺并相应提高其待遇；进行平行岗位调动，延长工作时间或增加工作负荷，同时给予相应补贴或奖励，重新设计工作以提高员工的工作效率；雇用临时人员或兼职人员；改进技术或进行超前生产；对外招聘等。净需求如果是负值，则表明企业在这方面人员过剩，企业可选择的方案有：永久性裁减或辞退员工，暂时或永久性地关闭一些不盈利的分厂或车间，精简职能部门，推行提前退休；对员工进行重新培训、调往新岗位，或适当储备一些人员；减少工作的时间，同时减少工资；由两个或两个以上人分担一个工作岗位，并相应地减少工资等。

（四）制定人力资源规划

这一阶段的主要任务是根据企业战略目标、人力资源战略目标以及本企业员工的净需求量，拟定出人力资源的规划。不同的供需预测结果，需要规定不同的人力资源总体规划和相应的业务计划。

（五）人力资源规划的实施

这一阶段是人力资源规划的实际操作阶段，要注意协调好各部门、各环节的关系，保证规划的认真落实。

（六）人力资源规划的评估、修正

在实施人力资源规划的同时，要进行定期与不定期的评估与修正。只有进行评估与修正，才会对规划的执行者造成一定的压力，防止规划的实施流于形式。同时，在评估和修正的过程中，可以广泛听取企业员工对人力资源管理工作的意见和建议，有利于人力资源规划内容的不断完善。

案例分析 4-1

人力资源规划

安踏集团是国内体育用品行业龙头企业，集品牌、研发、生产制造于一体，旗下多个品牌，覆盖了从大众到高端、从功能性到休闲体育用品等细分的消费者。自安踏集团提出千亿战略后，明显感受到人力资源难以支持集团战略目标的实现，其中在组织效率、人才储备、人员能力、机制保障、企业文化等都存在明显差距。因此，如何构建一个匹配千亿战略的人力资源体系，以及不断激励员工冲锋的企业文化，是安踏迫切的需求。基于对企业战略的理解和研判，安踏着力找出企业战略目标实现在组织、人才、文化氛围方面的差距或诉求，制定组织、人才管理策略和详细方案，统一思想认识，提高组织和人才保障。方案明确了安踏核心人才定义及评估标准，为核心人才的识别提供了科学管理工具；明确了安踏核心人才管理策略和详细方案，为安踏核心人才规划、核心人才培养、核心人才激励等指明了方向；构建了安踏干部管理平台及机制，有效解决企业干部选拔、干部继任、干部淘汰与激活、干部监督等问题；针对升级后的"安踏之道"和核心价值观，制定了文化落地的策略、框架和详细计划，确保文化能应用于人才招聘、干部选拔、员工行为管理、荣誉管理等制度和流程之中，落地生根。基于重构的安踏集团人力资源战略，重塑安踏集团企业文化，为集团战略实现统一思想，构建组织基础。截至 2021 年 6 月，安踏上半年营业收入达 228.1 亿元，国内市场多个业绩指标已超阿迪达斯，仅次于耐克。

[分析]

安踏企业人力资源规划包括哪些方面？

第三节 人力资源的开发

一、人员的甄选与聘用

管理者为企业内部某项工作甄选及招募合适的员工之前,必须先了解该项工作具有哪些性质(如:工作的难易度、危险性等等),以及从事该项工作所应具备的条件,而此一过程必须通过工作分析来达成。

(一)工作分析

1. 工作分析的意义与目的

所谓工作分析,是指管理者针对企业内部各项工作的内容和性质及从事该项工作所应具备的专业知识、工作技能、相关经验等,予以分析研究,并制成书面资料,以作为人力资源分配的依据。通过工作分析,可了解各项工作内容,使员工得以清楚地知道他们的工作职责是什么。

工作分析的内容,通常会以7个W来记载,说明如下:

what(做什么工作):指工作的内容及性质。
who(由谁担任):指应由具有何种专业知识、工作技能、年资、经验的员工担任。
when(何时工作):指工作的起始及完成时间。
where(何处工作):指工作的场所及地点。
how(如何工作):指工作的步骤、程序及方法。
why(为什么做):指该项工作欲达成的目标或结果。
whom(为谁做):指该项工作所服务的对象。

通过工作分析,有助于人力资源部门达到下列几项目的:

第一,可以更正确地甄选及招募到合适的员工。
第二,可作为员工绩效及能力考核的依据,并有助于管理者参考,作出升迁及调动部属的决定。
第三,使员工的职前或在职训练有更明确的训练目标及方法。
第四,可作为改进工作方法及程序的依据,提高企业的生产力。
第五,可作为工作评价的依据。

由此可知,工作分析是人力资源管理的一项重要工具,能使人力资源管理真正做到人尽其才、物尽其用及同工同酬。

案例思考 4-4　瓶颈

机智问答,你来猜猜看!

一个直径10厘米的水管,其中的某小段只有3厘米直径的宽度。那么此水管内流通的水量是直径10厘米的水量还是直径3厘米的水量?

答案:3厘米的水量。

相信你也答对了。这3厘米直径的一段水管就是所谓的"瓶颈"(bottleneck),指一切造成拥堵,无法顺利通过的地方,它会让之前、之后的努力都白费。

[思考]从这个案例中,你得到了什么启发?

2. 工作分析的方法与结果

通常企业在进行工作分析时,可运用下列四种主要的方法(见表4-2)。

表4-2　　　　　　　　　　　　工作分析的方法

方　法	内　　容	注　意　事　项
(1) 现场观察法	由分析人员直接到工作现场,运用7W将整个工作行为系统地记录下来。运用此法时最好是秘密观察,以免干扰到工作者的行为。	此法较不适合运用在以心智活动为主的工作。
(2) 现场面谈法	通过深入的访谈,以得到工作者的执行过程及结果,若能再配合问卷调查法,将会使资料更为精确完整,对以心智活动为主的工作也相当适用。	运用此法前,必须事先充分讨论访谈问题的相关性及可用性,并系统地列示出来,以免迷失访谈的方向。访谈的形式有个别访谈和团体访谈之分。分析人员可视情况同时运用或单独运用。
(3) 问卷调查法	列出由各种工作问题(如:该项工作的程序、方法、任务、环境、使用的材料、机器及设备等)所构成的结构式问卷调查表,由受访者详细填写相关资料。运用此法时,可节省许多分析的时间及人力,并迅速得到所需的信息。	运用此法要特别注意受试者可能会因为误解问题而使回答产生偏差或错误,因此必须通过分析人员的协助以修正其错误。
(4) 工作日志法	由承担某项工作的员工每天按时间顺序记录工作过程,然后经过归纳、提炼,取得所需资料。其优点在于信息的可靠性很高,适用于确定有关工作职责、工作内容、工作关系、劳动强度等方面的信息,所需费用也低。	此法适用范围较小,只适用于工作循环周期短、工作状态稳定的职位;且信息整理量大,归纳工作繁琐。另一方面,工作执行者往往会因不认真填写而遗漏很多工作内容,并会在一定程度上影响正常工作。

为了使工作分析的结果更加正确,分析人员对于以上这四种方法可以同时运用,使资料的结果更为完整。

通过上述的各种分析方法所得到的工作分析的结果,以工作说明书及工作规范做成书面记录,分述如下。

① 工作说明书(又可称为职位说明书):说明该项工作、职位所需担负的工作、任务和责任的书面总结(见表4-3)。

表4-3　　　　　　　　　　　　工作说明书

　　　　　　　　　　_____公司工作说明书

职位编号:_____
工作类别:_____
职位名称:_____　　　　　　所属部门或单位:_____
　　　　　　　　　　　　　　　职级名称:_____
工作概述:

(续表)

工作项目	作业内容说明	该项作业所需时间(小时)	占全部作业时间的百分比(%)

员工应具备条件：
1. 所需教育程度：_____
2. 所需经验年资：_____
3. 所需体力：_____

填表人：　　　　　审核人：　　　　　填表日期：　　　　　年　月　日

由于工作说明书是作为人力资源管理部门用来训练员工从事某项工作的依据,所以其内容要完整、正确及清楚地填写。

② 工作规范:依据工作说明书制订而成,为了有效达成工作说明书所记载的工作,规定从事该项工作的员工所需具备何种专业知识、工作技能的背景、工作年资和经验、个人特质等。

(二) 人员的甄选与聘用

1. 甄选的原则及重要性

为了使企业能甄选到好的人才,真正达到"人尽其才"的目的,在甄选前,除了要有完整的规划之外,更应遵照下列几项原则。

(1) 事先设定用人标准　　在甄选前,需先确定担任该项工作职务所需之才能、专长、经验等资格标准。该标准不可过高,以免不切实际,征才不易;也不可过低,使甄选流于形式。

(2) 因事求才　　甄选员工必须因为工作职务上的需要而进行,不可因为人情的压力,随意安插一些不适任的员工,变成"因人设事"。

身为一位企业的经营者,当然希望能网罗天下英才来为自己的企业效力,而要达到此目的,首先就是要有个公平、公正、公开的甄选过程。一个成功的甄选过程,对企业的经营会产生下列几项重要的影响：

第一,可使企业员工的素质提升,进而提高整体生产力。

第二,好的人才进来,可使员工之间产生良性竞争,进而建立良好的企业形象。

第三,人尽其才可增加企业的向心力,降低企业员工离职率及人事费用的支出。

2. 招募人才的来源

企业在甄选合适的员工之前,首先必须吸引各种人才参与应征,而这个过程就是招募。所谓招募,就是指吸引以及寻找符合企业招聘要求的应聘者,来申请参与甄选的过程。而甄选就是从这些应征者中,选出最适当的人才。

一般而言,招募人才的来源可分为内部来源及外部来源。

(1) 内部来源　　一是从现有员工中晋升或调派。当企业某项工作缺人时,可优先考虑有经验或优秀的员工调派。二是自行培训。由企业自行培训或与其他机构共同设立员工培训中心,招收未来潜在的员工并加以训练培养。从内部招聘的优点是员工对企业的历史和现状比较了解,能较快地胜任工作,并且由于内部有工作的变换机会,可提高员工士气,使员工保持良好的工作情绪。

(2) 外部来源　　一是公开对外招聘。由企业通过大众媒体刊登广告,向社会大众公开招聘,使符合资格者前来参与甄选。二是内部员工推荐。由企业内部在职员工推荐或介绍亲朋好友担任该项工作。从外部招聘的优点是有较丰富的人力资源储备来源,并有可能招聘到第一流的人才,可避免"近亲繁殖",给企业带来新的"血液"。

> **案例思考 4-5　如何处理"空降兵"与"子弟兵"的关系**
>
> 在现实中,人们通常将外部引进的人才称为"空降兵",将内部培养的人才称为"子弟兵"。在处理"空降兵"与"子弟兵"的关系上,有许多企业倾向于给予引进人才更多的关注,给予其更高的薪金与福利待遇,结果这在无形之中挫伤了内部人才工作的积极性。对于产生这种情况的原因,存在着以下说法:
> ① 破坏了公平竞争的规则,使得"子弟兵"处于不利的地位。
> ② 相对于"子弟兵"来说,"空降兵"更能创造出业绩。
> ③ "子弟兵"在与"空降兵"竞争中得到的内部支持较少。
> ④ 相对于"空降兵"而言,"子弟兵"觉得自己利益受损。
> [思考] 你对以上说法如何看？你对此问题有什么看法？你认为应如何处理好两者的关系？

3. 甄选的过程

甄选本身就是一种决策过程,如何从一大批应聘者中选出最有能力、经验、知识,最符合该项工作要求的人,考验着管理者的智慧及决策能力。一般而言,企业在进行员工甄选时,通常会依据下列几个步骤进行(见图4-3)。

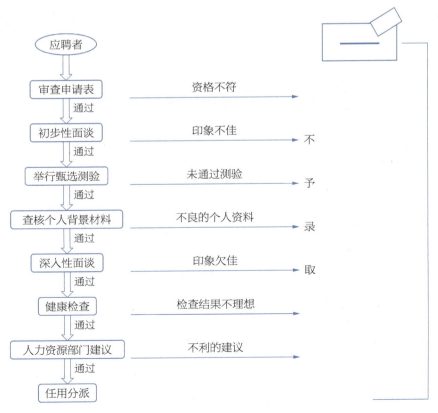

图 4-3　甄选员工的过程

（1）**审查申请表** 申请表是应聘者向企业提供的个人资料,以使企业判断其资格是否符合企业的最低要求水准。申请表内容包含姓名、年龄、性别、家庭状况、教育程度、专长、兴趣爱好以及工作经历等。通常个人简历也可以用来代替申请表。

（2）**初步性面谈** 当企业审查申请表后,人力资源部门就要对通过审查的应聘者进行初步性面谈,主要目的是要从应聘者的穿着、谈吐及礼仪应对中,初步了解应聘者的个性、人格、工作意愿的高低,以及是否符合企业文化及政策的要求。

（3）**举行甄选测验** 通过初步性面谈后,企业就要对应聘者进行各项测验,以了解应聘者的真才实学。测验方法包括笔试、实地操作测验、心理测验等。可择一使用,也可混合运用。

（4）**查核个人背景资料** 在此阶段,企业对通过测验的应聘者个人背景进行查核了解,以确定应聘者是否提供不实的个人资料,以误导企业甄选的结果。查核的资料包括应聘者过去在其他企业的就职状况、财务状况、在校成绩、操行等第等。

（5）**深入性面谈** 在查核个人背景无误后,紧接着就是由应聘者的未来主管或相关方面的主管来与应聘者作广泛性的交谈,一方面可了解应聘者对其未来工作的规划及对公司的期望和憧憬,另一方面也让应聘者了解其未来可能从事的工作性质、内容及工作环境。

（6）**健康检查** 进行身体健康检查,一方面是要确认应聘者是否符合担任该职位的最基本要求,另一方面也是使企业确认应聘者是否能胜任该项工作。

（7）**人力资源部门的建议** 由人力资源部门根据以上各项所得的资料作客观及综合性的判断分析,并提出建议,供主管参考并作最后的裁决。

（8）**任用分派** 当应聘者通过以上甄选环节后,就要接受企业工作职务的安排了。

4. 任用

所谓任用,是指将员工安排至一个新设或空缺的工作职位上,包括新进员工的任用及现职员工的升迁和调动。

为了真正落实"人尽其才"、"事得其人"的人力资源管理的目的,企业在任用员工时,必须考虑下列几项因素。

（1）**甄选或培训的结果** 通过甄选或在职培训所得的结果,可大约看出该员工的智慧、专长、技能以及较适合于担任何种工作职务及职位。

（2）**工作分析的记录** 通过工作说明书及工作规范的说明,可帮助人力资源部门了解某一员工较适合担任何种工作。

（3）**员工本身的意愿** 在任用前必须先征询当事人的意愿,除了可使当事人感受到被尊重外,还可增加其对工作的信心及责任。

（4）**部门主管的意见** 由于各部门的主管对于其部门内的工作性质较为了解,故他们的意见也较能真实地反映人力资源需求。

案例思考 4-6　勿以善小而不为

一家企业正在招聘人才。

第一位应聘者——小张。他走进房间,看到地上横了一把拖把,他绕了过去,来到领导面前。几位领导只简单地和他谈了几句就请他回去了。

第二位应聘者——小李。他经过横在地上的拖把时,一脚把它踢开

了。没一会儿,他也被请回去了。

　　第三位应聘者——小凌。他进门后,第一眼就看到了窗明几净的房间中,有一把拖把横在屋子中间。他很自然地拿起拖把,把它放到了墙角。

　　几位领导都看到了这一情景。他们都对小凌十分满意,请他下周来公司上班。

　　[思考] 看完这个故事,你得到了什么启发?

二、人员培训的类型

　　由于外部环境不断在改变,企业所面临的挑战也较过去更为艰巨、复杂,为了迎接各种挑战以及不断地成长和发展,如何提升员工的素质,以配合企业发展的需要,便成为人力资源管理上的一项重要课题。而要达到此目的,唯有通过各种培训及发展计划才能达成。

(一)按培训的对象划分

1. 职前培训

　　这是指对新进的员工在其就职前给予培训,培训的内容包括工作环境、工作的执行程序和方法、企业的业务性质及组织构建。

2. 在职培训

　　对在职员工给予技术性及非技术性的再教育。培训的原因一是为了防止工作方法、技术或观念的落伍,二是为了适应工作职位的调动。

(二)按培训的内容划分

1. 技术性培训

　　这是指以提升员工的工作技术为目标的培训,内容包括制造技术、销售技术、文书处理技巧及设备维修保养技术等。

2. 人际性培训

　　此培训的目的是为了培养员工良好的人际关系及沟通能力,内容包括如何清晰完整地传达信息给他人,如何理解别人所要传达的真正意思,以及如何与他人相处、避免发生冲突等。

3. 思考性培训

　　此培训目的在于培养员工处理日常事务及应对突发状况的能力,内容包括逻辑思维能力、推理能力,以及构思、分析、选择各种替代方案的能力等。

　　除技术性培训外,人际性培训及思考性培训都是针对员工的发展所作的培训。

(三)按培训的方法划分

1. 学徒式培训

　　这是指由初学者观察技术熟练者的做事方式,以学得新技术及新方法的培训方式。一些技能行业多采用这种"师傅带徒弟"的方法。这种培训较为全面,内容不仅包括技术、工艺、操作方法、服务技巧、办事方法,还包括思想、作风、伦理等方面。但它有局限性——徒弟只接受某种特定技能的培训,而不能适应工作环境的变化。

2. 专家讲授式培训

　　这是指员工齐聚一堂,由具有实务经验及专业知识的人士讲授新技术、新观念,并带领员工实际操作或演练一番。课堂讲授是员工培训中较为普遍的一种方法。其优点是成本低,节省时间,能讲述难度大的信息内容;但缺点是单向交流,缺少实践与反馈。

3. 研讨会式培训

这是指举行定期的会议或提出特殊的个案进行讨论[①]。由于与会者均能自由发表意见,交换彼此的知识与经验,因此这种培训方法对提升员工的决策、判断等思考能力有相当大的帮助。

4. 角色扮演式培训

这是指设计一种假想的情境,由参与培训的员工扮演其中的角色,在整个表演结束后,由参与者说出其内心的感受,并由指导者说明在各种情境下正确的处理方式及态度,以协助受训者建立正确观念,学习新的方法,提升其决策能力。

5. 分组竞赛式培训

分组竞赛式培训也称经营竞赛式培训,是指将受培训的员工分组为不同的虚拟企业,各司其职,并通过计算机技术,模拟企业在经营过程中各种可能遇到的情境及可能产生的问题,然后比较各组的经营成果及优缺点。这种培训方法可培养受训者分析、制定决策及团队合作的能力。

其中学徒式培训,适用于技术性培训;研讨会式、角色扮演式、分组竞赛式培训,适用于人际性、思考性培训;专家讲授式培训的方法,前后两者皆可用之。

> **案例思考 4-7 从洗厕所开始**
>
> 20世纪70年代初,麦当劳看好香港市场,其总部决定先在当地培养一批高级管理人员。他们与选中的其中一位著名青年企业家经过几次商谈,还是没能定下来。最后,麦当劳总裁要求该企业家带上夫人前来。在商谈时,总裁问了一个出人意料的问题:"如果我们要你先去洗厕所,你会怎么想?"青年企业家沉思不语,但心想:我也是一个小有名气的企业家,去洗厕所,大材小用了吧!面试于是陷入了尴尬。还是他的太太打破了僵局:"没关系,我们家的厕所向来都是他洗的!"就这样他通过了面试。
>
> 但他没想到的是,第二天上班总裁真的让他去洗厕所,他坚持了下来。直到后来,他当上了高级管理人员,看了公司的规章制度才知道:原来麦当劳培训员工的第一课就是先从洗厕所开始的,就连总裁也不例外!
>
> [思考] 看完这个故事,你得到了什么启发?

三、人员的薪酬和激励

(一) 薪酬和动机

动机是人们行为产生的直接原因,它引起行为、维持行为并指引行为去满足某种需要。在激励员工的工作中,大部分焦点放在金钱的刺激上:科学管理之父泰勒以及当时的哲学家、科学家、工程师和管理者都相信金钱是唯一能刺激员工积极性的东西。各种各样的认知理论和认知过程理论也影响着薪酬和激励之间的关系。

赫兹伯格的双因素理论试图找出人们想从工作中得到什么。赫兹伯格通过调查认为,满意的对立面应是没有满意,不满意的对立面应是没有不满意;并将能使人们从没有满意到满意的因素归为激励因素,能使人们从没有不满意到不满意的因素归为保健因素。保健因素能保持一个人的积极性,但不能直接发挥激励员工的作用。激励因素能提高一个人的积极性,刺激

[①] 个案讨论:最早是由美国哈佛大学对企管研究所学生进行的一种教育方式,通过设计一些假设或真实的案例,由参与者就个案中所遭遇的问题,进行分析并提出解决之道。

人不断上进。保健因素是与工作环境和工作关系有关,包括薪酬、工作条件、管理者等等。激励因素包括成就、赏识、责任、进步和工作本身或工作内容。因为他调查的对象是一批工资较高、条件比较好的工程师、会计师,所以得出结论:薪酬是保健因素。如果薪酬水平不够高,或薪酬的提供方式与雇员的需要不匹配,不满就会产生。由此而看,薪酬与激励也有关。

人总是希望通过一定的努力达到预期的目标,如果达到了目标,取得了成绩,总希望得到奖励,这奖励包括提高工资、多发奖金、提拔到较重要的工作岗位等等,从而满足个人需要。不同的结果有不同水平的渴望或驱动力。

美国行为科学家帕特和劳勒的激励模式为:

$$努力 \rightarrow 达到绩效 \rightarrow 奖励 \xrightarrow[\text{公平的}]{\text{察觉}} 满意$$

亚当斯的公平理论提出当一个人做出了成绩并取得了报酬以后,他不仅关心自己所得报酬的绝对量,而且关心自己所得报酬的相对量。

$$\frac{Q_p}{I_p} = \frac{Q_c}{I_c}$$

式中　Q_p——自己对所获报酬的感觉

　　　Q_c——自己对他人所获报酬的感觉

　　　I_p——自己对个人所作投入的感觉

　　　I_c——自己对他人所作投入的感觉

公平的程度是由员工的投入(努力、参与等)和产出(薪水、福利、服务等)的比率与特定他人相似比率的比较来得出的。特定他人通常是指在同一企业中从事同样工作的同事。

拥有同等经验、职务、工作责任和薪水的两个人对公平可能有不同的感知。一位员工可能对薪水完全满意,甚至感觉有点 $\frac{Q_p}{I_p} > \frac{Q_c}{I_c}$,很是高兴。另一位可能感觉被欺骗了,认为 $\frac{Q_p}{I_p} < \frac{Q_c}{I_c}$,并做出消极行为。为了减少负面感觉,不满意的员工将改变他或她投入工作的数量或质量,结果导致缺勤增加、产品质量降低、数量减少,甚至辞职。

美国心理学家和行为科学家斯金纳的强化理论认为:人的行为是基于由该行为被奖励或惩罚的程度所刺激的自动反应。如果薪水、福利和服务是完成某种活动(如准时上班、不跳槽、完成生产目标等)收到的奖励,那么这些活动将会重复出现。

事实上大部分管理者、薪酬专家和员工最感兴趣的就是薪酬和激励,因为薪酬和激励将决定员工满意度和生产力之间的关系。

案例思考 4-8　阳光煤矿领导的烦恼

阳光煤矿 2008 年取得了良好的经营业绩,不仅产销量上去了,安全管理也取得了历史最好成绩,伤亡率为同行业最低。为此,主管局拨下 10 万元的"安全奖"用于奖励干部职工。资金到位后,矿领导专门讨论如何分配这笔资金,最后确定并执行了这样的分配方案:矿长 6000 元,副矿长 5000 元,科长 4000 元,一般管理干部 2000 元,员工 1000 元。这一方案正好把资金金额全部分配下去。资金发放后,刚开始还风平浪静,但一个月后,事故不断发生,安全标兵的阳光煤矿不再安全了。

[思考] 你认为这里最核心的问题在哪里?

(二)员工薪酬的给付方式及原则

员工的薪资与酬劳是否公平合理,往往是造成一家企业内部员工流动性与稳定性高低的最主要原因之一。因此,如何制订一个公平合理的薪酬制度,以做到人力资源管理"同工同酬,异工异酬",是相当重要的。

1. 员工薪酬的给付方式

员工薪酬是指企业对员工工作上的表现所给予的薪资或报酬。一般而言,员工薪酬给付的方式,可分为下列两类。

(1) 直接薪酬　包括员工工作的工资、加班费用、绩效奖金、公司的盈余分红、认购公司股票的权利等等,这类薪酬给付方式主要是依照员工对企业所作的贡献及付出来决定其薪酬标准的。

(2) 间接薪酬　包括旅游休假,到教育机构进修充电,公配汽车、私人秘书、动听的头衔等等权利,这类薪酬大都是按职位的高低而设,而企业为了提升个人的工作绩效,有时也会以此种方式作为酬赏。

2. 员工薪酬的给付原则

企业在制定员工薪酬制度时,常需考虑下列几项原则:

(1) 合法性原则　指企业的薪酬管理政策要符合国家法律和政策的有关规定,这是薪酬管理应遵循的最基本原则。《中华人民共和国劳动法》第四十八条明文规定:国家实行最低工资保障制度;最低工资的具体标准由省、自治区、直辖市人民政府规定,报国务院备案。用人单位支付给劳动者的工资不得低于当地最低工资标准。

(2) 必须公平合理　企业在制订员工薪酬制度时,必须依据工作分析及工作评价的结果,决定哪些工作贡献较多,哪些工作贡献较少,并给予相应的工作评价。

(3) 符合员工需求　包括提供员工基本生活的最低保障、满足员工自我发展的需要等,使员工能全心全力为企业作出自己的贡献。

(4) 能产生激励作用　好的薪酬制度必须能激起员工内在的潜能及工作意愿,使员工个人的工作绩效及公司集体的生产力都能不断提升。例如,绩效奖金不仅要设立团体绩效奖金,也要设立个人绩效奖金。

(5) 必须具有竞争力　企业的薪酬制度必须与同业的薪酬制度处于同一水准,而且必须具有弹性,才能随社会的变迁而作出相应调整。一方面能降低员工的流动率,另一方面也能吸引更多人才来为公司效力。

(6) 必须简单而明了　企业薪资的计算方法及酬劳给付方式须尽量简单,使员工能清楚地了解企业的政策,并作为自己努力的方向及依据。

案例思考 4-9　公平原则

一天傍晚,一个牧羊人正赶着牧场的羊往回走。突然,他发现羊群里混着几只野山羊,他也不声张,一起把它们赶回来圈在羊圈里。

第二天,下起了大雪,无法放牧,羊只能待在羊圈里。颇有心机的牧羊人在喂羊时特别厚待那几只跟来的野山羊,给它们很多精饲料,而对其他羊,却只给了些刚够充饥的饲料。他打着如意算盘,盼望着能驯化那几只野山羊。

> 几天后,雪化了,天也放晴了。牧羊人又把羊群赶到牧场去吃草,几只野山羊恢复了自由,立刻撒腿就跑。牧羊人气得大骂野山羊忘恩负义,一点也不念及下雪天时他的恩惠。一头野山羊回敬他说:"正是这个原因使我们要离开你。那些羊和你在一起那么久,你却冷落它们而厚待我们。如果我们留了下来,你岂不是马上也要冷落我们了?"
>
> 牧羊人留不住野山羊,同时也让跟随他很久的羊感到心寒,真是两头不讨好。
>
> [思考] 看完这个故事,你得到了什么启发?

(三)薪资给付的计算方法

1. 计时制

这种方法是以员工工作时间的长短作为薪资给付标准的,而工作时间可能是以小时,或以日、月、年为计算单位的。如以小时为计算单位,则其基本计算公式为:

员工薪资＝每小时工资率×工作时数

计时制方法的优点是:
- 计算简单。企业和员工均能较明确地预估其支出和收入。
- 品质稳定。由于员工的薪资不受生产件数多寡的影响,故可专心于产品品质的提升。
- 减少事故。此方法之下,员工的生产压力较小,可减少职业事故及职业病的产生。

而此法的缺点是:
- 欠缺公平。因为以工作时间为计算单位,使生产力较高的员工与生产力较低的员工报酬均同,有失公平合理,甚至会导致员工工作情绪的低落,降低生产效率。
- 产出不稳。在计时制下,员工可能会产生偷懒的行为,使得生产量出现不稳定的现象,故需有监督人员,但如此又增加了企业的成本。
- 成本不易计算。由于产出不稳定,故产品的单位成本无法精确计算,甚至会影响盈亏的正确性。

一般而言,计时制方法适用于下列几种情况:

第一,员工的工作内容无法以数量来衡量,如:经理、厂长等管理职务。

第二,产品品质优劣较产品数量产出的多寡更为重要,例如,企划部门的企划内容,以及财务部门的财务报表,均不能以产出的多寡来衡量。

第三,产品内容差异较大的工作,例如,产品研发部门的新产品研究开发工作等。

第四,企业规模不大,管理者易于监督。

2. 计件制

这种方法是以员工的工作产出量作为薪资给付标准的,其计算方法为:

员工薪资＝每件产品工资率×生产件数

计件制方法的优点是:
- 报酬数较公平合理。在计件制下,员工的薪资标准视其生产能力的高低而定,较计时制更为公平合理。
- 提高生产力。在此制度下,员工为了获得较高的薪资所得,除了会努力生产,还会致力于生产技术及方法的改进,进而提高企业的工作效率及生产力。

- 成本易计算。由于每个单位产品的工资成本是固定的,故产品的单位成本计算较为准确。

而此法的缺点是:

- 对新进员工较不利。由于新进员工对生产技术较不熟练,故其薪资所得会有偏低的现象,可能影响其工作情绪。
- 无法兼顾品质。员工为了求产量的增加,往往会疏忽产品的品质,造成产品不良率的上升,这反而会导致产品成本的提高。
- 忽略员工身心健康。员工可能为了提高产品产量而疏于休息,长期下来,对员工的身体及心理均会产生严重的不良影响。

一般而言,计件制度适用于下列几种情况:

第一,员工的工作情形不易监督,无法采用计时制,如:推销员等。

第二,工作内容重复不变,如:送报业者等。

第三,注重产品的生产数量及速度,如:手工业、货运业等。

案例思考 4-10 火柴棒与房子

一根火柴棒价值不到一毛钱。一栋房子价值上百万元。但是一根火柴棒却可能引发一场火灾,摧毁一栋房子。可见表面上微不足道的潜在破坏力,一旦爆发出来,其攻坚灭顶的力量,往往势不可挡。

要叠 100 万张的骨牌,需费时一个月,但倒骨牌最快却只要十几分钟。

要创办一个成功的企业,需耗时数十载,但要倒闭,却只需一个错误决策。

得到别人的信任和尊敬,需经过长时间的人格培养,但要人格破产却只需做错一件事。

[思考] 这些事例对企业管理有何实际意义?

案例思考 4-11 薪酬的加法与减法

某部门经理如果完成之前企业对其设定的业绩指标,企业将给他付年薪 10 万元。那么,这 10 万元应怎么付? 具体做法有以下两种可供企业选择:

(1) 加法。5 万元年薪(固定工资)+绩效奖金(奖金按照业绩好坏而定,若完成业绩指标,则给付 5 万元绩效奖金)。

(2) 减法。10 万元年薪(按 100% 完成业绩指标计算,薪酬各项总和为 10 万元)。付薪方式,若不能达到预期指标,则按比例扣除薪水,即在 10 万元基础上做减法。

[思考] 公司针对该部门经理的年薪是采用加法好还是采用减法好? 为什么?

第四节 人力资源绩效评价

一、人力资源绩效评价的原则

所谓绩效评价,是指企业通过一套公平合理的考核及评估制度,来评定所有员工的工作绩效及表现,进而了解和发展他们的潜力,以作为未来奖惩、升迁的依据。

企业内部员工的工作士气、能力及认真负责的态度,对于企业的生产效率和工作绩效的高低有着相当重要的影响,通过一套公平合理的绩效评价制度,我们可以很清楚地看出,哪些员工表现较好,哪些员工表现较差。对于表现好的员工,应给予奖励;对于表现较差的员工,也应给予适度的处罚。

企业管理者在实行人力资源绩效评价的过程中,一定要把握下列几项原则,只有这样,绩效评价才不会流于形式。

(一)事先设定标准

评价的项目、方式均需要系统化及标准化,评价结果才会客观真实。

(二)态度要公正

评价者在评价时要秉着公正、谨慎、实事求是的态度,要对事不对人,也不可假公济私、敷衍了事。

(三)要客观周详

对不同的部门或职位要分别制定评价项目;对于相同的对象,评价表格及标准则要统一。除此之外,由于不同的员工各自的工作性质有所不同,评价者在进行评价时应准备周详的资料(如:工作说明书、工作规范等),深入了解其工作性质,以免受到人为或主观因素的干扰而影响评价结果。

(四)注意平时表现

评价者平时应多注意观察被评价者在团队合作、对工作负责的态度、领导能力、对企业的向心力及专长等各方面的表现,以避免评价者只记得员工最近的工作表现或事迹,而忽略其过去的表现。

(五)要配合奖惩

对于评价的结果,一定要有公平合理的奖惩,这样做除了可以让员工有所警惕外,还可以使其产生荣誉感与责任感。

(六)要告知员工

一方面要使员工了解自己的工作表现,另一方面也要使员工对评价结果有申诉的机会。如此,才不会引起员工因内心不服和不满而对企业造成伤害及损失。

(七)经济原则

实施评价的成本应尽量小于不实施评价所带来的损失。否则,就没有开展评价工作的必要了。应选用既省时又能达到考评目的的低成本评价方法。

案例思考 4-12 "齐人失斧"

有一个齐国人,上山砍柴时丢了一把斧头,他到处寻找,最后也没有找到。他猜测:一定是邻居的儿子偷去了。当他带着这种情感去观察时,他觉得邻居儿子的走路姿势、面部表情以及说话的声音,甚至于他的一举一动、一言一行都像是偷斧头的。于是他肯定地说:"斧头一定是邻居的儿子偷去了。"

过了几天,这个人又去山上砍柴,在一个山沟里发现了他自己的斧头。第二天,他再见到邻居的儿子,觉得邻居的儿子怎么看都不像是偷斧头的了。

"齐人失斧"故事中齐人所犯的错误,我们今天就称之为"晕轮效应",也就是说当你对一个人抱有成见时,无论他做出了多么大的成绩,你都会觉得他不顺眼;当你对一个人心存好感时,即使他的工作成绩不太好,你也会极力为他开脱。

[思考] 如何避免晕轮效应?

二、人力资源绩效评价的内容

一般而言,企业经营性质的不同(如:服务业与制造业)或员工工作职位的不同,其绩效评价的项目也会有所不同。例如,经理级以上的主管,其绩效评价的项目着重在计划执行的能力、决策的成果及沟通协调的表现等;而一般的职员,其绩效评价的项目则着重在工作业绩的达成率、工作成果的质量及出勤记录等。大体而言,绩效评价的项目通常有下列几项。

(一)工作品质——德

这是评价、考核员工的首要标准。内容包括政治品质、思想作风、个人品质和职业道德等。它可检验工作成果的正确性及可靠性,检验员工对工作任务是否具有责任感等。此项目用于评鉴员工所具有的工作素养及道德价值标准。

(二)工作能力——能

这主要是指员工的能力,就是人的素质的外在表现,是一个人认识和改造世界的本领。内容包括工作技术的熟练度、工作成果产出的多寡、突发状况的处理能力、工作或行政事务的协调能力等。此项目用于评鉴员工所具有的专业知识、技术及经验。

(三)工作行为——勤

这主要是指员工的工作态度。内容包括员工的组织纪律、协调合作、进修学习的态度及积极进取的精神。此项目用于评鉴员工未来发展的潜力及团队合作精神。

(四)工作贡献——绩

这主要是指员工的工作业绩。内容包括员工对工作流程是否能主动思考改进、革新,对上级所交付的任务是否都能正确、准时地完成,以及能否主动引导、激发同事或部属的工作潜力等等。绩是德、能、勤的综合反映。此项目用于评价员工的领导能力及创新精神。

兹列举一个企业内普通职员的绩效评价表来说明绩效评价的内容(见表4-4)。

表 4-4 一般职员年度工作绩效评价表

评价项目	评分标准								
	优		甲		乙		丙		丁	
工作技能	工作均能精确且提前完成	10	工作精确,但少有作业疏失	8	工作认真,作业水平普通	6	工作效率较差,作业上常犯错误	4	工作常拖延时间	2
团队精神	与人合作无间且均能尽最大力量完成	10	爱护团队,且常协助同事	8	会答应别人的要求,协助他人	6	仅在与自身工作有关时才会协助他人	4	自由散漫,且常拒绝与他人合作	2
负责态度	任劳任怨,尽心尽力达成任务	10	相当努力,任务大都能完成	8	能主动执行任务	6	所交付的任务需要督促才能完成	4	敷衍了事,无责任心	2
专业知识	知识丰富,举一反三且能主动提供意见	10	专业知识较一般人良好,作业处理熟练	8	专业知识尚能应付工作,并愿接受新知识	6	专业知识不足,需重新接受训练	4	工作生疏,又不愿接受再训练	2
勤惰状况	从不懈怠,努力积极完成所交付的工作	10	守时,且不偷懒	8	虽偶尔迟到早退,但工作尚属积极	6	常不在工作岗位上,且借故躲避任务	4	常迟到早退,且工作不力,偷懒	2

案例思考 4-13 如何评价张经理

某公司为了扭转销售业绩停滞不前的局面,提升销售能手张先生出任销售部经理。到了年末,销售部业绩虽然较上一年略有下降,但张经理一人完成的订单占部门完成任务总量的53%。在评价张经理工作方面,高层经理意见不一,有多种看法:

① 张经理个人能力突出,公司应该根据其个人销售业绩,给予大力表彰。

② 产品的销售客观上依赖张经理的努力和能力。尽管我并不欣赏他的风格,但还是赞同给他特别奖励。

③ 对张经理的奖惩应该依据部门的业绩,而不是个人销售业绩。销售部未能完成部门目标,所以必须对张经理予以惩罚。

[思考] 你对以上观点如何看?对于张经理的工作,你认为应如何评价与处理?

案例分析 4-2

猴子取食

美国加利福尼亚大学的学者做了这样一个实验：

把6只猴子分别关在3间空房子里，每间2只，房子里分别放着一定数量的食物，但放的位置高度不一样。第一间房子的食物就放在地上；第二间房子的食物分别从易到难悬挂在不同高度的适当位置上；第三间房子的食物悬挂在房顶。数日后，他们发现第一间房子的猴子一死一伤，伤的缺了耳朵断了腿，奄奄一息。第三间房子的猴子也死了。只有第二间房子的猴子活得好好的。究其原因，第一间房子的两只猴子一进房间就看到了地上的食物，于是，为了争夺唾手可得的食物而大动干戈，结果一伤一死。第三间房子的猴子虽做了努力，但因食物太高，难度过大，够不着，被活活饿死了。只有第二间房子的两只猴子先是各自凭着自己的本能蹦跳取食，然后随着悬挂食物高度的增加，难度增大，两只猴子只有协作才能取得食物。于是，一只猴子托起另一只猴子跳起取食。这样，它们每天都能取到够吃的食物，从而很好地活了下来。

这个实验虽然做的是猴子取食，但它在一定程度上也说明了人才与岗位的关系。岗位难度过低，人人能干，体现不出能力与水平，选拔不出人才，反倒成了内耗式的职位争斗甚至残杀，其结果无异于第一间房子里的两只猴子的命运。岗位的难度太大，虽努力而不能及，甚至埋没了人才，犹如第三间房子里的两只猴子的命运。

[分析]

猴子取食实验对企业的工作设计有什么启示？

★★★★★ 本章小结 ★★★★★

一、人力资源
- 含义　一定范围内人口总体所具有的劳动能力的总和。包括数量和质量两个方面。
- 特点　能动性、时代性、高增值性、时效性、社会性。

二、人力资源开发与管理
- 含义　企业运用各种科学方法对企业的人力资源进行合理培训、组织、调配，以人为中心，使人、财、物、任务及企业经常保持最佳配置，同时对员工的思想、心理和行为进行恰当的诱导、调整、协调，充分发挥人的主观能动性，以实现企业目标。
- 重要性　奠定企业成功的基础；减少费用的开支；有效分配企业内部人力资源。

- 三、人力资源规划
  - 含义　企业为实现其发展目标,对未来发展所需人力资源进行供求预测,制定系统的政策和措施,以满足自身人力资源需求的活动。
  - 内容　组织人力资源总体规划;人力资源补充更新规划;人力资源使用和调整规划;人力资源发展规划;评估规划;员工薪酬规划;员工培训规划;员工关系规划;员工退休解聘规划。
  - 程序　搜集资料;预测企业人力资源的供需状况;确定人力资源的净需求;制定人力资源的规划;人力资源规划的实施;人力资源规划的评估、修正。

- 四、工作分析
  - 意义　管理者针对企业内部各项工作的内容和性质及从事该项工作员工所应具备的专业知识、工作技能、相关经验等,予以分析研究,并制成书面资料,以作为人力资源分配的根据。
  - 内容　7W,包括 what、who、when、where、how、why、whom。
  - 目的　更正确地甄选及招募到合适的员工;作为员工绩效及能力考核的依据;使员工职前或在职训练有更明智的训练目标及方法;作为改进工作方法及程序的依据;作为工作评价的依据。

- 五、人员的甄选与聘用
  - 原则　事先设定用人标准、因事求才。
  - 招募
    - 含义　企业在甄选合格的员工之前吸引各种人才来参与应征的过程。
    - 来源　内部来源、外部来源。
  - 甄选过程　审查申请表;初步性面谈;举行甄选测验;查核个人背景资料;深入性面谈;健康检查;人力资源部门的建议;任用分派。
  - 任用
    - 含义　将员工安排至一个新设或空缺的工作职位上,包括新进员工的任用及现职员工的升迁、调动和任用。
    - 考虑因素　甄选或训练的结果、工作分析的记录、员工本身的意愿、部门主管的意见。

- 六、人员培训的类型
  - 按培训对象划分　职前培训、在职培训。
  - 按培训内容划分　技术性培训、人际性培训、思考性培训。
  - 按培训方法划分　学徒式培训、专家讲授式培训、研讨会式培训、角色扮演式培训、分组竞赛式培训。

- 七、人员的薪酬和激励
  - 薪酬意义　企业对于员工因工作上的表现所给予的薪资或报酬。
  - 给付方式　直接薪酬、间接薪酬。
  - 原则　合法性;必须公平合理;符合员工需求;能产生激励作用;必须具有竞争力;必须简单明了。
  - 薪资给付计算方法　计时制、计件制。

- 八、人力资源绩效评价
  - 原则　事先设定标准;态度要公正;要客观周详;注意平时表现;要配合奖惩;要告知各员工;经济原则。
  - 内容　工作品质(德)、工作能力(能)、工作行为(勤)、工作贡献(绩)。

复习思考

1. 人力资源的含义、特点各是什么？人力资源开发与管理的重要性表现在哪些方面？
2. 人力资源规划的内容、程序各是什么？
3. 人员甄选的原则、重要性及过程各是什么？
4. 员工培训的目的是什么？有哪些类型？有哪些薪酬的计算方法？
5. 绩效评价的原则、内容各是什么？

活动建议

1. 以年轻人的观点来看，什么样的企业才能吸引你到该公司工作？
2. 设计一份人力资源规划程序图。
3. 你毕业后参加应聘时，该如何展现自己的才能？

第五章　企业营销管理

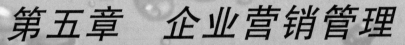

【学习目标】

通过本章的学习,认识市场营销观念的发展,把握市场营销管理过程;掌握产品、价格、分销、促销四大企业市场营销组合策略;了解市场营销能力的构成。

第一节　企业市场营销概述

一、市场营销观念的发展

表 5-1　　　　　　　　　市场营销观念比较

市场观念	出发点	方　法	目　标
生产观念	增加产量	降低成本提高生产效率	在销量增长中获利
产品观念	产品质量	生产更加优质的产品	用高质量的产品推动销售增长
推销观念	产品销售	加强推销和宣传活动	在扩大市场销售中获利
市场营销观念	顾客需求	运用整体营销策略	在满足顾客需求中获利
生态营销观念	企业优势	运用各种营销策略	企业优势同消费者需求充分协调
社会营销观念	社会利益	运用整体营销策略	维护社会长远利益,满足消费者需求
大市场营销观念	市场环境	运用"4P+2P"的整体营销策略	进入特定市场,满足消费者需求

二、市场营销管理

所谓市场营销管理是指为实现组织目标而对旨在创造、建立和保持与目标购买者之间有益的交换关系的设计方案所作的分析、计划、实施和控制。市场营销管理的任务,就是为促进企业目标的实现而调节需求的水平、时机和性质。

市场营销管理的实质是需求管理,需求管理就是指顾客管理。

企业的需求来自两组顾客:新顾客和回头客。

传统的市场营销理论和实践强调招徕新顾客和创造销售业绩。但今天,市场营销的重心正在转移。除了设计战略来招徕新顾客和创造与新顾客的交易外,企业现在正全力以赴地保住现有顾客并建立持久的顾客关系。

三、市场营销过程管理

(一)市场机会分析

市场机会分析亦称市场内外分析、营销环境分析,指通过营销理论,分析市场上存在哪些尚未满足或尚未完全满足的显性或隐性的需求,以便企业能根据自己的实际情况,找到内外结合的最佳点,从而组织和配置资源,有效地提供相应产品或服务,达到企业营销目的的过程。

市场机会分析的内容包括:

1. 外部分析——战略环境分析、企业经营活动分析

战略环境分析是指对企业所处的内外部竞争环境进行分析,以发现企业的核心竞争力,明

确企业的发展方向、途径和手段。

企业经营活动分析是企业经营管理工作十分重要的环节。一个企业经营管理水平的高低很大程度上体现在其经营观念、经营方法和经营思路上。

2. 内部分析——企业能力分析

企业能力分析是指对企业的关键性能力进行识别并进行有效性、强度,特别在竞争性表现上的分析。企业能力分析的目的是帮助企业决策者确定近期以及长远的企业战略。

(二) 选择目标市场

著名的市场营销学者麦卡锡提出应当把消费者看作一个特定的群体,称为目标市场。通过市场细分,有利于明确目标市场,通过市场营销策略的应用,有利于满足目标市场的需要。目标市场就是通过市场细分后,企业准备以相应的产品和服务满足其需要的一个或几个子市场。

选择目标市场一般运用下列三种策略:

1. 无差别性市场策略

无差别性市场策略就是企业把整个市场作为自己的目标市场,只考虑市场需求的共性,而不考虑其差异,运用一种产品、一种价格、一种推销方法,吸引尽可能多的消费者。

2. 差别性市场策略

差别性市场策略就是把整个市场细分为若干子市场,针对不同的子市场,设计不同的产品,制定不同的营销策略,满足不同的消费需求。

3. 集中性市场策略

集中性市场策略就是在细分后的市场上,选择两个或少数几个细分市场作为目标市场,实行专业化生产和销售。在个别少数市场上发挥优势,提高市场占有率。

(三) 制定市场营销策略

市场营销策略(简称 4P's)是企业以顾客需要为出发点,根据经验获得顾客需求量以及购买力的信息、商业界的期望值,有计划地组织各项经营活动,通过相互协调一致的产品策略、价格策略、分销策略和促销策略,为顾客提供满意的商品和服务而实现企业目标的过程。

案例思考 5-1　TTK 公司的市场细分

TTK 公司是英国一家著名的化妆品公司,该公司近期研发出了一种适合东方女性需求的具有抗衰老功效的系列化妆品,并在多个国家获得了专利保护。营销部经理初步分析了亚洲各国和地区的情况,首选中国作为目标市场。为迅速掌握中国市场的情况,公司派人员来中国进行实地调研。调查显示,中国市场需求量大,购买力强,且没有同类产品竞争。TTK 公司在调查基础上又按年龄层次将中国女性化妆品市场划分为 15—18 岁、18—25 岁、25—35 岁及 35 岁以上四个子市场,并选择了其中最大的一个子市场进行重点开发。

[思考] (1) 该公司进行市场细分的细分变量主要是什么?其他可供选择的变量还有哪些?

(2) 根据中国市场的特点,公司选择最大的子市场应该是哪个?为什么?

(四) 编制市场营销计划

市场营销计划包括如下几个部分：
- 计划概要；
- 市场营销现状；
- 机会与问题分析；
- 目标：确定计划在销售量、市场占有率和赢利等领域所完成的目标；
- 市场营销策略；
- 执行方案；
- 预计盈亏报表；
- 控制：计划将如何监控。

(五) 组织、执行和控制市场营销工作

企业市场营销管理程序的最后一个步骤就是组织市场营销资源、执行和控制。这是因为除非计划转化成工作，否则计划等于零。

案例思考 5-2 "斜口杯"的畅销

有一次，日本的营销人员在欧洲一家饭店用餐时，发现"老外"们喝水有个特点：由于欧洲人的鼻子较高，当茶水少于半杯时，鼻子便碰到杯沿上。若想喝完茶水，必须仰起脖子，既不方便，也有失风度。日本营销人员回国后，研制生产出了"斜口杯"，果然风靡欧洲市场。

[思考]"斜口杯"的畅销说明了什么？

第二节 企业市场营销组合策略

一、企业市场营销组合策略的概念

1964 年，美国营销专家鲍敦提出了市场营销组合概念，将其归并为四类，即 4P（产品—product、价格—price、地点—place、促销—promotion），从那以后 4P 成为每一个商业人士的公用语言，风行营销界 30 多年。

1990 年，美国学者劳朋特教授提出了与传统营销的 4P 相对应的 4C 理论：消费者的需求与欲望（consumer needs wants），把产品先搁到一边，先研究消费者的需求与欲望，不要再卖你能制造的产品，而要卖某人确定想要买的产品；消费者愿意付出的成本（cost），暂时忘掉定价策略，赶快去了解消费者要满足其需求所必须付出的成本；购买商品的便利（convenience），忘掉通路策略，转而思考如何使消费者便利地购得商品；沟通（communication），最后请忘掉促销，90 年代以后的正确新词汇应该是沟通。4C 理论的提出引起了营销传播界及工商界的极大反响，从而也成为整合营销理论的核心。

企业市场营销组织策略是指企业针对选定的目标市场综合运用各种可能的市场营销策略

和手段,组合成一个系统化的整体策略,包括:产品策略、价格策略、分销策略、促销策略。

现代企业市场营销组合策略,应当是一种大营销的组合策略。就是在 4P 的基础上变为 (6P+S)×C。6P 就是指传统的 4P 加上 2P,即权力(politics)和公共关系(public relations),S 是指服务(service),C 是指顾客(consumer)。

二、产品策略

菲利普·科特勒认为产品的整体概念有五个层次:

(一)核心产品

核心产品是指向顾客提供的产品的基本效用或利益。比如人们购买冰箱,不是获得装有某些电器零件的物体,而是为了使食品保鲜。

(二)形式产品

形式产品是指核心产品借以实现的形式或目标市场对某一需求的特定满足形式。形式产品由五个特征构成,即品质、式样、特征、商标及包装。

(三)期望产品

期望产品是指购买者在购买该产品时,期望得到的与产品密切相关的一整套属性和条件。

(四)延伸产品

延伸产品是指顾客购买形式产品和期望产品时,附带获得的各种利益的总和,包括产品使用说明书、安装、维修、送货上门、技术培训等。

(五)潜在产品

潜在产品指现有产品包括所有附加产品在内的,可能发展成为未来最终产品的潜在状态的产品。

产品整体概念的五个层次,十分清晰地体现了以顾客为中心的现代营销观念。

案例思考 5-3 舒肤佳的设计

日常生活中人们用的肥皂大多是方方正正的,缺点是人们在洗澡的时候容易将其滑落。舒肤佳的设计人员对肥皂的外形进行了人性化设计,将肥皂设计成"腰型",便于人们握捏,并且不易滑落。人性化的设计或许仅仅是一个简单的动作,却会带给消费者舒服甚至是感恩的心情。

[思考] 从这个营销小案例中你得到了什么启示?

三、价格策略

(一)产品价格构成

产品价格构成是指形成价格的各个要素及其在价格中的组成情况。价格是商品价值的货币表现,价值是商品价格形成的基础,所以价格构成实际是价值构成的反映。商品价值由物化劳动的转移价值、劳动者自己所创造的价值和劳动者为社会创造的价值三部分构成,它们在货币形态上转化为构成价格的 4 个要素,即生产成本、流通费用、税金和利润。

(二)影响企业定价的因素

① 定价目标。追求短期利润最大化目标;追求长期利润最大化目标;追求企业整体经营

效益最大化目标;以投资收益率为定价目标;以维持和提高市场占有率为定价目标;以稳定价格为定价目标;价格经常发生波动的行业,需要有一个平稳的价格来稳定市场;以维护企业形象为定价目标。

② 产品成本。

③ 市场供求因素。

④ 竞争者的产品和价格。

(三) 定价方法

1. 成本导向定价法

① 成本加成定价法,即单位成本加上一定百分比的加成得出产品价格的方法,计算公式为:

$$单位产品价格 = 单位产品总成本 \times (1 + 成本加成率)$$

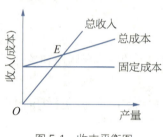

图 5-1 收支平衡图

② 目标利润定价法,即根据估计的总销售收入和估计的销售量制定价格的方法。这种定价方法需应用"收支平衡图",在图中反映不同销售水平的预期总成本和总收益情况。图 5-1 是一张假设的收支平衡图,其中 E 为收支平衡点。在该图中,固定成本不随产量而变化,是一条直线。可变成本随产量呈正比例变化。总成本是可变成本与固定成本之和。因此,总成本在固定成本线之上随产量增加而逐渐上升,总收入线以原点为起点,随销售量增加而逐渐上升,其斜率大小等于产品价格。

在 E 点处总收入正好等于总成本。目标利润定价法的价格是按预测销售量确定的,只要预测销售量准确,方法使用得当,就能保证企业目标利润的实现。这种方法的缺点是,企业以估计的销售量求出应制定的价格,然而价格恰恰是影响销售量的重要因素。

③ 盈亏平衡定价法。这是根据盈亏平衡原理来制定产品价格的一种方法,在固定成本、单位产品变动成本不变的情况下,销售收入的多少取决于价格的高低,销售收入补偿固定成本和变动成本后的余额,就是企业利润。采用这种方法,企业的利润靠增加销售量来创造。

其计算公式为:

$$P = F_c/Q + V_c$$

式中:P——单位产品售价　Q——预计销售量

　　　F_c——产品固定成本　V_c——产品的单位变动成本

【例】 某产品固定成本 80 万元,单位可变成本 12 元,预计销量 5 万件,该产品售价为:

$$P = 80/5 + 12 = 16 + 12 = 28(元/件)$$

④ 变动成本定价法,又称边际贡献定价法。其特点是只计算变动成本,而不计算固定成本,即在单位产品变动成本基础上,加上预期的单位产品边际贡献为产品定价。这里所提到的边际贡献是指销售收入扣除变动成本的余额。其计算公式为:

$$单位产品价格 = 单位产品变动成本 + \frac{预期边际贡献}{总销量}$$

2. 需求导向定价法

需求导向定价法是以消费需求的变化及消费者的感受为基本依据来确定价格的一种

方法。

① 理解价值定价法。根据顾客对企业产品价值的感受及理解程度来制定产品价格。消费者对商品价值的认知和理解程度不同,会形成不同的定价上限。如果价格刚好定在这一限度内,消费者能顺利购买,企业利润也更多。采用这一方法定价时,首先要通过市场调研,确定该产品的质量、服务、特色、效用、广告宣传因素在顾客心目中形成的价值,然后再根据这种理解价值确定价格。

② 需求差别定价法。根据不同的顾客、时间、地点、款式所产生的需求差异,对产品制定不同的价格。不同顾客的差别价格,如:轮胎厂的轮胎卖给汽车厂时,价格低些,卖给一般用户价格则高些。不同时间的差别价格,如:对于季节性的产品,在销售旺季和销售淡季采用不同价格,黄金时刻的广告比其他时刻高。不同地点的差别价格,如:机场的饮料价格比零售商店高。

3. 竞争导向法

竞争导向法是针对市场竞争情况,以市场上相互竞争的同类产品价格为定价依据的一种方法。企业根据竞争状况的变化,确定和调整价格水平,价格水平与产品成本及市场需求没有联系。其常用的主要方法有:

① 随行就市定价法,即企业按行业的平均价格水平来制定价格的一种方法。企业采用这种方法的目的是为了避免竞争产生风险,以保证企业获得合理适度的利润。在测算成本有困难,竞争者不确定或难以估计采取进攻性策略会引起对手什么反应时,这种方法提供了一个有效的解决途径,特别适合小型企业所采用。

② 密封投标定价法。这种定价法广泛用于承揽工程、产品设计和大宗商品交易等。企业要正确估算完成招标任务所耗费用,以既能中标又能获得尽可能多的利润为原则来确定价格。

(四)产品定价策略

定价方法是对产品定价的科学依据,在确定其具体价格时还要把科学性和艺术性结合起来,针对不同情况,采用不同定价策略,即定价的谋略和技巧。

1. 新产品定价策略

新产品是市场上第一次出现的全新产品,其定价策略有如下两种:

① 高价策略;

② 低价策略。

2. 折扣定价

企业为鼓励顾客及早付清货款、大量购买、淡季购买,可以酌情降低其基本价格。这种价格调整叫价格折扣。它可以分为以下几类。

① 现金折扣;

② 数量折扣;

③ 季节折扣;

④ 折让。

3. 心理定价

消费者购买行为由消费心理支配,而消费心理是非常复杂的,它受到社会地位、收入水平、兴趣爱好等诸多因素的影响和制约。企业在定价时能给予充分考虑,就会制定出有吸引力的价格。常用的有:

① 整数定价；
② 尾数定价；
③ 声望定价；
④ 招徕定价。

四、分销策略

（一）分销渠道的概念与构成

1. 分销渠道的概念

分销渠道是指某种货物和劳务从生产者向消费者移动时取得这种货物和劳务的所有权或帮助转移其所有权的所有企业和个人。它主要包括中间商、代理中间商，以及处于渠道起点和终点的生产者与消费者。

2. 分销渠道的构成

① 分销渠道按是否存在中间商划分为直接分销渠道和间接分销渠道。
② 分销渠道按商品销售过程中经过流通环节的多少划分为长分销渠道和短分销渠道。

（二）中间商及分类

中间商是指在生产者和消费者之间进行商品流通业务活动，促成交换的经济组织和个人。中间商早已有之，且随着社会分工的发展，中间商内部职能分工也在细化，形成了以下分类：

① 按中间商在商品销售过程中是否拥有产品所有权，可分为经销商和代理商。
② 按中间商在商品流通中所起作用不同，可分为批发商和零售商。

（三）分销渠道策略的选择

1. 采用"长、短"渠道策略

渠道的级数代表渠道的长短，选择长渠道还是短渠道，应根据具体的情况决定。影响渠道长短选择的具体因素有：产品因素、市场因素、中间商状况、厂商本身条件、环境因素。

2. 采用"宽、窄"渠道策略

宽渠道是指企业使用的同类中间商很多，分销面广泛。而窄渠道是指企业使用的同类中间商很少，分销面较窄。在分销面选择中，根据产品、市场、中间商、企业的具体情况，可以考虑三种分销策略的运用，即广泛性分销、选择性分销、独家性分销。

五、促销策略

（一）人员推销

人员推销是指企业通过派出销售人员与一个或一个以上可能成为购买者的人交谈，作口头陈述，以推销商品，促进和扩大销售。人员销售是销售人员帮助和说服购买者购买某种商品或劳务的过程。

> **案例思考 5-4　两个推销员**
>
> 两家鞋业制造公司分别派出了一个业务员去开拓市场，一个叫杰克逊，另一个叫板井。
>
> 他们两个人在同一天来到了南太平洋的一个岛国。到达当日，他们就发现当地人全都赤足，不穿鞋！从国王到贫民、从僧侣到贵妇，竟然无人穿鞋子。

> 当晚,杰克逊向国内总部老板拍了一封电报:"上帝呀,这里的人从不穿鞋子,有谁还会买鞋子?我明天就回去。"
>
> 板井也向国内公司总部拍了一封电报:"太好了!这里的人都不穿鞋。我决定把家搬来,在此长期驻扎下去!"
>
> 两年后,这里的人都穿上了鞋子……
>
> 启示:许多人常常抱怨难以开拓新市场。然而事实是新市场就在你的面前,关键是你怎样发现这个市场而已。

(二) 广告

广告是为了某种特定的需要,通过一定形式的媒体,公开而广泛地向公众传递信息的宣传手段。

1. 企业广告运作

企业广告运作主要经历以下阶段:首先确定目标顾客的购买动机,然后据此作出所需5项决策,即5M:广告目标(mission)、广告预算(money)、广告信息(message)、广告媒体(media)和广告效果的评估(measurement)。

(1) **确定广告目标** 主要有告知性广告、说服性广告、提示性广告。

(2) **广告预算决策** 企业在制定广告预算时要考虑产品生命周期、市场份额、广告频率、竞争、产品替代性五方面的因素。企业广告费用预算的方法有以下几种:

① 收益递减规律法(如图5-2)。在大多数情况下,一个企业在未开展任何广告活动之前,也有一些销售额(设为 X_0),当开始支出广告费时,销售额开始上升,在广告费用达到 Y_1 时,销售额达 X_1;在广告费用增加到 Y_2 时,销售额为 X_2;但在 Y_2 之后,虽然广告费持续增加,但销售额的增量却一次比一次少,因此把广告费定在销售额的增量开始下降之时的 Y_2 比较合适,广告收益最大。

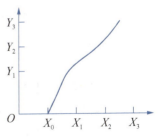

图5-2 收益递减规律图

② 销售额百分比法。这是根据以往的实际销售额或预测销售额,或两者之平均数,选用一定的百分比来确定广告预算的一种方法。这种方法使广告费和销售额联系在一起,不受企业财力的直接影响。而且,以销售额为基础有利于安排售价、利润与广告费用之间的比例关系。

(3) **广告信息决策** 广告信息决策就是要确定广告要说什么以及如何说。广告信息主要是来自产品的信息,它表明产品提供的主要利益。我们可以通过与消费者、经销商、专家以及竞争者的沟通,形成各种广告思想,其中消费者是好创意最主要的来源。广告信息决策是广告策划中的一项重要工作。不论广告的目的是加强受众记忆、改善品牌态度,还是要诱发直接购买行为,由于广告信息可通过多种途径获得,所以创意是优化信息沟通途径的核心,一个好的广告通常只强调一个销售主题。因此,广告商推出的信息必须设法争取目标受众的注意与兴趣。

(4) **广告媒体的选择** 广告媒体是运载广告信息,达到广告目标的一种物质技术手段,是传播广告信息的载体。广告媒体选择就是确定广告发布的主要媒介,在可供选择的多种媒介中,挑选最接近受众、有效受众数量最多、对目标对象影响力最大的媒介作为广告发布的主要媒介。

(5) 广告效果评价　广告效果是指广告信息通过广告媒体传播之后对消费者产生的所有直接和间接的影响总和。评价广告效果首先表现为传播效果，即社会公众接受广告的层次和深度。它是广告作品本身的效果，反映消费者接触和接受广告作品的一般情况。其次，表现为经济效果，即企业在广告活动中所获得的经济利益。第三，表现在心理效果上，即广告对社会公众的各种心理活动的影响程度。

2. 广告媒体的选择

选择广告媒体前，首先需要了解广告媒体的评价指标，主要包括以下几项指标。

视听率：指接收某一特定电视或广播节目的人（或家庭）数占总人数的百分比。

毛评点：是一定时期内媒体视听率的总和，是一则广告在媒体推出后所能达到的总效果。

$$毛评点＝广告发布次数×视听率$$

视听暴露度：指在一定时期内收听、收看某一媒体特定节目的人数或家庭数的总和。

$$视听暴露度＝视听总人数×毛评点$$

到达率：指广告播出后，一段时间内接触到广告的人数占传播范围内总人数的比率。

暴露频次：指在一定时间内，每个人或家庭接收到同一广告信息的平均次数。

每千人成本：指对指定人口或家庭送达 1000 个视听暴露度的成本。

$$每千人成本＝广告费（元）/视听暴露度或人数$$

有效到达率：指在一特定广告暴露频次范围内，有多少媒体受众知道该广告信息并了解其内容。

选择广告媒体应考虑的因素如下：
- 广告媒体的性质与传播效果；
- 广告商品的性质和使用效果；
- 受众的习惯和文化程度；
- 市场现状和消费趋势；
- 广告的制作和成本费用。

选择广告媒体的主要方法如下：

(1) 扩大销售额时的媒介选择　企业扩大销售额的目标要求广告能够促使消费者缩短购买决策过程，尽快地做出购买决策。为了达到这一目标，在媒介上较为理想的选择顺序应该是电视、广播、售点、直邮报纸、杂志等。

(2) 增加市场占有率时的媒介选择　增加市场占有率就是争取新的消费者，甚至把竞争对手的消费者吸引过来，以加强企业自身的竞争地位。在增加市场占有率时，选择的媒介以报纸、杂志的效果为最佳，其次是电视与广播。

(3) 树立企业产品形象时的媒介选择　树立企业或产品形象是使消费者产生对企业或产品的好感，提高企业或产品的知名度与美誉度。为了实现这些目标，在媒介选择上，报纸、户外交通和赛场等媒介较为适宜，同时，在电视、杂志上进行形象广告宣传也会产生良好的效果。

表 5-2　　　　　　　　　　　　各种广告媒体的区别

广告媒体种类	媒体形式	优　点	缺　点
视听媒体	广播	灵活迅速,活动范围广,费用低,可边工作边收听	时间短暂,听众分散,印象不深
	电影电视	形象生动,感染力强,有深刻的示范作用,印象深,收看面广	费用高,目标观众选择性较低,保存性差
印刷媒体	报纸	读者广泛,传递迅速,制作简单、灵活,收费低	保存性差,针对性不强,制作不精细,不能形象表现产品外观
	期刊	选择目标读者容易,针对性强,保存转读率高,制作精细,效果好	不及报纸迅速,发行范围有限,覆盖率低
邮政媒体	函件,包括商品样本、目录、说明书、订购单	广告对象明确,选择性好,传递快,提供信息全面准确,说服力强,效果显著	形象不够生动,传递范围较小
户外广告	公共场所宣传报、栏、板	费用低,简便,能重复宣传,有一定持久性	无法选择目标对象,传播面较少
交通广告	在运输工具内外张贴广告	费用低,简便,能重复宣传,有一定持久性	受场地限制,版面不大,接触者较少
实物广告	商店、商场的橱窗陈列	广告形象,视觉效果好,持久性高	无法选择目标对象,传播面较少

(三) 营业推广

营业推广是为了在一个比较大的目标市场上刺激需求、扩大销售而采取的鼓励购买的各种措施。它能够在短时间内迅速扩大销量,取得显著效果。多用于一定时期、一定任务的短期的特别推销。但是营业推广是短暂的、一次性的。如果频繁使用,会引起顾客对产品质量或价格的不信任,从而降低企业声誉。营业推广作为一种特别推销策略,有两个优点:一是刺激需求效果明显,二是所花费用较少。它也有明显缺点,那就是贬低产品,甚至损害产品形象,所以要慎重使用。其推广方式主要有赠送样品、减价优惠或价格折扣、有奖销售、保值销售、举办展销会或现场示范表演等几种。

(四) 企业公共关系

企业公共关系,是指企业在运营过程中,有意识、有计划地与社会公众进行信息双向交流及行为互动的过程,以增进社会公众的理解、信任和支持,达到企业与社会协调发展的目的。

案例思考 5-5　感冒药

制药公司的老总去国外出差时患上了感冒,他在当地买了一种感冒药。一般的感冒药都有副作用,白天吃了不利于工作,而他在外国买的这种药不存在这种现象。他深受启发，回国后以"白天服药不用担心打瞌睡"和"晚上吃了睡得香"为利益点，生产出了一种感冒药。这种感冒药投放市场仅半年，就创下了1.6亿的销售额，分割了全国15%的感冒药市场。

［思考］这种感冒药为什么会取得成功？

案例思考5-6　东方物流公司

东方物流公司是一家以海上运输为主的综合物流服务商，为了应对国际航运市场激烈的竞争，在进行准确的市场细分后，公司根据自身条件和市场需求，把目标顾客定位于直接客户和大客户，重点是跨国公司。

根据市场细分，公司对目标顾客进行了营销组合策略设计。在产品策略上，公司为了有效地满足顾客的需要，将核心产品（为货主提供符合其需要的位移），有形产品（舱位体积、位置、货物定位等），附加产品（如咨询、报关、报价等）进行综合考虑，提供整体产品服务。在运用整体产品理念的基础上，公司不断提高产品质量和调整产品组合策略（如在三大东西主干航线——太平洋航线、欧洲航线、大西洋航线扩充产品线深度）。在价格策略上，公司实行随行就市定价法，采取客户不同、运价不同，季节不同、运价不同的策略。分销渠道采取在全球设立自己的办事处的方法，大力拓展直销渠道。在促销策略上，公司以人员推销为主，注重公共关系的开展。公司通过近三年的运作，赢得了竞争优势，在一些主要航线上的市场份额全面提升，总体经济效益明显好转。

［思考］（1）什么是市场营销组合策略？东方物流公司的营销组合策略是什么？
（2）东方物流公司的营销组合策略是否有效？企业还可以如何进行调整？

六、企业整合营销概念

（一）整合营销的概念

整合营销是一种对各种营销工具和手段的系统化结合，是根据环境进行即时性的动态修正，以使交换双方在交互中实现价值增值的营销理念与方法。整合营销就是为了建立、维护和传播品牌，以及加强客户关系，而对品牌进行计划、实施和监督的一系列营销工作。整合就是把各个独立的营销综合成一个整体，以产生协同效应。这些独立的营销工作包括广告、直接营销、销售促进、人员推销、包装、赞助和客户服务等。

（二）整合营销理论对传统营销理论的突破

整合营销理论对传统营销理论的突破，其主要表现是由4P发展到4C。即：
① 由产品（product）到消费者（consumer）的转变；
② 从价格（price）到成本（cost）的转变；
③ 从渠道（place）到便利（convenience）的转变；
④ 从促销（promotion）到沟通（communication）的转变。

第三节 企业市场营销能力

一、营销能力概念的提出

营销能力,就是一种控制市场、影响顾客的能力,是一种不同于生产能力的流通能力。营销能力强调的不是市场导向,而是市场渗透,强调的不是市场细分技术,而是在选定的经营领域中赢得顾客的能力。现代企业市场营销将营销能力作为核心问题予以重视,并运用其概念来为现代企业的良好发展提供服务。

二、营销能力要素的主要构成

以精于营销的松下公司为例来说明,松下公司的营销能力主要包括以下五个方面:情报力、店铺力、商品力、推销力、服务力。

三、企业营销能力水平的提高

(一) 提高产品竞争能力

企业应从市场地位、产品收益性、成长性、竞争性、结构性五个方面入手提高营销能力水平。

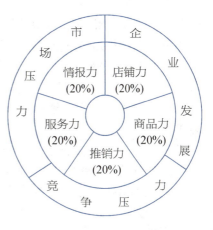

图 5-3 营销能力相互关系示意图

① 企业产品的市场地位可以通过计算市场占有率来测定。市场占有率等于企业产品销售量和市场上同类产品销售量的比值。市场占有率是产品市场地位的重要标志,占有率越高就表示本产品的知名度和影响力就越大。因此,市场占有率是企业最重要的战略目标之一。

② 企业产品的收益性可以从产品销售额、利润贡献度这两个方面来进行分析。如果一项产品销售额和利润贡献很大,那么该产品就可以保持;反之,一项产品销售额很小,利润贡献为负,那么该产品就必须淘汰。

③ 企业产品的成长性,就是把近几年此产品的销售指标进行纵向对比,进而了解该产品的成长性。

④ 企业产品的竞争性,就是找出相对于其他企业的产品,本产品在质量、外观、价格、服务等方面所具有的优势和劣势。

⑤ 产品的结构性,就是通过对比和系统性分析,找出本企业的系列产品中的优势产品、重点产品、一般产品、劣势产品。

企业的产品竞争能力可以由专业的营销策划公司来协助测算及规划,这样可以使企业获得更高的产品竞争力。

(二) 提高企业销售活动能力

企业的销售活动能力必须通过对企业的销售机构、销售渠道、销售业绩、促销活动这四项内容来进行分析。

① 企业的销售机构分析就是分析销售部门的机构设置、人员配备、管理状况等情况,目的

是了解组织机构是否高速有效。

② 企业的销售渠道分析包括分析销售渠道结构、销售渠道管理和中间商评价,其中的重点就是对中间商进行分析评价,目的是对中间商加强管理。

③ 企业的销售业绩分析就是通过计算销售计划的完成率、销售毛利率、欠款回收率来了解企业的产品销售业绩。

④ 企业的促销活动分析就是分析促销经费占销售额的比例是否适度,促销手段、促销方式的选择和组合是否恰当,促销活动是否对提高本产品知名度,促进本产品的销售有所贡献。

企业的销售活动具有重复性,能力具有枯竭性,所以企业要想利用现有的机构设置和销售渠道来提高企业的销售业绩,更加有效利用促销活动来增加企业利润,就应该由专业的营销策划公司来为企业量身定制系统的销售活动方案,这样企业的销售活动能力就会不断增强,销售净利润就会不断增长。

(三) 提高企业的营销策划能力

企业的营销策划能力包括营销策划和广告传媒两个方面,是企业提高知名度、扩大营销网络、增加销售额的强有力手段。其必须通过专业的营销策划公司来帮助实现,才能让企业提高市场认知度,找到更多的商机,创造更多的利润和价值。

① 营销策划就是指营销策划公司对企业的市场运营和开拓,产品销售和推广提出计划和策略的活动。

营销策划包括:市场营销策划、企业形象策划、产品推广策划、品牌推广策划、服务推广策划、网站推广策划、会展策划、广告策划、企业文化推广策划等客户需要的广告营销策划。

② 广告传媒就是指企业全部或某一项产品,通过固定式、移动式的广告牌,或通过营销策划公司为企业搭建的网络广告媒体来进行广告宣传的活动。相对于过去的旧式宣传模式,网络广告传媒更具有生命力和活力。据统计,在中国14.13亿人口中,已有超过9.89亿的网民,普及率达70.4%,约占全球网民总人数的五分之一。所以,谁抓住了网络,做好了网络广告宣传,谁就抢占了市场的先机,就会成为市场的领头羊。

综上所述,企业的营销能力如果停滞或下降,就会直接影响到企业的生存和发展。要想提高企业的营销能力,必须遵循市场规律,彻底放弃陈旧的思维方式。

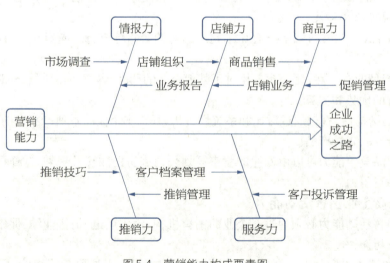

图 5-4　营销能力构成要素图

第四节　网络营销

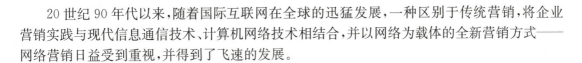

20世纪90年代以来,随着国际互联网在全球的迅猛发展,一种区别于传统营销,将企业营销实践与现代信息通信技术、计算机网络技术相结合,并以网络为载体的全新营销方式——网络营销日益受到重视,并得到了飞速的发展。

一、网络营销的概念和功能

(一)网络营销的概念

网络营销是指企业以现代营销理论为基础,利用电子信息技术,以计算机网络为媒介和手段而进行的各种营销活动的总称,包括网络调研、网络促销、网络分销、网络服务等。网络营销的主要任务是为产品从生产者向消费者转移提供方便,主要优势是增强了生产者与消费者的直接联系。互联网的网络营销有市场全球化、产品个性化、价格公开化、渠道直接化、服务大众化与交易虚拟化等特点。

(二)网络营销的功能

认识和理解网络营销的功能和作用,是实现和利用网络营销功能和作用的基础与前提。网络营销主要有以下功能。

1. 信息搜索功能

信息搜索功能是网络营销进击能力的一种反映。在网络营销中,可以利用多种搜索方法,主动、积极地获取有用的信息和商机;将主动地进行价格比较,主动地了解对手的竞争态势,主动地通过搜索获取商业情报,进行决策研究。搜索功能已经成为营销主体能动性的一种表现,一种提升网络经营能力的进击手段和竞争手段。随着信息搜索功能由单一化向集群化、智能化的发展,以及向定向邮件搜索技术的延伸,网络搜索的商业价值得到了进一步的扩展和发挥,寻找网上营销目标将成为一件易事。

2. 信息发布功能

发布信息是网络营销的主要方法之一,也是网络营销的又一种基本职能。无论哪种营销方式,都要将一定的信息传递给目标人群。但是网络营销所具有的强大的信息发布功能,是古往今来任何一种营销方式所无法比拟的。网络营销可以把信息发布到全球任何一个地点,既可以实现信息的广覆盖,又可以形成地毯式的信息发布链,既可以创造信息的轰动效应,又可以发布隐含信息。信息的扩散范围、停留时间、表现形式、延伸效果、公关能力、穿透能力,都是最佳的。在网络营销中,网上信息发布以后,企业可以能动地进行跟踪,获得回复,可以进行回复后的再交流和再沟通。

3. 商情调查功能

网络营销中的商情调查具有重要的商业价值。对市场和商情的准确把握,是网络营销中一种不可或缺的方法和手段,是现代商战中对市场态势和竞争对手情况的一种电子侦察。在激烈的市场竞争条件下,主动地了解商情、研究趋势、分析顾客心理、窥探竞争对手动态是确定竞争战略的基础和前提。通过在线调查或电子咨询调查表等方式,不仅可以省去大量的人力、物力,而且可以在线生成网上市场调研的分析报告、趋势分析图表和综合调查报告。其效率之高、成本之低、节奏之快、范围之大,都是以往其他任何调查形式所做不到的。这就为广大商家提供了一种对市场的快速反应能力,为企业的科学决策奠定了坚实的基础。

4. 销售渠道开拓功能

网络具有极强的进击力和穿透力。任何经济壁垒、地区封锁、人为屏障、交通阻隔、资金限制、语言障碍、信息封闭等都阻挡不住网络营销信息的传播和扩散。新技术的诱惑力,新产品的展示力,图文并茂、声像俱显的昭示力,地毯式发布和爆炸式增长的覆盖力,将整合为一种综合的信息进击能力,快速地打通封闭,疏通渠道,打开进击的路线,实现和完成开拓市场的使命。

5. 品牌价值扩展和延伸功能

美国广告专家莱利·莱特预言:未来的营销是品牌的战争。拥有市场比拥有工厂更重要。拥有市场的唯一办法,就是拥有占市场主导地位的品牌。互联网的出现,不仅给品牌带来了新的生机和活力,而且推动和促进了品牌的拓展和扩散。实践证明:互联网不仅拥有品牌、承认品牌,而且对于重塑品牌形象,提升品牌的核心竞争力,打造品牌资产,具有其他媒体不可替代的效果和作用。

6. 特色服务功能

网络营销具有和提供的不是一般的服务功能,而是一种特色服务功能。服务的内涵和外延都得到了扩展和延伸。顾客不仅可以获得形式最简单的邮件列表,以及BBS、聊天室等各种即时信息服务,还可以获取在线收听、收视、订购、交款等选择性服务,无假日的紧急需要服务和信息跟踪、信息定制到智能化的信息转移、手机接听服务及网上选购,送货到家的上门服务等。这种服务以及服务之后的跟踪延伸,不仅增强了顾客的满意度,使以顾客为中心的原则得以实现,而且使客户成为商家的一种重要的战略资源。

7. 客户关系管理功能

客户关系管理,源于以客户为中心的管理思想,是一种旨在改善企业与客户之间关系的新型管理模式,是网络营销取得成效的必要条件,是企业重要的战略资源。在网络营销中,通过客户关系管理,将客户资源管理、销售管理、市场管理、服务管理、决策管理融于一体,将原本疏于管理、各自为政的销售、市场、售前和售后服务与业务统筹协调起来,可跟踪订单,帮助企业有序地监控订单的执行过程;规范销售行为,了解新、老客户的需求,提高客户资源的整体价值;可以避免销售隔阂,帮助企业调整营销策略。从而,收集、整理、分析客户反馈信息,全面提升企业的核心竞争能力。

8. 经济效益增值功能

网络营销提高营销者的获利能力,使营销主体提高或获取增值效益。这种增值效益的获得,不仅由于网络营销效率的提高、营销成本的下降、商业机会的增多,更由于在网络营销中,信息量的累加,会使原有信息量的价值实现增值,或提升其价值。网络营销明显的资源整合能力,恰恰为这种信息的累加提供了现实可能性。这是传统营销根本不具备而又无法想象的一种战略能力。

二、网络营销的优势

(一) 从消费者角度看

① 消费者购物时可以不受时间和空间的限制,可以节省大量的时间、精力和金钱。

② 消费者有了更大的选择自由和实惠,他们可以登录生产同一产品的不同企业的网站以获取大量的产品信息,从而有利于作出最佳的购买决策。

③ 可以减少消费者与营销人员直接面对面可能带来的冲突。

④ 消费者的购物将会变得更为理性。网上购物可以减弱消费者在消费上的攀比心理,从而能根据自己的实际需要进行订购,这将有利于减少盲目消费。

(二) 从生产者角度看

网络使企业能全方位地展示自己的产品或服务,能方便地对消费者信息进行统计,从而有利于对其产品、款式及价格等作出及时的调整。实施网络营销,企业可以节省销售代理费用,有利于降低库存压力,能大幅度降低促销费用。企业还可以与消费者通过网络进行一对一交流,为消费者提供个性化的服务,有助于企业与消费者建立长期稳定的关系,增加消费者对企业产品的忠诚度和更好地为消费者提供个性化的服务。

最后,由于在网络上任何企业都不受自身规模的绝对限制,能平等地获取各种信息并向外界展示自己,这也就为中小企业创造了一个良好的发展空间。

三、网络营销环境下企业面临的挑战

网络营销尽管有着独特的优势,但是目前也面临着很多问题,这些问题的解决对于网络营销的发展具有重要的意义。

(一) 个性化产品的品牌管理方面

① 网络营销是对传统的标准化产品的冲击。个性化的产品,将成为企业致力追求的目标,而怎样达到目标以更有效地满足个性化的需求,这是每个公司网络营销面临的一大挑战。

② 从品牌的全球化管理来看,互联网跨时空的特点,对企业网络营销的品牌管理提出了挑战,企业必须灵活处理统一形象品牌策略和本地特点区域品牌策略,加强区域管理。

(二) 成本和价格方面

网络营销直接面对消费者,减少了批发商、零售商等中间环节,节省了中间营销费用,降低了营销成本,因此,商品的价格可以低于传统销售方式的价格,从而产生较大的竞争优势。同时也要注意,在互联网上由于价格采取的是"透明"策略,因而价格水平会趋于一致。如何正确定价,对于执行差别化定价策略的公司来说必引起重视。

(三) 营销渠道和沟通方面

在网络营销中,渠道不再意味着中间商、分销商等概念,也不再意味着特约加盟店、连锁店。企业可以通过互联网实现消费者的直接联系、沟通、互动,中间商的重要性因此有所降低。如何建立新的营销渠道管理模式,实现直销、分销的良性结合与互动,以及如何建立新的物流管理模式,对于企业而言,都是新的课题。

(四) 促销和方便消费者方面

在促销方式上,网络营销本身可采用电子邮件、网页、网络广告等方式,也可以借鉴传统营销中的促销方式。促销活动一般要求要有新意,能吸引消费者。在方便消费者方面,一方面网络营销为消费者提供了足不出户即可挑选购买自己所需的商品和服务的方便,但是另一方面由于消费者不能直接面对商品,会造成消费者缺乏对商品的直观认识以及商家的诚实和信用问题——不能保证网上的信息绝对真实,以及网上购物需要等待商家送货或邮寄,从这一点来看,是在一定程度上给消费者带来了不便。

案例分析 5-1

小米公司的网络营销之路

北京小米科技有限责任公司成立于2010年3月3日,是一家专注于智能硬件和电子产品研发的移动互联网公司,同时也是一家专注于高端智能手机、互联网电视以及智能家居生态链建设的创新型科技企业。小米的创始人在谈及为何会做小米手机时说:"作为一个资深的手机发烧友,深知只有软硬件的高度结合才能出好的效果,才有能力提升移动互联网的用户体验,基于这个想法和理想,又有一帮有激情有梦想的创业伙伴,促成了做小米手机的原动力。"同时,小米的营销是当今互联网时代非常成功的营销模式之一,凭借网络媒体、多重营销的方式成功实现了品牌推广,深受营销人士的称赞。在小米的网络营销模式中,包含以下几个方面:

一是门户网站。创立之初,小米公司就建立了自己的门户网站。通过门户网站实现信息的收集、处理、发布与共享,让用户了解自己的企业经营理念和最新资讯,树立良好的企业形象,并且给用户和潜在客户提供客服服务,在互动的过程中广泛收集用户的反馈信息,让用户体验更好,提高信息服务质量,在新产品的研发中进行改进,满足用户的需求,增强用户黏度。

二是信息发布。从小米公司内部和供应商爆料开始,到其关键信息正式公开,小米手机的神秘面纱一点点掀开,引发了大量猜测,并迅速引爆成为网络的热门话题。小米手机的创始人凭借着其自身的号召力,成功召开了小米手机发布会。不可否认,小米手机在高调宣传之下取得了众媒体与手机发烧友的关注,在各大IT产品网站上也随处可见小米手机的新闻,拆机测评、比较等。

三是粉丝论坛。2011年中期,凭借MIUI论坛,手机论坛迅速建立起来。通过论坛交流,让小米的口碑深入人心。此后,小米公司相继建立了"资源下载"、"新手入门"、"小米学院"等核心技术板块,增加了"酷玩帮"、"随手拍"、"爆米花"等生活方式板块。这些板块的人气都为小米后续实施的"饥饿营销"起到了极大的宣传推广作用。

四是事件营销。超强的配置、极低的价格、极高的性价比,小米手机凭借着这些特点赚足了媒体的眼球,而极具风格的发布会也被媒体所津津乐道。

五是微博营销。小米手机正式发布前,其团队充分发挥了社交媒体——微博的影响力。比如,在小米手机发布前,通过手机话题的小应用和微博用户互动,挖掘出小米手机包装盒"踩不坏"的卖点;产品发布后,又掀起转发微博送小米手机的活动,以及分享图文并茂的小米手机评测等。同时,微博的营销功能被小米团队运用到了极致。

六是饥饿营销。在小米手机发布前的一段时间,有媒体爆出小米手机硬件的采购细节,发现小米手机第一批产能只有1万台。这则消息除了让消费者神经绷紧,媒体方面也出现了诸多猜测。虽然小米官方辟谣否定这些消息的真实性,但事实证明这饥饿营销的效果也是非常成功的。

"让每个人都能享受科技的乐趣"是小米公司的愿景。小米公司正是应用了互联网开发模式开发产品,用极客精神做产品,用互联网模式省去中间环节,致力让全球每位用户,都能享用来自中国的优质科技产品。目前,小米公司已经建成了全球最大消费类

IOT 物联网平台,连接超过 1 亿台智能设备,MIUI 月活跃用户达到 1.9 亿。

[思考]

(1) 小米公司运用了哪些营销方法?

(2) 网络营销为小米带来了怎样的影响?

★★★★★ **本章小结** ★★★★★

一、企业市场营销概述
- 市场营销观念的发展
- 市场营销过程管理
  - 含义　为实现组织目标而对旨在创造、建立和保持与目标购买者之间有益的交换关系的设计方案所作的分析、计划、实施和控制。
  - 内容　市场机会分析,选择目标市场,制定市场营销策略,编制市场营销计划,组织、执行和控制市场营销工作。

二、企业市场营销组合策略
- 含义　美国营销专家鲍敦提出了市场营销组合概念,将其归并为四类,即 4P(产品—product、价格—price、地点—place、促销—promotion)
- 内容　产品策略、价格策略、分销策略、促销策略。

三、企业市场营销能力
- 含义　就是一种控制市场、影响顾客的能力,就是一种不同于生产能力的流通能力。
- 主要构成　情报力、店铺力、商品力、推销力、服务力。

四、网络营销
- 网络营销概念　指企业以现代营销理论为基础,利用电子信息技术,以计算机网络为媒介和手段而进行的各种营销活动的总称。
- 网络营销功能　信息搜索、信息发布、商情调查、销售渠道开拓、品牌价值扩展和延伸、特色服务、客户关系管理、经济效益增值等功能。
- 网络营销的优势　分别从消费者与生产者角度看。
- 网络营销环境下企业面临的挑战　从个性化产品的品牌管理、成本和价格、营销渠道和沟通与促销和方便消费者等方面考察。

复习思考

1. 什么是市场营销?
2. 什么是市场营销管理?
3. 什么是市场营销的组合和决策? 举例说明市场营销组合策略的应用。
4. 人员推销的方法和策略有哪些?

5. 什么是营销能力？简述怎样才能不断提高营销能力水平。

活动建议

1. 请你从消费者的角度谈谈购买商品时最先考虑的是什么因素，为什么？
2. 请你介绍一个企业营销管理比较成功的企业实例，并分析其取得成功的原因。

第六章 企业规划

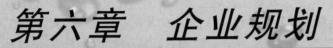

【学习目标】

通过本章的学习,认识规划的意义、特性与重要性;了解规划与预测、决策、计划三者之间的关系;掌握预测、决策的分类与方法,以及计划的构成要素;懂得整体规划的重要性,并根据其模式,掌握实践操作。

第一节 规划的概述

一、规划的概念

（一）规划的概念及意义

"规划"是什么呢？具体而言，规划就是企业根据过去的经验及当前所面临的环境，针对未来的行动确立目标，并预测未来可能出现的变化，以合理有效的程序及方法，拟定有效且最佳可行的方案、步骤，来达成预期目标。也就是说，规划是事先决定要做何事（what）——目标与内容，何时做（when）——时间，何地做（where）——地点，如何去做（how）——方式、手段，为何做（why）——原因，这样一套详尽且周密的安排。

由以上说明，我们可以知道规划代表对企业未来的一种预测、分析和选择的过程。因为规划工作针对的是企业组织未来活动的目标，而未来的状况非常难以预料，也没有有效的方法来加以控制。因此，为了达到预期目标，企业可以通过预测的技术及方法，把各种未知的情况加以分析整理，对每一种可预见的情况订出有效的解决方案，选出最有效的方案，做成可执行计划，再依照计划去执行。所以，一项规划工作应包含三项活动（见图6-1）。

- 实施预测——规划工作的前提活动；
- 作出决策——规划工作的核心活动；
- 拟订计划——规划工作的结果。

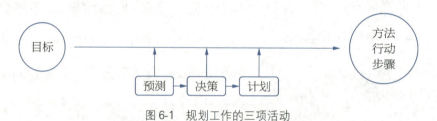

图 6-1 规划工作的三项活动

例如，你目前是一位中职的学生，希望毕业后能考上理想的高等院校，你就需要先预测以自己的实力大约能考取哪几所学校，并选定其中几所心目中理想的学校作为冲刺的目标，然后针对现在所学以及将来应加强的科目，拟订一步步的计划，全力以赴。对你而言，这就是一项规划工作。

（二）规划的特性

俗话说，"好的开始是成功的一半"，规划是管理循环的起始点，有良好的规划，管理可说是已成功了一半。所以，规划是企业经营活动中很重要的一项管理功能，它具有下列特性。

1. 目标性

每一项规划都是为了贯彻目标，而目标正是一个组织形成的根本原因。例如，企业年度的目标是扩大市场占有率，就必须作生产、销售、财务、人事等方面的规划。

2. 首要性

规划是管理五大活动（规划、组织、控制、激励、领导）中首要的一项活动。各个管理活动之间，虽是相互关联、无法分开，但是规划活动要比其他管理活动优先。若没有妥善的规划，则犹如驾车而不掌握方向盘,随时都有可能发生危险。

3. 未来性

规划的内容还包括在未来执行计划时可能会面临的问题、机会、危机等,因此,规划制订者要在事前进行预测、分析,并提出解决的方法。

4. 普遍性

任何组织的每一件工作都要规划,而且在规划的过程中,需要所有阶层管理人员的共同参与。

5. 持续性

规划所考虑的因素中假设性的情况非常多,若假设性的情况因时间、地点的改变而改变,将会使实际的做法和预期的做法不相符合,必须随时修正计划,以保证计划的有效性及可行性。所以,规划工作在达成目标以前是持续不断的。

6. 选择性

规划的结果,会产生许多可行的方法,参与规划者必须从这些可行的方法当中,选出最可行的方法,这也是规划工作最重要的步骤。

7. 控制性

规划出来的方法及计划,在实际执行后,应该将所得结果与事前预期结果相互比较,如有所偏差,必须立即检查并加以改善,针对不符之处再进行规划,使整个工作的过程都能在管理者的掌握之中,这便是控制。规划与控制是无法分离的,一切工作的进行,均要事前作好规划,假如工作都能按照规划来进行,就达到了控制的目的,工作效率自然就会提高。

二、规划的重要性

企业经营就如同航行于大海的孤船,在航向目的地的途中,将面对各种未知的情况。若没有妥善的规划,就如同船少了罗盘的指引,管理将失去方向。在这个充满竞争及不确定因素的时代,企业的经营者如要解决难题、创造经营契机,规划是其制胜而且必要的事前工作。

规划对企业具有以下功效。

(一) 可使企业降低风险而增加成功的机会

企业经营时,都免不了会面对各种风险,包括外部环境的变化和天灾等不可预料的情况,以及管理者的决策错误与管理不善等。企业经营者为避免这些风险及挫折,除了要加强经营管理的工作,还要在整个经营过程前详作规划。因为有了好的规划,一方面可以防患于未然,另一方面,即使企业面临风险也能沉着应对。

(二) 可使企业各项作业协调一致

企业的经营是复杂且庞大的,若无完备的管理制度和工作计划,将会使员工无所适从,会造成彼此间互相争功、推诿、卸责或产生颠三倒四的现象,影响工作计划的进度,浪费大量的人力、财力及物力。有了规划,将使事务的处理有明确的程序及方法,工作人员也能明白其职责所在,而各相关部门则可以了解部门应采取的行动,在事前进行协调与配合,使各项作业能井然有序地进行,这有助于企业内部的行动达成一致。

(三) 可使企业上下有共同努力的目标及方向

规划是执行业务的准绳,跟企业内全体人员都有关系。规划的过程应由管理者及部属共同参与,这样各种意见及问题都能被充分地考虑到,使彼此的目标方向趋于一致,进而能团结全体人员,为共同的目标和方向努力。

(四)可发挥管理的绩效

由于在规划过程中,不仅确定了企业预期达到的目标,同时还设定了绩效的衡量标准,使管理者可根据此标准衡量员工的工作绩效,并采取适当的改进措施。因此,良好的规划,有助于管理者发挥其管理活动的绩效。

案例思考 6-1　IBM 公司和惠普公司的发展

20 世纪 90 年代中期,IBM 公司由于未制订适宜的公司规划而受到破产的威胁,而惠普公司由于制订了切实可行的企业规划,呈现出繁荣发展的气象。①在早期,IBM 公司和惠普公司都关注创造财富,然后再由员工、高层管理者、股东和销售国政府来分享这些财富。到了 1993 年,IBM 却面临能否生存已无法预料的局面。②1990 年,IBM 已不能提供完全异于竞争对手的产品。实际上,仅仅依靠 IBM 的声誉,它就能够以高于竞争者的价格出售实质上相同的产品。相比之下,惠普公司的一些产品拥有卓越的质量和富于竞争力的价格。③从 1991 年到 1993 年,IBM 出现了贬值,而惠普公司却一直持续增值。④1993 年,IBM 为生存不得不对其所从事的所有活动做一次彻底的重新评估,而且不能忽视任何主要方面。惠普公司却能够继续投资并且拓宽所从事的业务领域,如:涉足因特网。⑤IBM 面临的许多困难的根源是由于环境的飞速变革,但惠普公司却能较好地适应外界环境。⑥IBM 公司虽然在某些方面获得了一些成功,但在做出涉及整个组织的规划决策时却速度缓慢并充满了官僚主义,而惠普公司在解决包括组织中的个人问题时总能表现出非正式、迅速和富有弹性的风格。

最后,经过详细的分析后发现,造成 IBM 现状的原因在于它一开始就犯了许多规划性的错误。

[思考] IBM 公司和惠普公司的发展说明了企业规划的哪些本质特征?它们如此重要的原因是什么?

三、规划的基本步骤

企业的规划工作,不论大小,大都有一定的步骤可循。无论是想要成立新的部门,或者与其他公司合并,甚至拟定员工奖金办法等,基本上都可遵循相同的规划步骤来顺利达成。因此,规划的过程包含下列几项基本步骤。

(一)认清对企业有利的机会

所谓机会,是指可能使企业现在或未来产生重大利益的各种外部及内部环境因素的变化。外部环境因素包括:国家的政治形势、经济状况、国际贸易开发能力、生产技术和现有资源的多寡。企业必须认清这些机会有哪些是可以争取、把握的,将来有哪些潜在机会是可以开发的。

在此过程中,企业必须了解本身的优势及劣势,并懂得如何去克服劣势,以及我们所期望获得的是什么。有了这些认识,我们才能制订明确的目标,所以认清机会是规划工作的起点。

案例思考 6-2　认清有利机会

2021年是安踏（中国）有限公司成立的三十周年。安踏集团从创业到发展经历了四个阶段，即四次模式转型，从最早的生产制造、品牌批发、品牌零售，转型为多品牌+消费体验，并从一家传统民营企业成功晋升为具有国际竞争力的大型公司。2021年12月18日，安踏重磅发布新十年战略和可持续发展计划。新十年战略包含三个关键词：单聚焦、多品牌、全球化。单聚焦：聚焦在体育用品的黄金赛道和创造消费者价值，坚持做好每一双运动鞋每一件运动服。多品牌：以安踏和并购的中高端时尚品牌FILA、高端专业品牌始祖鸟等23个"多品牌"组成矩阵，从专业运动、时尚运动、户外运动三大差异化品牌形成三条增长曲线。全球化：从2015年安踏战略的"全渠道"，转为了市场地位、品牌布局、价值链和治理结构的全球化。集团CEO表示，"今天的消费者和需求都非常多元化，一个品牌不可能满足所有消费者的需求。因此，安踏集团以多品牌、消费者全覆盖、通道全覆盖的布局来满足市场发展的需求。目前看，消费者很喜欢我们的多品牌定位。"截至2021年6月，安踏上半年营业收入达228.1亿元，国内市场多个业绩指标已超阿迪达斯，仅次于耐克。

[思考] 安踏公司成功的诀窍是什么？

（二）制订明确的目标

"目标"是指在确定的时间内，企业所期望达到的成果。对企业而言，目标是用来推动各项活动的导引方向。有了明确的目标，可以使管理者了解工作开展的进度和评估各部门执行的效率，故一个优良的目标通常具有下列主要特性。

1. 可证实、可衡量

这是指目标必须尽可能地量化。

2. 可达成

企业订立的目标可以是相当难达成，但却不能是毫无可能达成的。因为如果目标过高，将使员工丧失尝试的勇气；相反，太低的目标则使员工失去斗志。

（三）建立规划前提

企业的经营目标，能不能顺利达成，受到很多因素的影响，包括人的数量、市场大小、消费倾向、价格、奖金多寡、科技进步、原有政策、政府规章制度等等。管理者要对这些因素事先预测分析，确认未来变动的方向与限制，并充分了解自身的能力，以便在规划的时候将它们作为假设条件。这种假设条件就称为规划前提。

一位优秀的管理者，通常会综合部属或其他相关部门的不同意见，经过集体讨论后，建立一套大家都能接受的规划前提，而后指示所有的人员据以进行规划工作。如此，才不会使规划内容产生前后矛盾的现象。因此，建立规划前提是非常重要的。

另外，在规划时注意力应放在关键性的重要因素上，而对于细微之处，由于无法顾及各层面，所以不必统统考虑进去。

（四）拟定不同的可行方案

当确定目标及建立规划前提后，便要开始拟订达成目标的各种可行性方案。方案是一项工作的目标、政策、执行方法、程序及规则的综合。理想、可行的方案，必须是具体而且行得通的，应避免含糊、模棱两可。

（五）评估各方案的效益

当我们初步筛选出几项可行方案之后，就应针对各项可行方案的优缺点作分析及评估，以便进一步选择最可行方案。

优缺点的评估是根据规划前提和目标内容来决定的。例如，有些方案获利性高，但风险太大；有些方案虽花费的时间较多，但稳定性较高；有些方案目前虽毫无作用，但具备前瞻性。基于以上这些考虑，管理者在进行评估时必须做到公正和客观。

（六）选择最可行的方案

经过翔实的评估之后，接下来就要选择最可行的方案。要依评估的结果来考证。也许经过评估后，会有两个或两个以上的方案都以非常好的姿态出现，此时管理者可同时采用多个方案，而不必执着于必须选出一个最佳的方案。

（七）拟订支持方案

当管理者选择出最可行的方案之后，若其方案内容牵涉太广，通常管理者会另外再拟订支持方案，以协助主要方案顺利达成。例如，当企业决定采用某项新的生产流程方案以提高其生产力时，通常会再另外拟订有关人员的训练、机器设备的采购等计划加以配合。

（八）编列执行预算

预算为控制计划执行的工具，每一项计划完成后，在付诸实施时，必须编列执行预算，以便监督管理。通过预算，可以为评价各项计划执行的绩效提供根据，还可以比较计划执行的成效。企业管理的目的，是希望一切工作均能顺利上轨道，除了要有翔实的规划之外，更要严格地控制计划的执行，而预算在这方面可发挥功效。

（九）实施和改进规划

规划最终的工作，是将所规划出来的计划很顺利地予以实施，但在实施的过程当中，也许会受到先前料想不到的突发因素的影响，使得先前的计划出现缺陷，从而需要再拟订改进计划、修正原计划。所以在计划实施之后，仍然要做好以下两项工作：①检查并修正原来的计划；②拟定后续的计划。

案例思考6-3　目标应如何确定

杨丽是一家连锁快餐集团公司属下的一个分店经理，集团公司为她确定了今年上半年的经营目标：从今年1月1日到6月30日，将销售额相对去年同期提高6%。对这一目标，大家有以下看法：

①该目标已经给分店经理一个明确无误的指令，是一个可考核的执行性目标。

②该目标没有提出一个度量目标是否完成的客观标准，所以需要进一步改进。

③该目标没有平衡利润与销售增长之间的关系，可能给分店经理以误导，需要改进。

④该目标没有清楚规定达成目标的步骤、措施和资源配置，需要进一步改进。

［思考］你对这一目标有何看法？

案例思考 6-4　创业

赵威从学校毕业后，在省城里的一家肯德基快餐店当上了副经理。一年后他被升为经理，后来又被升为地区督导。最近他发现省城商业街有一店面要出售，地点位于商业闹市区附近的主要街道，人流量大，写字楼也很多，赵威认为这是一个很难得的快餐店地点，于是他决心自己创业。这是他由来已久的事业规划，他与父亲商量，请求财务支持，并声明是借贷的，日后一定归还。家人表示支持他，但要求他认真规划，不要盲目蛮干，多制订几个方案才好，有备无患。赵威觉得自己创业的愿景，是一个属于自己独立经营的快餐连锁机构，不愿成为肯德基、麦当劳或其他快餐店的加盟连锁店。他很顺利地注册了公司，资金也很快到位，房子的产权也办理了过户。但不久，赵威发现自己的店和他在肯德基看到的加盟连锁店有很大的不同。他必须自己动手，从头到尾办理所有事情。比如，要亲自参与店面装潢设计及摆设布置，自己设计菜单与口味，寻找供应商，面试并挑选员工，自己开发作业流程以及操作系统管理。他觉得需要找商管专业的同学好友帮忙一起创业。

[思考] 假如赵威选择的创业伙伴就是你，请你帮他制订一份创业的规划。

第二节　规划的前提——预测

企业在经营过程中所面临的问题可说是相当广泛的，而每一个问题都含有不同程度的不确定性及复杂性。在拟订解决方案时，通过预测可以增加对未来情况的了解，认清影响规划的因素。因此，规划若无预测作根据，就犹如在黑暗中寻找失物，可能徒劳无功。

一、规划与预测

我国历史上有齐王与田忌赛马的故事。齐王要田忌同他赛马，约定每人各从自己的上马、中马、下马中选出一匹来进行比赛。田忌的谋士素知齐王的马均优于田忌同类的马，预测到若不采取措施，田忌必输无疑，于是作了认真的对策研究。比赛时，田忌用上马对齐王的中马，用中马对其下马，用下马对其上马，结果为两胜一负，取得胜利。

这个故事虽然简单，但却十分形象地说明了"预测"两字的含义。所谓预测，就是指利用相关的信息，针对某一事物未来可能演变的情形，作事前的估计与判断，以减少未来

的风险。

管理人员在规划的时候,若对未来的发展不能充分了解,则遇事不敢轻易下判断,以致计划无法拟订,影响规划的进行。预测的功能,在于以科学的方法,就现有的资料对未来的可能发展趋势加以分析,然后提出可能会发生的结果,作为规划的参考。

所以,预测是规划的前提,而规划的有效性,则建立在其对企业环境的变动是否能正确预估上。环境的变动越大,则预测错误的可能性也会增大;因此,为避免这种问题,企业需要收集更多的资料,用更谨慎的态度来进行预测。例如,国际知名电脑公司IBM,由于错估形势,认为个人电脑的软件市场商机有限,将公司的个人电脑软件开发工作委托给微软公司,结果微软公司成为全球最大的电脑软件企业,这一切可归咎于IBM当年预测的错误。

另外,预测终究是对于未来的一项估计,即使是以科学方法作判断分析,也仍受到人性因素的影响。通常管理人员对预测资料的取舍,会因其本人性格的不同而不同,故预测时,应使个人偏好的影响降至最低。

二、预测的程序

(一) 预测的步骤

预测是一个复杂的工作过程,既需要掌握比较广泛的资料,考虑多方面的因素,又需要发挥人的主观能动性,对未来状态作出恰如其分的估计。为了提高预测的效果,企业在进行预测时,可按下列步骤进行。

1. 确定目标

这是指确定需要预测的事件——通过预测希望达到的目标。预测目标可分为三大类:

(1) **经济寿命类**　是指企业中的某些问题,如:产品生命周期、维修更新周期等。对其进行预测的目的,都是为了推测出其最经济的市场寿命或使用寿命。

(2) **经济界限类**　主要是指产品设计中的性能界限、质量管理中的偏差界限、计划管理中的数量界限以及销售管理中的价格界限等。此类预测的目标是将经济性与可靠性结合起来,从中找出一个最佳数据。

(3) **经济储备类**　包括两个方面:一个方面是技术储备,即通过技术预测为产品开发与研究进行技术导向,使企业除了不断改进现行生产的产品外,还能注意掌握未来一至两代的产品发展趋势,甚至还能掌握5~10年的工艺发展情况;另一方面是管理储备,即通过需求预测使企业能掌握未来一定时期社会对某类产品的需求量及其变化趋势,以提前做好相应的技术改造与物资储备。这两方面的储备结合起来,便构成了制订企业经营方针或目标的客观基础。

案例思考6-5　掘井

掘井的目的只有一个:汲取地下水。

掘井的深度越深,越容易探到水源。

井的深度需要相当的宽度来配合,例如,掘2公尺深的井,需要50厘米直径的宽度来配合;掘20公尺深的井,则需要5公尺直径的宽度来配合。

[思考] 你从掘井的深度与宽度的关系中得到了什么启示?

2. 收集资料

资料是预测的根据,目标确定以后,必须收集预测目标范围以内各个因素及其相互关系的资料。收集的资料要求可靠、完整并有代表性,还要尽可能地用精确数据来表示。

3. 建立模型

预测的核心是建立符合客观实际的预测模型,大致可以分为三类:

（1）归纳模式　就是从各个方面收集对同一预测目标的意见和资料。把其中一致的结论归纳在一起。这种模式称为定性分析。

（2）数量模式　就是将预测项目中的各个因素的内在联系用数学式表达出来。这种模式称为定量分析。

（3）演绎模式　就是根据公认的原理和经验进行逻辑推理和数学演算。这种模式称为定性—定量分析。

模型建立是否适当,对预测的准确性有很大影响。因此,必须根据预测的目标以及获取的资料,正确地建立预测模型。

4. 分析评价

由模型得出的结论,还必须进行分析评价,通过检验,才能应用。所谓评价,就是对预测结果与其影响因素之间的关系进行检验,分析各主要因素的影响范围和程度,找出预测与实际之间的误差。

5. 修正预测值

经过分析评价,找出预测与实际之间的误差以后,要根据误差的大小及其产生的原因来修正预测结果。

（二）预测的分类

1. 按预测技术划分

（1）定性预测　是用定性的方法研究、判断和推测未来事件发展的性质及可能达到的发展程度。它既可以用于从已知现象确定概念,推测未来,揭示出某些不确定性因素,也可以用于对新设想、新事物进行判断,推测其前途。

（2）定量预测　是对预测对象进行定量分析,即以定量的方法来研究、推测未来事件的发展程度及各因素间的关系。

（3）定时预测　也是一种定量预测技术,不过它研究的因素是时间量。例如,我国人口控制预测,就是用定时的方法来预测人口未来的变化规律,从而提出相应的控制方案。

（4）预测鉴定　是对以上定性、定量和定时预测进行鉴定,对其实现的可能性作出概率估计。实际应用的预测鉴定技术有专家调查法、比较鉴定法等。

2. 按预测期限划分

按被预测对象在时间上所需推测的期限,可将各类预测划分为三种:长期预测、中期预测和短期预测。

例如,影响市场需求变化的因素较多,其变化速度也较快,所以企业的需求预测期限都较短。一般一至两年或更长的称为长期,三个月及以下的称为短期,三个月以上,一年以内的称为中期。

长期预测的时间究竟是一年、两年还是更长,要视社会制度、行业而定,我国社会制度稳定、市场稳定,再以国家制定的"五年计划"为依据,所以长期预测的期限也可定为五年,甚至更长的时间。

3. 接需求预测划分

需求预测是企业的一个主要研究问题。在工业企业中，广义的需求预测几乎无所不及，可分为：新产品的市场远景预测、编制生产计划的市场短期预测、库存量的安全库存预测、正常生产的设备能力预测、劳动力预测等。狭义的需求预测，即所谓的市场需求预测，专门研究如何判断市场对某种产品的要求量，如何估计各种未来因素对其影响，可分为市场经济情况预测、销售地区变化预测、原料供应预测、工艺革新预测以及销售竞争预测等。

预测要说明的问题是未来，未来充满了未知，而且由于社会的需求取决于人的行为，随机因素也很多。因此，预测代替不了具体的生产计划与决策。

工商企业进行需求预测的主要目的在于销售产品。而产品究竟能否畅销又取决于两类因素：一类是可控因素，比如价格、质量、服务等；一类是不可控因素，比如用户的变化、竞争条件的变化以及其他市场因素的变化等。所以，需求预测完全不出现风险或失误是不太可能的，而求其基本趋势的正确和大致数量的接近则是应该的。

三、预测的方法

（一）直观预测

直观预测主要是依靠人的主观经验和综合分析能力，对未来事物的发展趋势作出判断。这类方法虽然粗糙一些，但简便易行，在对精确度要求不是太高，而需对发展远景进行估计的领域应用较广，特别是当我们对被预测对象所掌握的历史性统计资料不多，又缺乏经验或无法应用定量预测时，直观预测便是唯一可行的方法了。

1. 专家预测法

这是指以专家为信息索取的对象，依靠专家的知识和经验进行预测。一般是先向专家提出问题，同时向专家提供信息，由专家去综合分析，根据自己的知识和经验对问题作出个人判断。然后，再对专家的意见归纳整理，形成预测结论。这种预测的准确性，主要取决于专家知识的广度和深度及经验的丰富程度。

2. 集中意见法

集中意见法是将和预测内容有关的业务、销售、计划等相关人员集中起来，交换彼此意见，共同讨论市场的变化趋势，并提出预测方案的一种方法。许多企业为了避免依靠某一个人的经验进行预测而产生偏差，于是集合有关人员共同研究进行预测。如：对销售量的预测，可组织企业的业务人员、企划人员、销售人员共同分析研究市场情况，提供销售量的预测方案；对进货批量和进货次数的预测，可组织仓储人员、业务人员等进行分析研究，提出预测方案；对资金的来源、运用和资金周转的测算，可组织财务人员、业务人员共同研究，提出预测方案。

它的优点是：在市场的各种因素变动剧烈时，能够考虑到各种非定量因素的作用，从而使预测结果更接近现实；它得以与其他定量预测方法配合使用，取长补短，以达到预测值的可靠性和准确性。这与下文的德尔菲法既有共同之处，也有不同之处。这是面对面讨论的办法，能够相互启发，互为补充，简便易行，没有繁复的计算。在缺少历史资料或对其他预测方法缺乏经验的情况下，这是一种可行的办法。

3. 德尔菲法

这是背靠背函询调查的一种方法。它是将所要预测的问题和有关资料用匿名的方式向专家提出,得到答复后,再把各种意见归纳、整理、反馈给专家,并进一步征询意见,如此反复多次,直到预测的问题得到较为满意的结果为止。

德尔菲法有以下特点:

第一,匿名性。应邀参加预测的专家互不知晓,这就消除了心理因素的影响。每个专家可以参考前一轮的预测结果,修改自己的意见而无需作出公开说明,无损自己的威望。

第二,反馈性。德尔菲法通过信息反馈来进行预测,每一轮的结果都作出统计,反馈给每个专家作为下一轮判断的参考,这就给意见的调整、统一和最终获得正确的结论提供了方便。

第三,数理性。德尔菲法可以使用统计方法对专家们的意见作定量处理。例如,对事件完成时间预测结果的处理,就可以用中位数代表专家们预测的协调结果。如果专家们预测的结果在数量轴上按先后顺序排列,则居于中分点的值称为中位数,表示专家中有一半人估计的时间数据大于它,另一半人估计的数据小于它。

4. 测算法

这种方法是根据逻辑推理来进行测算的。例如,预测中国农村市场对空调器总需求量时可以这样计算:

$$中国农村市场对空调器总需求量 = \frac{全国人口数 \times 农业人口\%}{平均每户人数} \times 需要安装空调器的户数\%$$

5. 类比法

这是按类似产品的发展规律或其他企业同类产品的发展规律,通过比较进行预测的方法,非常适用于预测检验与评价。

(二) 定量预测

定量预测是指运用一定的数据,按照时间或因果关系对事物的未来情况进行分析和判断。它的优点是用数据说话,说服力强、准确度较高。定量预测的方法很多,这里主要介绍几个平均数的预测方法和回归预测方法。

1. 图解法

这是最简单的一种 $y = f(x)$ 类模型的建立方法,可用下面的例子说明。

【例】 某轿车配件厂经市场调查发现轿车配件的销售额与各地区轿车登记的辆数之间存在着因果关系,其统计资料见表6-1,试求其相互之间的规律。

表 6-1

地　　区	A	B	C	D	E	F
轿车登记辆数(万辆)	9	3.5	15	17.5	12	6
轿车配件销售额(万元)	27	15	45	55	41	23

现以纵坐标代表轿车配件销售额,横坐标代表轿车登记辆数,将各地区的统计数字标于坐标平面上,得到 A、B、C、D、E、F 六个点,这些点基本成线性分布。于是借助直尺画出一条尽可能与所有点都保持最小偏差的直线。该直线即为一最简单的因果关系回归分析模型(见图6-2)。

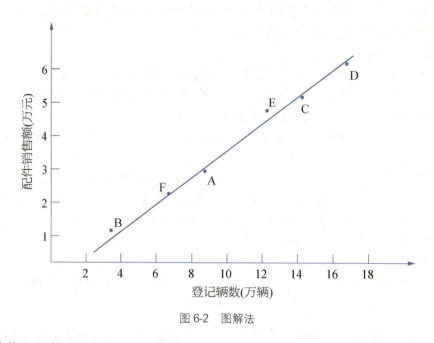

图 6-2　图解法

2. 简单平均法

简单平均法是将总体数据中的所有数据之和除以总体数据的个数，所得的算术平均数作为预测值。其计算公式为：

$$\overline{X} = \frac{\sum_{i=1}^{n} X_i}{n}$$

式中　$\overline{X}$——算术平均数，即预测值

　　　X_i——观察值$(i=1,2,\cdots,n)$

　　　n——总体数据的个数

　　　Σ——总和符号

【例】　某皮鞋厂某种式样的皮鞋,1月份至6月份的实际销售量分别为:44千双、50千双、45千双、60千双、55千双、70千双。现要预测7月份的销售量,则：

$$\overline{X} = \frac{44+50+45+60+55+70}{6} = 54(千双)$$

54千双为1月份至6月份的平均销售量,也就是7月份的预测值。

3. 加权平均法

当给一组观察值求平均数时,有时各观察值的重要性不尽相同,应对每个观察值的重要性估计一个权数,然后求每个观察值与之对应的权数之积的和,再把此和除以诸权数之和。这种计算平均数的方法称为加权平均法,其计算公式为：

$$Y = \frac{\sum_{i=1}^{n} W_i X_i}{\sum_{i=1}^{n} W_i}$$

式中　Y——加权平均数,即预测值

　　　X_i——观察值($i=1,2,\cdots,n$)

　　　n——总体中数据的个数

　　　W_i——各观察值对应的权数

上例中 1 月至 6 月各月销售量的权数若分别为 $W_1=2$、$W_2=1$、$W_3=2$、$W_4=2$、$W_5=3$、$W_6=4$,则:

$$Y = \frac{44\times 2 + 50\times 1 + 45\times 2 + 60\times 2 + 55\times 3 + 70\times 4}{2+1+2+2+3+4} = 56.64(千双)$$

56.64 千双为 1 月至 6 月的加权平均数,也就是 7 月份的预测值。

4. 指数平滑法

指数平滑法是一种权数特殊的加权平均法,它是前一期的实际值和指数平滑值(即预测值)的加权平均。其计算公式为:

$$F_t = ax_{t-1} + (1-a)F_{t-1}$$

式中　F_t——预测期指数平滑值,即预测值

　　　F_{t-1}——前一期指数平滑值

　　　x_{t-1}——前一期实际值

　　　a——平滑系数

【例】 某公司 10 月份预测销售额为 100 万元,而该月实际销售额为 106 万元,现要预测该公司 11 月份的销售额。用指数平滑法计算如下。

因为 $F_{10}=100$,$x_{10}=106$,

若 $a=0.1$,则 $F_{11} = ax_{10} + (1-a)F_{10} = 0.1\times 106 + (1-0.1)\times 100 = 100.6$(万元);

若 $a=0.2$,则 $F_{11} = ax_{10} + (1-a)F_{10} = 0.2\times 106 + (1-0.2)\times 100 = 101.2$(万元)。

很明显,a 取值不一样,预测结果也就不一样。这里的关键是掌握好 a 的取值,a 的取值应根据前一期预测值与实际值的差异来定,差异越大,说明前一期预测的准确度越差,则应对前一期预测作较大的调整,加大前一期实际值的权数,也就是 a 的取值应大。同理,如果前一期预测值与实际值的差异较小,则 a 的取值也应该小。

若 $a=1$,则 $F_t = x_{t-1}$,即预测值为前一期实际销售额。

若 $a=0$,则 $F_t = F_{t-1}$,即预测值为前一期预测值。

5. 回归分析法

把一定时期的实际销售量填列在坐标图上,其分布会呈现一定的趋势,这一趋势在坐标图上可用一条直线代表,称为回归直线。回归线的方程式如下:

$$y = a + bx$$

式中:y——预测销售量(额)　　　x——预测的时间序列

　　　a——回归线纵轴的截距　　b——回归线的斜率

常数 a、b 用最小二乘法求出,当 $\sum x = 0$,其计算公式如下:

$$a = \frac{\sum y}{n} \quad b = \frac{\sum xy}{\sum x^2}$$

【例】 已知某企业今年 1—6 月份的实际销售额如表 6-2 所示。

表 6-2 单位:万元

月份	1	2	3	4	5	6
销售额 y	44	50	45	60	55	70

根据表 6-2 资料预测今年 7 月的销售额如表 6-3 所示。

表 6-3 单位:万元

月份	y	x	xy	x^2
1	44	−5	−220	25
2	50	−3	−150	9
3	45	−1	−45	1
4	60	1	60	1
5	55	3	165	9
6	70	5	350	25
合计	$\sum y = 324$	$\sum x = 0$	$\sum xy = 160$	$\sum x^2 = 70$

将表 6-3 的数据代入公式,即可算出 a、b 的值:

$$a = \frac{\sum y}{n} = \frac{324}{6} = 54$$

$$b = \frac{\sum xy}{\sum x^2} = \frac{160}{70} \approx 2.29$$

预测今年 7 月份的销售额,其 x 值顺序的距差应为 7(即 $x = 7$),即可预测今年 7 月份的销售额为:

$$y = a + bx = 54 + 2.29 \times 7 \approx 70(万元)$$

案例思考 6-6 曲突徙薪

春秋时期,有个人到朋友家里做客,看见主人家灶上的烟囱是直的,旁边又有很多木柴。于是客人告诉主人:"烟囱要改曲,木柴须移去,否则将来可能会有火灾。"主人听了心里很不高兴,但是没有作任何表示。

不久主人家里果然失火,四周的邻居赶紧跑来救火,最后火被扑灭了。于是主人烹羊宰牛,宴请四邻,以酬谢他们救火的功劳,但并没有想起邀请当初建议他将木柴移

走、将烟囱改曲的人。有位聪明的老者也被这位主人邀请一起吃饭,在酒席上,这位老者对主人说:"我听说当初曾经有人向您建议过要修改烟囱、移去木柴,这个人才是真正有恩于您的人啊!如果当初您听了那位先生的话,今天也就不用准备筵席,也没有火灾造成的损失了。您现在论功行赏,最该请的就是原先给您建议的人了。我们现在这些坐在酒席上的人,虽然帮助您扑灭了大火,可是毕竟没能避免您的损失。所以真正有眼光、诚心给您忠告和帮助的是上回那位先生。而您现在没有感恩于他,这真是奇怪啊!"

主人听了,顿时醒悟,赶紧去邀请当初给予建议的那位客人来赴宴。

[思考] 看完这个故事,你得到什么启示?

第三节 规划的核心——决策

一、规划和决策

(一)决策的含义

决策就是指在既定目标下,就不同的方案进行评估与选择的过程。例如,某公司为了扩大销售的范围,决定在甲、乙两地择一设其分公司,其中,甲地点人流量大,但停车不便,租金昂贵;而乙地点则较为偏僻,但停车方便,租金便宜。决策就是要从这两种方案中找出最适合企业本身利益的一种方案。

由于决策是经过管理者用心考虑之后,从两种或两种以上的解决问题的方案中,选择一种最理想、最可行的方案,故作决策的人应具有很强的理解能力和良好的判断能力。

(二)规划和决策

企业的管理活动是从规划开始的。在规划的过程中,会产生许多不同的解决方案,这些解决方案,唯有经过决策,以使规划的结果具体呈现出来,并作为将来处理事情的准则依据,才会使规划的活动有意义。

在碰到复杂情况时,管理者往往会太依赖于规划中的预测,而低估未来环境中的随机变数。实际上,最好的办法就是经常保持怀疑的态度。倘若我们以为花了一年的时间,作好规划中的预测就万事大吉,那就大错特错了!事实上,还要有好的决策模型,并长期坚持下来,必有好处。当然,预测、决策模型均有好有坏,一味相信模型,也是非常危险的。

决策是规划成败的准则,现代管理不只重视管理的技术和方法,更重视管理的决策。管理阶层越高者,其所负的责任也越大;反之亦然。定下健全的、良好的且正确的决策,使企业努力向前进的方向走去,经营者将迈向成功的大道。

二、决策的原则

(一)决策遵循的是满意原则,而不是最优原则

对于决策者来说,要想使决策达到最优,必须符合以下几项条件。

第一,轻而易举地就能获取与决策有关的全部信息资料。

第二,真实了解全部信息的价值所在,并制订所有可行的方案。
第三,准确预期到每个方案在未来的执行结果。
显然,上述几项条件在现实生活中是很难做到的,所以只能遵循满意原则。

(二) 决策在进行中受之干扰原则,而不是畅通原则

首先,企业内外存在着一些对企业的现在和将来都会直接和间接地产生干扰的因素,但决策者很难捕捉到这些信息。

其次,对于收集到的有限信息,决策者所能利用的能力有限,因此作出的方案也有限。

再次,任何方案都要在未来实现,而人们对未来的认识是有限的,预测的未来状况也可能与实际的未来状况有出入。

最后,收集信息时,受"成本—收益"限制,只有当收集的信息所带来的收益(决策水平提高而带来的利益)大于为此而付出的成本时,才有利于收集。

三、决策的分类

我们可以从不同角度,按照不同标准,对决策进行分类。了解决策的分类,可以使决策者了解决策的性质、地位与作用,帮助决策者选择适当的决策方法。

(一) 按照决策的时间长短来划分

长期决策指企业今后发展方向的长远性、全局性的重大决策,又称长期战略决策。如:投资方向、人力资源的开发、企业规模的确定。

短期决策指为了实现长期战略目标而采取的短期策略手段,又称短期战术决策。如:企业日常营销、物资储备及生产中资源配置的确定等。

(二) 按照决策的层次和重要程度来划分

战略决策指对企业最重要的诸如企业经营目标、经营方式、产品的更新换代、技术改造等方面的决策。这类决策具有长期性和方向性,一般由企业最高层作出。

战术决策又称管理决策,是在执行战略决策过程中的具体决策。如:企业产销计划的制订、设备的更新、新产品的定价、资金的筹措等。这类决策是战略决策的具体化和落实,一般由企业各部门作出。

业务决策指日常工作中为提高生产、工作效率而作出的决策,牵涉面窄。如:工作任务的日常安排、工作进度的检查、岗位责任制的制定和执行、库存的控制、材料的采购等。这类决策只对企业产生局部影响,一般由该业务部门作出。

(三) 按照决策信息的可靠程度来划分

确定型决策指决策信息明确而充分,决策方案在执行后只有一个确定的结果,只要把各方案的执行结果进行比较,优劣即一目了然的决策。

风险型决策也称随机决策,影响决策的因素不完全确定,一个方案执行后会出现几种不同的结果,但由每种结果出现的概率可以确定,这类决策属于风险型决策。由于存在不可控因素的影响,决策有一定的风险。

不确定型决策指由于决策的信息不确定、不可控,不但无法确定一个方案执行后会出现哪一种结果,而且每种结果出现的概率也无法确定,在这种情况下所作的决策属于不确定型决策。这类决策是在完全不确定的条件下作出的,只能凭借决策者的经验、素质、意志等作出判断,因此带有较大的主观性和风险性。

（四）按照决策问题是否重复出现来划分

程序化决策指对重复出现的问题，不必每次出现都重新进行决策，而是按照已经规定好的程序、方法、标准去处理就可以作出的决策。如：日常遇到的产品质量、设备故障、现金短缺、供货单位未按时履行合同等问题，这类决策就是程序化的决策。

非程序化决策指对于一次性的、非常规的问题，或涉及企业重大战略问题的决策。比如组织结构的变化、重大投资、开发新产品或开拓新市场、长期存在的产品质量隐患、重要的人事任免等，像这类极其重要、极其复杂，又无先例可依的决策，就叫作非程序化决策。

（五）按照决策的主体来划分

个人决策指由管理者单独作决策，这种决策方式比较单纯，而且容易进行。管理者（个人）在作决策时，因为受到较少的限制，所以可以充分发挥其个人的决策能力；尤其是遇到紧急事故，必须立即作决定时，个人决策最为适合。如：一个刚获知业务信息的管理人员，到底做还是不做这笔业务，若做应如何做，必须迅速作出决策。若层层汇报等待审批，则很可能失去最佳时机。但是由于个人的能力与知识有限，决策的范围与复杂性又受到限制，个人决策有考虑不够周全等缺点。

集体决策指由多个人以委员会的方式一起作出的决策，在管理者作出决策之前，共同商讨，并将所决议的结果，交由该业务主管作最后的裁决。在集体决策中通常会聚集不同能力的管理者或专家，对问题关注的层面也会有所不同，因而能够同时兼顾决策时的各种可能的影响，使决策更完备。

两种决策相比，集体决策运用频率高，而且多是知识敏感性决策，即对时间要求不高，而对质量要求较高的决策。集体决策的优点是：能更大范围地汇总信息，能拟定出更多的备选方案，能得到大家沟通和认同，能作出最佳的决策等。

但集体决策也存在缺点：花费时间、精力多，受他人思维影响，最后责任不明。

（六）按决策的性质来划分

组织决策指管理者以其在企业组织中的地位与职务的立场所作出的决策，这类决策需经由组织授权，以及组织中不同管理层级的支持才能执行。

私人决策指管理者以其私人立场所作的决策，由于不是以组织成员身份所作的决策，所以不需要经由组织授权就可以执行。例如，决定辞职、跳槽到另一家公司，以及要不要购车、购屋等等，都是属于私人决策。

四、决策的过程

管理学家西蒙曾把决策的过程形容为智慧、设计、选择、实施活动（见图 6-3）。决策的形成有一定具体的步骤。

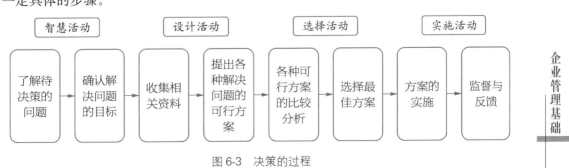

图 6-3 决策的过程

（一）了解待决策的问题

决策的第一步是了解问题的所在。管理者在了解问题时,应该避免将已造成的现象,当作问题来处理,而是应去了解引起这个现象的原因。例如,小孩子发烧,如果只用退烧药退烧,根本无法解决问题,医生必须诊断出发烧的原因,才能对症下药治好他。又比如,企业内产品不合格率突然增大,或者某些员工突然消极起来,就意味着某个地方发生了问题,需要进行深入研究、分析,找出症结所在,作为决策的出发点。

（二）确认解决问题的目标

确认目标是要确定工作要做到什么程度,才算是已解决了这个问题。因此,理清目标,对管理者了解各种问题之间的轻重缓急有所帮助,以免其作出与公司总目标相违背的决策。例如,为了分散风险而实施多角化经营,可能就会违背了原先简单化经营的原则,造成这两个目标相冲突。当然,目标确定,除了考虑一致性外,还要考虑目标的可行性、可衡量性和可伸缩性等。

（三）收集相关资料

管理者在解决问题时,不能只凭空想象,与事实状况背离,而应该亲自深入调查和观察,并收集相关资料,在决策时能保有充足的信息。现代调查工作已经有了一系列行之有效的方式方法,除了沿用已久的小型调查会、"蹲点"、"解剖麻雀"以外,全面的社会抽样、典型调查、专家集体咨询等都可被采纳。

（四）提出各种解决问题的可行方案

经由资料的收集及分析后,管理者可通过头脑风暴法,鼓励参与成员提出各种可行方案,并将相关类似的方案加以合并,以减少数量,方便作最后的选择。拟订方案要求有创新性,一般来说,富有创新性的管理者,能够对问题进行全方位的思考,能设想出一些新颖的决策方案。

（五）各种可行方案的比较分析

当各种可行方案已经产生,接着便需要针对这些可行方案加以评估及分析。管理者必须针对影响问题的几项重要因素,列举出各种方案的优缺点、成本及利益,然后仔细评估及比较各种方案之间的优劣性。管理者应提出以下问题:该方案有助于我们实现目标吗?该方案的预期成本是多少?该方案实施中的不确定性和风险有多大?

（六）选择最佳方案

各种方案经过比较分析之后,下一步就是在各种方案之间作一最佳选择。

在此过程中,管理者的眼光、经验以及个人主观因素影响非常重要。例如,资料显示甲方案的确优于乙方案,可是却往往会因管理者的偏好而选择乙方案。这种行为应提防。管理者要想作出一个好的决定,必须仔细考察全部事实,确定是否可以获取足够的信息,剔除人为因素,最终选择一个最佳方案。另外需要提醒的是:所谓满意原则,是指只要是在目前情况下足以令人满意的方案,就可以选择。它的现实意义是提醒我们不要为了追求十全十美的最优方案而举棋不定,耽误时日,以致坐失良机,造成损失。

（七）方案的实施

决策的目的在于行动,所选择的方案必须得到有效的贯彻和实施。方案的实施者先要对方案的可靠性加以验证,即进行局部试验,如果试验成功,即可进入全面实施阶段;如果不行,那就必须反馈,进行决策修正。方案实施的另一个值得重视的问题是统一思想,要采取正确的政策和方法,激励企业成员去积极而正确地贯彻决策方案。

（八）监督与反馈

即使是通过试验验证的方案，在全面贯彻实施过程中，仍会出现与目标偏离的情况，这就要求进行监督反馈，并予以纠正。具体来说，职能部门应对各层次、各岗位履行职责情况进行检查和监督，及时掌握执行进度，检查有无偏离目标，并及时将信息反馈给决策者。决策者则根据职能部门反馈的信息，及时追踪方案实施情况，对与既定目标发生部分偏离的，应采取有效措施，以确保既定目标的顺利实现；对客观情况发生重大变化，原先目标确实无法实现的，则要重新寻找问题或机会，确定新的目标，重新收集相关资料，拟订可行方案，并进行比较、选择，加以实施。

五、决策的方法

（一）集体及个人决策方法

1. 头脑风暴法

便于发表独创性意见的头脑风暴法主要用于收集新设想。通常是将有兴趣解决某一问题的人集合在一起，把问题发给大家，让大家在完全不受约束的条件下，敞开思路，畅所欲言。此种方法必须遵循以下四项原则：

第一，对别人的建议不作任何评价。

第二，建议越多越好，想到什么就可以说出来。

第三，要求每个人独立思考，欢迎新思路。

第四，可以补充和完善原建议，引出更新奇的建议，使其像风暴一样来得快而猛。

这种方法能诱发创造性思维，与会者能产生对解决问题的责任心和兴趣。时间一般安排在 1～2 小时，参与者 5～6 人为宜。

2. 集体决策法

在集体决策中，如果对问题的性质不完全了解，且意见分歧严重，管理者可先召集一些人，把要解决的问题关键告诉他们，并请他们独立思考。要求每个人尽可能把自己的备选方案和意见写下来，然后再按次序让他们一个接一个地陈述自己的方案和意见。最后，让大家对提出的全部备选方案进行投票，根据投票结果，赞成人数最多的备选方案即是所要的方案。

3. 运用直觉决策技巧法

何谓直觉？美国心理学家法兰西斯·方恩将它定义为："一种知觉的方式……即在任何情况下都能明辨事情的可能性。"《韦氏词典》将它定义为："一种知觉的力量……一种快速或胸有成竹的领悟。"直觉实际上是逻辑思考的一种，它进行过程中的每一个步骤都隐藏在潜意识中。心理学家发现善于利用直觉的经理者，通常拥有一般人缺乏的处理特殊决策的能力。

平时，不论我们思考的过程多么复杂，它都包含了两个阶段。首先，我们"向后思考"，企图了解事情的"来龙"，接着，我们"向前思考"，以抓住事情的"去脉"，而直觉就是由这些思考的积累，进而产生力量。

这些有直觉的管理者可以感觉到或者看到即将来临的事物，并安排组织趋吉避凶。他们悟性很高，特别擅长创意，能为老问题想出新的解决方法。在危机来临或是快速变迁的环境下，他们也能表现良好。成功的管理者在面对"大趋势"、"未来的冲击"时，直觉将成为他们制胜的关键。研究直觉的心理学家普遍认为，应用于强化个人直觉能力的一个重要方法是找到一群支持者。这样的一群支持者通常是同事或朋友，管理者可以和他们分享应用直觉的经验。当然也可以让他们把直觉式决策过程加以量化，并留下记录。

4. 授权法

所谓授权法的决策,并不是简单地告诉下级"这有什么事,你办一下",而是事先要把问题仔细地讲清楚,并将与此问题有关的资料都告诉下级。当下级进行决策时,要尽可能地给予帮助,这才叫作授权决策法。

同时,应当特别引起注意的是,在决策方面授权,授权者是有连带责任的,而不是遇事一推卸就可以了事的。

案例思考6-7　群体决策的困境

按理,群体在一起能够集思广益,应该发挥出超常的智慧,就像中国古话所说的"三个臭皮匠,顶个诸葛亮"。但是《第五项修炼》的作者曾调查了4000家企业,发现了一个现象:很多团队,个人智商都很高,平均在120分以上,但团队智商却很低,平均只有62分。有位教授经常讲,在各国企业里,很多情况是三个诸葛亮在一起,结果变成一个臭皮匠,而不是三个臭皮匠合成一个诸葛亮。

[思考] 为什么会出现这种现象?如何避免这种现象,以提高群体决策的效率和效果?

(二) 活动方案的决策方法

1. 确定型决策方法

确定型决策是指问题的条件是已知的,每个方案只有一种确定的结果,决策的任务是找出结果最好的方案。

确定型决策必须具备以下几个条件:

第一,决策者希望达到一个明确的目标(收益大或损失小)。

第二,决策环境的状态是确定的。

第三,存在着可供决策者选择的两个以上方案。

第四,不同的决策方案在确定状态下的损益值可以计算出来。

确定型决策的具体方法有盈亏平衡分析法,以及一些数学方法,如:线性规划、非线性规划、库存论、排队论及网络分析技术等。

2. 风险型决策方法

风险型决策是指影响决策事件的未来自然状态不确定,但其出现的概率可以测算出来的决策。风险型决策需要具备下列条件:

第一,存在着决策者企图达到的一个明确目标。

第二,存在着可供决策者选择的两个以上的行动方案。

第三,存在着决策者无法控制的两种以上的自然状态。

第四,不同自然状态出现的概率大体可以估计出来。

第五,不同方案在不同自然状态条件下的损益值可以计算出来。

风险型决策主要应用于有远期目标的战略决策或随机因素较多的非程序化决策,如:投资决策、产品开发决策、技术改造决策等。

风险型决策较常使用的方法有期望值法和决策树分析法。

(1) 期望值法　期望值法是通过计算各方案在不同客观状态下的综合收益值,比较各方案收益值的大小,对方案作出选择。

【例】某厂计划生产某种季节性产品,根据统计资料的分析,该产品畅销的可能性为

0.5,销路一般的可能性为 0.35,销路差的可能性为 0.15,产品采用大、中、小批量三种方式进行生产的可能收益值也可相应算出(见表 6-4),请问选择哪种方式生产,可使企业获利最大?

表 6-4　　　　　　　　　　　　　　　　　　　　　　　　　　　　　　单位:万元

方案 \ 自然状态 收益值 概率	畅销 0.5	销路一般 0.35	销路差 0.15	期望收益
小批量生产	100	80	40	
中批量生产	120	100	20	
大批量生产	150	120	−20	

根据表中所提供的数据,可用概率加权法计算各方案的期望收益值。

小批量生产的期望收益值为
$$100\times 0.5 + 80\times 0.35 + 40\times 0.15 = 84(万元)$$

中批量生产的期望收益值为
$$120\times 0.5 + 100\times 0.35 + 20\times 0.15 = 98(万元)$$

大批量生产的期望收益值为
$$150\times 0.5 + 120\times 0.35 + (-20)\times 0.15 = 114(万元)$$

比较各方案的期望收益值,大批量生产方式的收益值最大,所以应选择大批量生产方式。

(2) 决策树分析法　决策树分析法就是把各个方案的各种客观状态出现的概率、收益值,直观地反映在树形图上,从而使决策过程直观而简明。

现以前例提供的数据资料为例,说明决策树分析法的分析步骤:

第一步,根据已知数据作出决策树形图。决策树从左端方框开始,按方案个数画出几条树干,每条树干都简略注明方案内容。在状态节点上再按客观状态的数目画出几根树枝,并在每根树枝上注明状态发生的概率。

第二步,计算各方案在各客观状态下的收益值并在相应的树枝末端注明。

第三步,用概率加权法计算各方案的综合收益值。计算方法与上例相同。

第四步,通过剪枝(舍弃不需要的方案)选出最佳的方案,即大批量生产方式(见图 6-4)。

所以取大批量生产,可使企业获利 114 万元。

同理,风险型决策中的决策树方法,还可解决多阶段决策问题。

某些决策问题往往需要分阶段作出,如初始决策作出后,还要根据有关要求对初始决策进行修正,再次作出决策。凡包括两项或两项以上的决策称为多阶段决策。

【例】　企业为满足某地区对某一产品的需求设计了三个方案。

方案 1:新建大厂,需投资 300 万元。据初步估计,如销路好,每年可获利 100 万元,如销路差,每年亏损 20 万元。服务期限为 10 年。

方案 2:新建小厂,需投资 140 万元。据估计,如销路好,每年可获利 40 万元;如销路差,每年仍可获利 30 万元。服务期限为 10 年。

方案 3:先建小厂,3 年后如销路好,再追加投资 200 万元,扩建成大厂,大厂的服务年限为

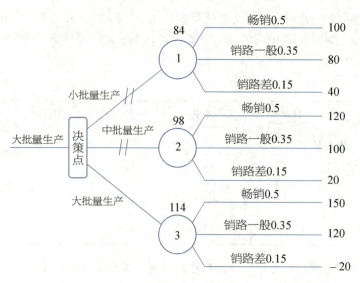

图 6-4 单阶段决策树

7 年,每年估计可获利 95 万元。

根据市场销售预测,今后 10 年内,市场销路好的概率为 0.7,销路差的概率为 0.3,根据上述情况,求出最佳方案。

a. 画决策树图(见图 6-5)

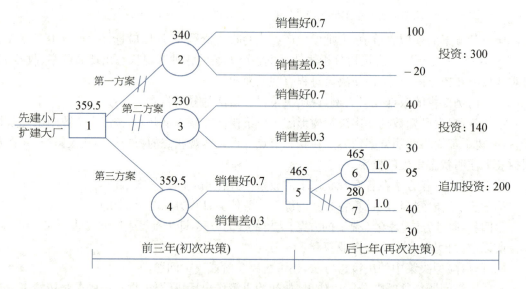

图 6-5 多阶段决策树

b. 计算出每个方案的综合损益期望值

先算出 5 的期望值。

5 是决策点,先要计算⑥、⑦的期望值,以确定该不该扩建。

结点⑥　　　　　　　$1.0 \times 95 \times 7 - 200 = 465$(万元)

结点⑦　　　　　　　$1.0 \times 40 \times 7 = 280$(万元)

舍去不扩建方案。

⑤＝465(万元)

求出三个方案的综合损益期望值。

结点②　　　[0.7×100＋0.3×(－20)]×10－300＝340(万元)

结点③　　　(0.7×40＋0.3×30)×10－140＝230(万元)

结点④　0.7×40×3＋0.7×465＋0.3×30×10－140＝359.5(万元)

c. 比较方案

按照综合损益值的大小进行评价，则先建小工厂后扩建大工厂的方案优于其他方案，可选为决策方案。

①是决策点，为 359.5 万元。

3. 不确定型决策方法

不确定型决策是在决策的结果无法预料和各种自然状态发生的概率无法预测的条件下所作的决策。在进行不确定型决策的过程中，决策者的主观意志和经验判断居于主导地位。同一数据，可以有完全不同的方案选择。

不确定型决策的分析方法，按不同的决策标准，主要有小中取大法，大中取大法，最小最大后悔值等。

【例】　某企业打算生产某产品，据市场预测，产品销路有四种情况：销路很好、销路较好、销路较差、销路很差。生产该产品有四种方案：①改进生产线；②新建生产线；③与其他企业协作；④国外引进生产线。

据估计各方案在不同情况下的收益见表 6-5。

表 6-5　　　　　　　　　　　　　　　　　　　　　　　　　　　　　　　　　　　　　单位：万元

自然状态 备选方案	销路很好	销路较好	销路较差	销路很差
① 改进生产线	800	750	400	250
② 新建生产线	900	650	520	400
③ 与其他企业协作	1000	800	500	300
④ 国外引进生产线	500	450	420	200

(1) **小中取大法**　小中取大法也叫悲观决策法，就是在每个方案中选定一个最小收益值，在所有最小收益值中选取其中最大者的方案为最佳方案。采用此种方法的决策者一般对损失比较敏感，属于怕担风险不求大利的稳重型。

在上例中，①方案的最小收益值为 250 万元；②方案的最小收益值为 400 万元；③方案的最小收益值为 300 万元；④方案的最小收益值为 200 万元。

经过比较：②方案的最小收益值最大，所以选择②方案为最佳决策方案。

(2) **大中取大法**　大中取大法也叫乐观决策法，它是在每个方案中选取一个最大值，然后将各个方案的最大值进行比较，再选取最大值的方案为最佳方案，这种方法常常由敢担风险的进取型决策者所采用。

在上例中，①方案的最大收益值为 800 万元；②方案的最大风险收益值为 900 万元；③方案的最大收益值为 1000 万元；④方案的最大收益值为 500 万元。经过比较，③方案的最大收益值最大，所以选择③方案为最佳决策方案。

(3) 最小最大后悔值法　最小最大后悔值法也叫机会损失分析法。在表 6-5 中，只有当自然状态出现时才能确切知道四个方案哪个佳。例如，决策者选取了④方案，结果都出现了自然状态销路很好时，④方案获利 500 万元，如果选择③方案可获利 1000 万元，决策者由于没有采取③方案而造成的机会损失 1000－500＝500 万元。机会损失的分析步骤如下。

第一步，找出每种自然条件下的最大收益值。

第二步，分别求出每种自然状态下各个方案的后悔值（后悔值＝最大收益值－方案收益值）。

第三步，编制机会损失表，找出每个方案的最大后悔值（见表 6-6）。

表 6-6　　　　　　　　　　　　　　　　　　　　　　　　　　　　　　　　单位：万元

自然状态 备选方案	销路很好		销路较好		销路较差		销路很差	
① 改进生产线	800	200	750	50	400	120	250	150
② 新建生产线	900	100	650	150	520	0	400	0
③ 与其他企业协作	1000	0	800	0	500	20	300	100
④ 国外引进生产线	500	500	450	350	420	100	200	200

第四步，比较各个方案的最大后悔值，选取最大后悔值中最小者的方案为最佳方案。

由表中可以看出，①方案的最大后悔值为 200 万元；②方案的最大后悔值为 150 万元；③方案的最大后悔值为 100 万元；④方案的最大后悔值为 500 万元。经过比较，③方案的最大后悔值最小，所以选择③方案为最佳决策方案。

(4) 折衷分析法　这种方法的指导思想是稳中求发展——既不过于乐观，也不过于悲观，寻求一个较稳妥的方案。这种方法是，首先考虑每个方案的最大收益值和最小收益值，然后用一个系数，对最大收益值和最小收益值进行折衷调整，算出它们的调整总值。最后在调整收益值中，选择最大的折衷收益值即为最佳方案。

折衷分析法的计算公式：

$$折衷收益值 = \alpha x_1 + (1-\alpha) x_2$$

式中　x_1——最大收益值

　　　x_2——最小收益值

　　　α——折衷系数

折衷分析法的关键是确定折衷系数 α。α 值为 $0 < \alpha < 1$，当 $\alpha = 0$ 时，为保守标准（即以最小收益值为决策方案）；当 $\alpha = 1$ 时，为冒进标准（即以最大收益值为决策方案）。但 α 值的确定，没有一个理论标准，主要取决于决策者个人的经验和魄力，及其对历史资料的分析和判断。

现在我们仍以上题为例，并以 $\alpha = 0.7$ 计算各方案的折衷收益值：

①方案　　　　　　0.7×800+(1-0.7)×250=635(万元)
②方案　　　　　　0.7×900+(1-0.7)×400=750(万元)
③方案　　　　　　0.7×1000+(1-0.7)×300=790(万元)
④方案　　　　　　0.7×500+(1-0.7)×200=410(万元)

经过比较,③方案折衷收益值为最大,所以选择③方案为最佳决策方案。

(5) 等可能分析法　在不确定型决策中,各种自然状态发生的概率是未知的;按最坏的结果或最好的结果进行决策,都缺乏依据。因此,可以给每种可能的结果赋以相同的权数(即承认它们的等可能性),然后计算各方案在自然状态下收益值的平均数,并选择平均收益值最大的方案,为最佳决策方案。

仍以上题来看,可计算为:
①方案　　　　　　(800+750+400+250)÷4=550(万元)
②方案　　　　　　(900+650+520+400)÷4=617.5(万元)
③方案　　　　　　(1000+800+500+300)÷4=650(万元)
④方案　　　　　　(500+450+420+200)÷4=392.5(万元)

经过比较,③方案平均收益值为最大,所以选择③方案为最佳决策方案。

上述几种方法都属于不确定型决策分析方法,其决策结论的不同,是由于评选标准不同所致。在应用中,对于不确定型决策问题,在理论上不能证明哪一种方法最合理,根据以往经验,最好的办法是各种都用一用,然后对计算结果进行综合分析比较,将其中被确认为最佳方案次数最多的方案,作为最佳决策方案,这样可更稳妥一点。

第四节　规划的结果——计划

一、规划和计划

规划(planning)和计划(plans)的中英文都非常相似,事实上,两者的定义不尽相同。前者包含有动作的意思,是一种思考、判断、作决策的智慧活动及知识运用的"用脑过程"。后者所代表的是一个静态的名词,是管理者用心思考后的"结论"。因此,规划是产生计划的前提,而计划是规划创造的结果,两者之间具有因果关系的存在。

因此,我们可以知道,所谓"计划",就是针对一件工作或一项活动,事先拟妥的具体执行方法。它的内容应包含:为何做(why)、做什么(what)、何时做(when)、何地做(where)、如何做(how)、谁去做(who)等6W的资料。

计划的意义在于提升企业的劳动效率、降低费用成本。例如,公司的采购部门为了及时配合生产部门的生产计划,规划出一项原料采购计划,订立适时、适质、适价、适地供应原料的目标,以提升生产效率,降低仓储成本。6W在此计划中,运用情形如下:

为何做(why):为及时应对生产部门的生产计划。

做什么(what):及时采购生产原料。

何时做(when):配合生产部门的生产进度。

何地做(where):在公司及原料供应商两处同时进行。

如何做(how)：适时、适质、适量、适价、适地供应原料。

谁去做(who)：由采购部门主动向生产部门及原料供应商联系，以共同规划出一套新的采购流程。

二、计划的构成要素

（一）目的或使命

目的或使命是指一定组织结构在社会上应起的作用和所处的地位。它决定组织的性质，决定此组织区别于彼组织的标志。比如，中专学校的使命是培育一技多能或继续深造的学生，医院的使命是治病救人，法院的使命是解释和执行法律。

（二）目标

目标是指一个企业在一段时期内所要达到的境界。目标是一切管理活动的终点，不仅在规划功能上，同时也是组织、用人、领导、控制等功能所希望达成的结果，因此各项计划皆有目标存在。

（三）政策

政策是为了达成目标所采取的行动方针。如：为达成长期目标，拟采取多角化经营并扩大经营规模的政策。政策也是管理者在决策时思考的一个方向，可确立未来工作的范围，所以政策在表示时，最好能明白、清楚，以避免产生偏差或误解。

政策和目标都是指导我们思考和行动的准则，但两者并不相同：前者是引导行动走向计划的终点，而后者则是计划的终点。

（四）策略

策略是综合企业目标与政策所构成的经营方向蓝图，它是一套广泛而全盘的企业经营的构思，比政策更具体更实用，例如，为达成多角化的经营政策，采取合并其他企业的策略，而合并对象则是以与本业有关的周边产业为主，借此跨入不同领域的行业，达到多角化的目的。

（五）程序

程序是指用来处理未来行动的一种通用方法，也就是针对计划中所应进行的各项工作作一先后次序的适当安排，并详细列出为完成某项工作或采取某项行动所应遵循的步骤，如：账务处理程序、用品请购程序等。组织中每个部门都有程序，在基层的程序更加具体、繁多。

（六）规则

规则是对在某种情况下应不应该采取某种行动的规定。例如，"员工在早上八点之前须亲自打卡上班"，或"一年公休七天不扣薪资"等。虽然规则引导行动的方式和程序很相似，但是程序是对行动进行时间的限定和次序的安排，而规则是指出哪些行动是被允许的，哪些是被禁止的。

（七）方案

方案是为了达成某项特定工作，结合目标、政策、程序、规则等种种要素所构成的综合体。除此之外，为了达到目的，一项方案也有可能需要其他方案的支持才能成功。例如，研究部门的开发新产品方案，一旦开发成功，就需要营销部门的产品销售方案及生产部门的作业员训练方案加以配合。因此，所有方案在时间上应密切配合，才不至于延误主要计划，造成企业不必要的损失。

（八）预算

预算是预估未来执行计划时所需要的资金数量，也是用来考核计划实施成果的最重要工具，因此预算会随着计划一起编制。编制预算是在规划的过程中，一个相当重要的步骤，例如，为新产品上市作宣传，常需要编列广告支出及推广费用的预算等。

三、计划的类型

（一）依时间分类

1. 长期计划

长期计划是指企业拟订未来五年到十年，甚至更长远的计划，即企业全面努力的目标，故又被称为"目标计划"。例如，某企业在五年后，要达到年营业额 100 亿元的目标即是一项长期计划。企业之所以要拟订长期计划，就是着眼于长期的生存发展。由于信息的发达，科技日新月异，外部环境瞬息万变，若企业不能看得广、看得远，在遇到不能预料的环境因素冲击时，将很容易被市场淘汰。

一般而言，长期计划大都是为了达成企业目标所拟订的策略，用来引导企业未来的营运方向，其内容揭示的都是企业未来长期的目标、政策、原则、重点，故较具有弹性，且偏向概括性描述，而不作细节性的分析。企业拟定长期计划之后，将为企业经营提供明确的方向，以作为各阶段性、年度性计划所遵循的准则。

2. 中期计划

中期计划则是指未来两年到五年之内企业内各部门欲努力达成的目标及策略，用以执行全面性的长期计划，故中期计划可说是一种"策略计划"。同时，中期计划也具有衔接功能，一方面，长期计划的阶段目标有赖中期计划推动达成；另一方面，中期计划也可作为短期计划的基础或架构。

因此，中期计划通常交由各部门主管拟订，其内容以长期计划某一阶段的目标、政策、问题为中心，内容的叙述也较长期计划更为详细。

3. 短期计划

短期计划是企业拟订未来一年内的详细执行计划，例如，每年、每半年、每季、每月的营业额。拟订短期计划的目的是执行中期计划的策略，而短期计划的内容，无论是在时间、程序、方法、进度、人员指派及预算的制订上，都较为详细而具体，所以它是属于年度的"作业计划"。

事实上，长短期计划年限的区分，常因企业不同而异，例如，造船厂、建筑业与电子业、零售业的长短期计划区分的年限便不相同。长、中、短期计划三者之间的关系，是长期计划为中期计划的目标，中期计划又为短期计划的目标；同时短期计划又是达成中期计划的手段，中期计划又是达成长期计划的手段，三者之间密不可分。虽说三者之功能不尽相同，但长、中、短期计划都必须以企业的整体目标为中心（见图 6-6），如此才不会使各项计划在推动时产生冲突或矛盾，同时又可以弥补其他计划不足和缺失的地方，达到事半功倍之效。

（二）依组织阶层分类

1. 高层计划

高层计划是指由高层管理人员所拟订而成的计划。由于高层管理人员（如：董事长、总经理）所计划的对象，大都偏重于企业整体的经营目标以及达成这些目标的政策与策略，故又可

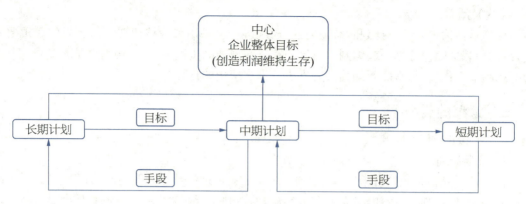

图 6-6　长期、中期、短期计划的关系

称为"策略计划"或"战略计划"。

2. 中层计划

中层计划是指由中层管理人员为推动高层计划所制订而成的计划。中层管理人员即各部门的经理，在企业组织的管理阶层中处于中间位置，故具有承上启下的功能。将上层的组织目标转变为各部门的执行计划，同时将其交予基层管理人员推动执行，因此其计划对象偏重于设定策略的执行方法。所以，中层计划又可称为"部门计划"或"战术计划"，例如，为达到高层计划所制订的五年后年营业额 100 亿元的目标，生产部门经理制定的扩大生产计划以及行销部门经理制定的市场推广计划等。

3. 基层计划

基层计划，是指由企业的基层管理人员为完成其例行性业务所规划的工作计划。例如，前文提到的营销部门经理所制定的市场推广计划，那么营销部门的基层管理人员（如：组长）据此所制订的每月销售额、新的销售推广方法等便属于基层计划。

基层的管理人员，大都是站在第一线的实际执行作业的人员。他们对部门经理所交办的事项，予以拟出更详细的执行计划及具体工作步骤。所以，基层计划又可称为"作业计划"或"战斗计划"。

案例思考 6-8　捉火鸡的故事

有人布置了一个捉火鸡的陷阱。他在一个大箱子的里面和外面都撒了玉米，大箱子有一道门，门上系了一根绳子，他抓着绳子的另一端躲在一处，只要火鸡一进入箱子，他就立刻拉紧绳子，把门关上。

一天，有 12 只火鸡进入箱子里，还没等他回过神来，1 只火鸡就溜了出来。他想等箱子里面满 12 只火鸡后，就关上门。然而，就在他等第 12 只火鸡的时候，又有 2 只火鸡跑了出来。

他又想，只要再进去 1 只就拉绳子。可是在他等待的时候，又有 3 只火鸡飞了出来。到最后，箱子里 1 只火鸡也没剩。

[思考] 看完这个故事，你得到了什么启发？

案例分析 6-1

关于"埃德塞尔"牌汽车的故事

1957年,福特汽车公司着手生产一种新汽车,牌子叫做"埃德塞尔"。为了激起公众对新汽车的兴趣,在"埃德塞尔"汽车实际问世前一年就大肆进行了广告宣传。根据福特公司一位高级经理所说,第一年计划是生产20万辆。但在两年后,也就是在实际生产了11万辆"埃德塞尔"之后,福特公司无可奈何地宣布,他们犯了一个代价昂贵的错误。在花了几乎2.5亿美元进入市场之后,"埃德塞尔"问世的两年内估计还亏损了2亿多美元。

福特公司的战略是想利用"埃德塞尔"同通用汽车公司和克莱斯勒汽车公司在较高价格的汽车市场上竞争。在制造分别适合美国社会的各种经济水平的不同类型的汽车方面,通用公司一直是非常成功的。在福特公司决定从大众化"福特"牌车型转向生产比较昂贵的汽车时,福特公司实际上已经失去了很大一部分市场。

有很多理由可以说明为什么"埃德塞尔"未能实现计划目标。譬如,其一是"埃德塞尔"在经济衰退时期较高价格汽车市场收缩的情况下进入市场的。其二当时国外经济型小汽车正开始赢得顾客的赞许。此外,"埃德塞尔"的车型和性能没有达到其他同位价格汽车的标准。

福特公司竭尽全力想出各种办法来防止全面的失败。他们向经销商提供折价出售"埃德塞尔"的方法作为销售额外分红,并且组织了一个有关车型、颜色、大小等方面的经销经验交流系统。对全国性的广告预算增加了2000万美元。折价出售"埃德塞尔"给州公路局的官员,为的是使人能在公路上看到这种汽车。为了招徕顾客,还发动了一次大规模驾车游行的推销规划,让有可能成为顾客的50万人参加进来。

[分析]
(1)"埃德塞尔"计划为什么会失败?
(2)管理层为什么做出这样的决策?

★★★★★ 本章小结 ★★★★★

一、规划
- **概念** 企业针对未来的行动、根据过去的经验及当前所面临的环境、针对未来的行动确立目标,并预测未来可能会有的变化,以合理有效的程序及方法拟定有效且最佳可行的方案、步骤,来达到预期的目标。
- **特性** 目标性、首要性、未来性、普遍性、持续性、选择性、控制性。
- **功效** 可使企业降低风险而增加成功的机会;可使各项作业协调一致;可使企业上下有共同努力的目标及方向;可发挥管理的绩效。
- **基本步骤** 认清对企业有利的机会,制定明确的目标,建立规划前提,拟定不同的可行方案,评估各方案的效益,选择最可行的方案,拟定支持方案,编列执行预算,实施和改进规划。

二、预测	概念	利用相关信息,针对某一事物未来可能演变的情形,作事前的估计与判断,以减少未来的风险。
	方法 — 直观预测	专家预测法、集中意见法、德尔菲法、测算法、类比法。
	方法 — 定量预测	图解法、简单平均法、加权平均法、指数平滑法、回归分析法。

三、决策	概念	在既定目标下,就不同方案进行评估与选择的过程。
	过程	了解待决策的问题;确认解决问题目标;收集相关资料;提出各种解决问题的可行方案;各种可行方案的比较分析;选择最佳方案;方案的实施;监督与反馈。
	方法	集体及个人决策方法;活动方案的决策方法。

四、计划	概念	针对一件工作或一项活动事先拟妥的具体执行方法。规划是产生计划的前提,计划是规划创造的结果。
	要素	目的或使命、目标、政策、策略、程序、规则、方案、预算。
	类型	依时间分类;依组织阶层分类。

复习思考

1. 规划的含义及特性各是什么?
2. 预测的概念、步骤、方法各是什么?
3. 决策的概念、分类、方法各是什么?
4. 计划的意义、要素、类型各是什么?
5. 确定型、风险型、不确定型决策的主要区别是什么?

活动建议

1. 你若想在毕业几年后有一番作为,你能说出你的计划大纲吗?(参考规划的基本步骤)
2. 请你读任何一本有关预测的书,谈谈你阅读后的观点。
3. 你在求学过程中,是否作过什么重大的决策?对你的影响如何?是否后悔?
4. 请你根据计划的 6W,写出一份简单的班级活动(如毕业旅行)工作分配表。

第七章　企业战略管理

【学习目标】

通过本章的学习,认识战略管理对于企业的重要意义;了解企业战略管理的构成要素、层次、过程,以及企业内、外部环境分析;掌握企业战略分析的主要方法和基本战略的选择及实施;培养面对复杂多变的市场环境,运用所学知识进行分析和选择企业战略的能力。

第一节　企业战略管理原理

企业的最终目的是实现企业的长期生存和稳定发展。企业战略是企业管理的一个重要范畴。企业战略管理的产生是社会经济发展的必然结果。面对瞬息万变、错综复杂的市场环境，企业为了生存和发展，就必须审时度势、把握战略机会、合理整合资源、谋求竞争优势，以期永续经营，而所有这些都属于企业战略管理。

一、企业战略

（一）企业战略的含义

企业战略是根据企业的外部环境及内部资源和能力的状况，为求得企业生存和长期稳定的发展，为不断获得新的竞争优势，对企业的发展目标、达成目标的途径和手段所作的总体谋划。而企业战略管理是指对企业战略进行分析制定、评价选择以及实施控制，使企业能够达到其战略目标的动态管理过程。

> **案例思考7-1　过时的报告**
>
> 　　1950年，朝鲜战争爆发之初，兰德公司就中国政府的态度问题集中了大量的人力、物力加以研究，得出"中国将出兵朝鲜"的结论，并断定：一旦中国出兵，美国将输掉这场战争。兰德公司将该结论作价500万美元（相当于一架战斗机的价格），欲卖给美国对华政策研究室，但该研究室的官员认为兰德公司是在敲诈，那份报告纯属无稽之谈。
> 　　战后从朝鲜战场回来的麦克阿瑟将军感慨地说："我们最大的失误是舍得花几百亿美元和数十万美国军人的生命，却吝啬一架战斗机的代价。"
> 　　后来，美国政府花了200万美元，买回了那份过时的报告。
> 　　[思考] 你从这一案例中悟出了什么？

一个完整的企业战略应当由如下六个方面的要素组成。

1. 企业使命

这包括企业的经营哲学、理念、宗旨等，企业使命应当与企业所有者的价值观或期望相一致。它定义了企业能提供的产品与服务，及其开展的技术创新、市场营销等活动的性质与范围，是企业一切决策与活动的指南与基础。例如，英特尔公司的使命就是要成为新兴计算机行业卓越的芯片供应商。

2. 外部环境与内部环境的分析

企业要达到外部环境与内部环境的动态平衡，就要了解外部环境中哪些方面会带来机遇，了解企业内部资源条件是否充足，资源配置是否合理，是否能够应付环境的挑战并充分利用可能的机遇。只有全面深入地把握企业的优势和劣势，权衡损益得失、风险大小，才能使企业战略不脱离实际。

从整体上看，外部环境主要包括宏观环境、产业环境、市场环境，而企业内部环境主要包括企业拥有的资源和运用资源的能力等。

3. 战略目标

战略目标就是要回答"企业在一个较长的时期里要完成什么"的问题，这是企业管理部门借以判断企业业绩并期待员工和社会公众也据之作出判断的标准。一个好的战略目标通常是有时间限制的、确定的、综合的和现实的。有时间限制的目标是指目标的完成有最后期限；确定的目标当然最好是能定量的，但战略目标主要还是定性的，所以确定的目标是指在被理解、被执行、被检查时都应能达成一致的认识；综合的目标是指目标能够覆盖企业业务及组织的各个层面，它可以分解成若干子目标，通过各子目标的完成来实现总体的目标；现实的目标是指可以达到的目标，企业应能充分而有效地利用各种资源来应付环境的各种挑战，克服各种困难，逐步使目标成为现实。

企业的战略目标涉及盈利能力、效率、增长、股东权益、资源、企业声望、员工利益、市场地位、技术领先性等诸多领域，例如，英国航空公司的目标是成为全球航空领导者，保证在全球航空运输市场中占有最大份额，并在每一个细分市场内提供价廉质优的服务。

4. 经营方向

它是指企业目前可以提供的产品与服务领域，以及在未来一定时间内拟进入或退出、拟支持或限制的某些业务领域。它为企业活动确定了界限，也因此为企业规定了某种环境界限。

5. 重大经营方针与策略

它规定了企业如何利用其自身资源来应付所面对的环境，如何开展业务活动以求实现企业的使命与战略目标。它应具体地规定企业管理阶层的工作程序和决策规划，研究和规划企业经营的重点，布置资源的开发与结构的调整，并明确企业主要职能领域，如：营销、生产、产品研发、人事、财务等各方面的工作方针及相互关系。只有在这些具体方针、策略的指导下，企业的战略思想才有可能得以实施。

6. 实施步骤

它规定了一个战略目标需要分几个阶段实施，以及每个阶段所要达到的目标。由于战略目标是一个立足于长远发展的目标，不可能一蹴而就，因此客观上需要循序渐进；同时，在战略方案的长期实施过程中，外部环境与内部资源条件不可能一成不变，分阶段实施战略目标有助于企业对其行为效果及各方面条件作出评价，以期对战略方案作出适当调整，从而可以更有成效、更加现实地去追求战略目标。

从企业战略的性质来看，企业战略实际上是企业一切活动的总纲，是企业在竞争形势下的准确定位，是企业进行资源配置的依据。企业战略反映了企业高层领导人的价值观念，也应该是企业全体员工的行动计划。

（二）企业战略的特征

1. 长期性和目的性

企业战略的目的，主要不在于维持企业现状，因此不能只考虑企业当前的利益。企业战略是为了从一个长时间看，企业能获得最大的利益，如果短期利益的追求与长期最大利益的追求相矛盾，则短期利益的放弃就可能是必要的。

2. 全局性和指导性

企业战略是关系企业发展全局的大问题，它不仅规定了企业在一定时期内基本的发展目标，也明确了实现这一目标的基本途径。企业战略对企业经营管理的一切活动都具有指导意义和规制作用。

3. 长远性和稳定性

企业战略通常着眼于未来 3~5 年乃至更长远的时期,考虑的是企业的总体发展问题,而且企业战略一旦制定后,具有相对的稳定性,企业决不能朝令夕改。

4. 科学性和逻辑性

企业战略是在对企业内部环境和外部环境进行分析后所作的战略选择,这个选择的过程是一个理性的逻辑过程,而且在战略实施过程中,必须不断地进行反馈、评价,采取纠正偏差的校正措施,以实现战略目标,因此它是理性规划和实践检验相结合的科学活动。

5. 艺术性和创造性

企业战略的制定不仅仅依靠理性的分析方法,还需要不同类型的思维方式,有时可能依赖经验,有时可能凭靠直觉,有时则需要丰富的想象力,所以战略管理过程还是一个艺术过程、创新过程。

6. 竞争性和风险性

企业战略是市场经济的产物,没有激烈的市场竞争压力,企业战略就不会在企业管理的实践中产生与应用。所以从本质上看,企业战略就是市场竞争的战略。市场竞争的法则是优胜劣汰、适者生存,因此企业要生存、发展,就必须从长期的角度来把握内外环境条件,提出参与竞争的整体性方针、政策和策略。

企业处于不确定的、变化莫测的环境中,面临着两大风险:一是资源输入的失误,如:信息误导,人、财、物的不足与偏差等;二是加工后的资源输出的失误,如:产品不适合市场需要,或由于策略不当而导致成本过高等。虽然企业战略可以对外部环境加以预测,并采取措施给予部分影响,但环境对于战略而言毕竟是不可控的。

7. 现实性和适应性

企业制定经营战略是为了实现其存在的价值,而不是为了作为一种摆设予以供奉。它也不是空想和虚幻的,而应是切实的、可行的。所以,一个完整的战略方案不仅要对战略目标和战略方向作出明确的规定,而且还要明确战略的重点方针、策略和实施步骤。战略方案的各个环节是相互关联的有机整体,是以现实为出发点的,它既要适应现实的环境变化,又要适应实际的资源和能力基础。

二、企业战略管理层次

企业战略着眼于企业的长远发展,通常要回答以下三类问题:

第一,我们所处的地位和环境怎样?如何抓住新的机会?如何应对外部威胁?如何对环境的变化及时作出反应?

第二,我们想成为什么样的企业?目标是什么?如何确定多个项目的优先顺序?公司的规模多大才是适当的?公司拟进入哪类业务领域?是否还要涉足其他市场?

第三,我们怎样才能达到预期目标?应如何配置各项资源?应采取怎样的竞争方式?如何调整公司的组织结构?如何组织各主要职能部门的力量?

我们可以发现,这些战略性问题并非都在同一层面上,有些是公司层面的,有些是业务层面的,有些则是职能层面的。所以,就战略管理层次而言,企业战略可分为公司战略、业务战略、职能战略等三个层次。

一般而言,大中型企业是由一些相对独立的业务组成的集合体,我们称这些相对独立的业务为战略事业单位(英语首字母缩写为 SBU),它们是战略管理的基本对象。公司战略是 SBU

集合体的战略;业务战略是各 SBU 的战略;而职能战略则是各职能条线的战略。SBU 有点像一本杂志的栏目,总编要考虑众多栏目如何组合才能体现办刊宗旨和刊物风格,栏目编辑则是考虑如何编选最好的文章使栏目更有特色,而采编、校对等则是起到其相应的职能作用,共同为杂志和栏目服务。事实上,企业战略管理的各个层次也是这样围绕着 SBU 展开的。

(一)公司战略

公司战略是企业整体的战略总纲,是企业最高管理层指导和控制企业一切行为的最高行动纲领。公司战略最基本的任务就是确立并阐明企业存在的价值和使命。但由于公司是由一些 SBU 组成的整体,所以公司战略实际上就是从这些 SBU 出发考虑问题的。首先是公司应该做些什么业务,这是公司的定位问题,要理清这些业务组合存在的根本原因及其内在的逻辑关系;其次是公司应该怎样去发展这些业务,这是发展的途径问题,要解决如何取舍、整合企业业务,如何调整、配置公司资源等问题。

归纳起来,公司战略主要侧重于以下四个方面。

1. 确立企业使命

明确企业的性质和宗旨,确定企业活动的范围和重点。要通过对内外部环境的科学分析,确定企业最适合从事哪些业务,为哪些消费者服务,这些业务领域内在的相互关系,各自的市场地位和目标,企业重点向何种经营领域发展等一系列的问题。

2. 划分战略事业单位——提高企业业务组合的整体效率和综合业绩

多元化的业务组合,有其存在的理由:或是功能可以互补,比如成熟的业务单位所创造的现金收入正好用来满足高速成长的业务单位对资金的需要等;或是拥有共同基础,比如迪斯尼尽管涉足电影、通讯、图书、娱乐、零售、房产等众多行业,但它们拥有一个共同的市场;或是具有一种特殊的能力,比如杜邦公司的多元化是基于它独特的化工技术的。弄清各 SBU 之间的内在逻辑关系,有利于公司强化业务之间的协同作用,培育公司长期的竞争优势。

3. 确定公司技术的优先序列——提高公司资源配置的有序性和有效性

公司战略的这一特性要求公司放弃潜在收益低的业务,腾出资金投向那些有前途的业务,或者为兼并其他业务提供资金。

4. 提出关键战略事业单位的战略目标

公司战略中要明确对公司发展具有举足轻重影响的关键性战略事业单位的战略目标。

(二)业务战略

企业的业务战略就是战略事业单位战略,它是在总体性的公司战略的指导下,就某一特定业务单位提出的战略计划。业务战略的核心是解决"如何建立并加强公司在市场上的竞争地位"的问题。为了达成这一目的,业务战略主要包括:①对业务所在行业的宏观经济形势、政治法律环境、社会文化程度、科技发展趋势以及行业竞争结构等相关方面的变化作出积极反应;②制定恰当的竞争行动方案和市场经营策略,以获得持久的竞争优势;③提高公司的竞争能力;④协调和统一职能部门的战略行动;⑤解决公司在具体业务领域中特有的问题。

公司战略与业务战略有着根本性的区别,公司战略涉及多个战略业务的选择、维持、发展或放弃,而业务战略则是就某一特定业务领域进行的具体规划。因此,如果一个公司是一个单业务经营的企业,那么公司战略其实就相当于业务战略。

(三)职能战略

职能战略是管理者为特定的职能活动、业务流程等业务领域内的重要部门所制定的战略。它是由一系列详细的方案和计划构成的,涉及到企业经营管理的所有领域,包括财务、生产、销售、公共关系、采购、储运、人力资源等部门。职能战略的重要作用是支持公司的整体战略和业务战略,提高企业资源的利用率,为公司带来竞争价值和资源优势。职能战略比业务战略涉及的范围要窄一些,但更深一些。

职能战略所涉及的问题包括:①如何贯彻业务战略的总体目标,并就职能目标进行论证和细化,如:发展目标(规模、生产能力等),主导产品与品种目标,质量目标,技术进步目标,市场目标(市场占有率及其增长目标),员工素质目标,管理现代化目标,效益目标(利润率及竞争能力综合指数)等;②制订一个管理策略规划,管理业务中有关客户服务、销售、财务、人力资源等各项主要活动或过程;③确定职能战略的战略重点、战略阶段和主要战略措施;④战略实施中的风险分析和应付能力分析。

案例思考7-2 大陆公司的战略研讨

大陆公司是一家房地产公司,其推出的几处住宅楼盘设计合理、质量上乘,赢得了良好声誉。近年来该公司又开始涉足物业管理、建材经营与加工、装饰工程、组合厨具、太阳能热水器等产品与服务的生产经营。在一次主要讨论发展战略的公司经营工作会议上,总经理许繁指出,讨论企业战略最重要的是搞清大陆公司的能力所在,沿着正确的方向形成本公司最合理的业务结构;房产部经理时巨峰则认为,房地产经营是公司的主要收入来源,因此讨论战略问题一定要解决下一步房地产业务的竞争策略;组合厨具部关心与太阳能热水器如何进行产品互补的问题;公司财务部提出了严格预算控制的问题;管理部则提出组织变革与文化建设也非常重要……

根据研讨会出现的这种情况,有人认为:
① 企业战略问题很难统一到一个清晰的框架下来讨论。
② 企业战略问题必须分解成很具体的问题才有意义。
③ 企业其实并不存在战略问题。
[思考]对这一研讨会你有什么看法?

三、企业战略管理过程

(一)确定企业的理念与使命

企业的理念与使命最初源于企业创始人的理念。例如,福特公司在20世纪30年代的理念便是为大众制造价廉质高的汽车;微软公司着力于开发友好的系统软件和应用软件源于比尔·盖茨的梦想——让每个美国家庭都有一台电脑。

然而,企业的理念与使命并不是静止的,它可能不断地发展,但不会突然发生变化。这种变化需要不断积累的经验,这种经验将使管理者重新思考企业的理念与使命。例如,在技术不断发展而杜邦公司逐渐转向高科技产业之后,杜邦公司经过多年的酝酿,将企业的理念由以往的"创造幸福生活"改为"开创美好未来",而这一理念将为杜邦公司今后的战略管理指明方向。

(二)战略分析

战略分析是制定战略的基础,包括企业外部环境分析和企业内部环境分析。

在对企业的外部环境分析中,首先必须判断环境的性质。判断环境是简单的、静态的还是复杂的、动态的。环境的性质将直接决定市场的结构。

其次,必须评估环境的影响。可以从政治、经济、社会、技术四个维度进行分析,并考虑这四个维度之间的交互作用。宏观环境的影响将决定产业发展的前景。

最后,需对企业所处的产业进行结构化分析。这包括对产业在国民经济中的地位、产业的内部结构、投入及产出的外部联系和波及效果的分析。在此基础上再分析行业内的竞争、战略集团的力量,以应对市场的状况。产业分析可以帮助企业明晰需求和竞争的状况。

在对企业的内部环境分析中,可以从营销能力、财务状况、组织效能、企业文化等角度进行。本章第二节将详细介绍,在此不作赘述。

(三) 战略选择

在进行战略分析后,下一步骤便是进行战略选择。首先必须确定企业总体战略,然后基于市场确定定位战略,基于产业确定竞争战略,最后确定职能战略。

企业总体战略是指企业基于外部宏观环境、市场与行业状况、企业自身状况而选择的战略发展态势。最基本的总体战略包括:①扩张战略,它包括扩大现有生产规模和进入新的事业领域;②维持战略,它是指企业维持现有的规模和领域,但积极提高企业的综合实力;③防御战略,它是指企业缩小经营规模、压缩经营事业,直至退出某些经营领域。

定位战略着眼于市场,其目的是判断市场未来的需求并选择企业未来的生存与发展空间。其一般步骤是首先进行市场细分,之后进行目标市场的选择,最后进行目标市场的定位,如果企业由各个事业部组成,则此步骤中还包括多事业的选择和战略一致性的要求。

竞争战略着眼于行业,其目的是判断竞争态势,确定企业的竞争优势与竞争地位。其一般步骤是先分析产业所处的市场上的五种力量,并侧重于竞争者分析,以确定不同于竞争者的优势。其后分析企业的竞争地位,根据企业所处的地位(领导者、挑战者、追随者或补缺者)来确定企业的竞争战略。

案例思考7-3 如何进行战略定位

A工程公司的总经理在与其助理讨论公司所面临的困难:"我们的困难越来越明显,因为利润又一次下降,而且订单也在减少。我们应该知道发生这种情况的原因以及应该采取什么样的措施。"

助理说:"过去我们的战略是通过转移到行业中的新领域以实现多样性,但是这也增加了我们的业务范围,其结果可能是我们已经扩张到了过多的业务领域。"

总经理表示同意:"是的。我们有专家和技术,我们必须使其达到最佳化的利用,发挥优势展开工作。"

助理也表示认可:"我知道问题出在哪里,但我不知道如何解决。"

总经理告诉他说:"现在我们必须有一套战略以适应所在行业领域的需要。我想要你做的就是进行一次战略调查,分析我们的内部结构、技术应用以及工作方式。同时,还要分析我们的竞争对手和整个经济环境。"

[思考] 总经理对其助理的指示是不是一个好主意?为什么?

确定企业的定位战略和竞争战略之后,需将其具体化,以使企业战略具有可操作性,这种使企业战略变得可以操作的前提就是制定企业的职能战略。从企业的资源角度出发,可把职能战略划分为人才战略、财务战略、科研与开发战略等,同时根据企业的现状,可制定其他方面

的战略,如:跨国公司战略等。

(四) 战略执行

战略执行主要包括两个步骤。

第一步是进行战略管理,其主要内容是进行资源配置,同时进行战略控制,即对战略制定、实施的过程进行控制,使其不偏离原先的战略目标。资源配置可以分三层进行:分配公司整体的资源,通过资源配置控制各经营战略单位的战略一致性,在职能层进行资源分配。战略控制包括制定政策、分配资源、实时控制、评估成果等多个步骤。

第二步是设计组织结构。战略是组织出现的前提,并且决定了组织构建的模式。为了保证战略的实施,组织构建的步骤为:决定组织的结构、明确组织设计的要素、决定分权的程度、设计组织、对组织进行控制。组织结构设计的目的是为了实现企业战略。

(五) 战略变革

在战略执行的过程中,有两种情况会引起战略变革。

一种是战略本身不具有可行性。例如,许多企业把进入世界 500 强作为总体战略目标,然而这些企业无论是在资源上还是在能力上都不具备这种可能性。显然,这种战略本身就具有缺陷,是不可行的。

另一种是战略制定的前提发生了变化,特别是直接影响总体战略的 SWOT 分析(将在本章第二节中作详细介绍)中的关键因素发生变化时,战略执行结果将与战略目标之间产生偏差。当这种偏差产生之后,企业必须进行战略变革。

战略变革由判断偏差、修正目标、分析环境、重新选择、实施控制等步骤组成,之后新战略的管理的过程又包括前面的四个步骤。

第二节 企业战略分析

战略分析是战略的制定与实施中最为基础的一个环节。通过战略分析,企业可以对内外部的条件、制约、机遇与威胁有深入的了解,把握好企业战略的方向。

一、企业外部环境分析

任何一个组织都不是孤立存在的,总要与它周围的环境发生这样或那样的联系,换句话说,组织的生存和发展要受到其所在环境的影响和制约。人们通常说"企业是环境的产物",这个"环境"是指企业的外部环境。

> **案例思考 7-4 如何进行环境分析**
>
> 肯德基打入中国市场之前,公司曾派一位执行董事来中国考察市场。他来到北京街头,看到川流不息的人流,穿着都不怎么讲究,就报告说:炸鸡在中国有消费者,但无大利可图,因为中国消费水平低,想吃的多,但掏钱买的少。
>
> [思考] 这位董事的报告存在什么问题?

所谓企业的外部环境,是指存在于企业周围、影响企业经营活动及其发展的各种客观因素与力量的总和。它具有以下特点:①影响的全局性,②与企业的互动性,③对于发展趋势的指导性。外部环境分析分成两大部分:宏观环境分析和中微观产业环境分析。

(一)宏观环境

宏观环境包括政治法律环境、经济环境、社会文化环境、技术环境和自然环境。其中,自然环境是指一个企业所在地区或市场的地理气候、人口、资源分布、生态等环境因素。

1. 政治法律环境

政治法律环境由一个国家或地区的政治制度、政治形势、方针政策、法律法规等构成。与经济相关的政治与法律构成了企业竞争行为的强制执行的规范,是企业之间的基本竞争规则,其任何变化都会对企业产生深远的影响。

(1) 政治环境　政治环境是指政府的行政性行为。政府的政策广泛地影响着企业的经营行为,即使在市场经济比较成熟的发达国家,政府对市场与企业的干预似乎也有增无减。

① 国际政治环境。自 20 世纪 80 年代末以来,国际政治环境发生了巨大的变化,苏联的瓦解、欧盟的建立、中美洲的改革、中国的开放、东南亚的崛起、阿拉伯地区局势的动荡……世界的政治格局由两极化向多极化发展,世界经济的投资重点在不断地变化、转移。

② 政府政策环境。政策环境指的是一个国家推行的方针政策、坚持的政治经济体制,以及在这样的方针政策下能否有一个稳定的政治经济大环境,能否促进经济的发展。

(2) 法律环境　法律、法规作为国家意志的表现,对于规范市场与企业行为有着直接作用。法律法规、行业戒律是企业必须遵守的竞争规则。法律在经济上的作用主要表现为维护公平竞争、维护消费者权益、维护社会最大利益三个方面。同时,经济法规的完善程度也反映了市场经济的成熟度。完善的经济法规与执法制度意味着企业之间的竞争有一套详尽且能促进发展的竞争规则。

与企业相关的法律主要是商法。我国已初步形成了社会主义市场经济的法律体系,其中包括五个方面的法律:规范市场主体的法律、调整主体关系的法律、保护消费者权益的法律、完善宏观调控的法律、社会保障方面的法律等。

2. 经济环境

与其他环境力量相比,经济环境对企业的经营活动有着更广泛而直接的影响。经济环境由企业经营过程中所面临的各种经济条件、经济特征、经济联系等构成。要分析经济环境,首先要考察目前国家经济是处于何种阶段:是萧条、停滞、复苏,还是增长;宏观经济以怎样一种周期规律变化发展;经济运行是否具有平稳性和周期性波动;等等。然后再具体考察经济发展速度,人均国内生产总值,消费水平和趋势,金融状况等。

(1) 经济的周期性波动　经济的周期性波动不仅影响整个国家的经济发展和生产消费趋势,而且在很大程度上决定了企业的投资行为。在经济发展阶段,投资率较高;在经济衰退阶段,投资率较低;在波峰区域,投资率最高,且投资增长率趋稳;波谷区域也是我们通常所说的经济衰退见底时期,投资率将会逐步提高。

(2) 价格　价格是经济环境中的一个敏感因素,是反映供求状况的信号,价格上涨反映了供给不足或是需求增大,反之亦然。同时,价格还反映了消费者的心理预期。企业可根据价格的走势制定自己的投资计划。

(3) 购买力　一个国家的购买力并不等于其人口规模。对企业来说,社会和个人的购买力意味着市场的规模与潜力。

影响人们购买力的五个因素为:人均国内生产总值、人均个人收入、个人可支配收入、储蓄速度、消费者支出模式。人均国内生产总值大体上反映了一个国家的经济发展水平;人均个人收入是与消费品购买力正相关的经济指标,主要来源为社会总的消费基金,它大体上反映了市场的购买力水平;个人可支配收入是影响消费结构的重要因素之一;储蓄是购买贵重商品资金的主要来源;消费者支出模式则反映了消费结构。

(4) 消费模式　消费模式由两个方面组成:一是消费结构,二是消费习惯。

消费结构指的是消费在不同项目上的分配,如:食品、日用品、电器、住房、交通等。从消费结构来看,我国消费者与西方发达国家消费者的差别正在缩小,我国城乡居民的消费差别也在缩小。随着我国经济的迅速发展和人均收入的增加,城乡居民消费水平稳步提高,恩格尔系数[①]逐步下降。消费重心从生活必需品、耐用消费品的消费,渐渐转移到服务的消费上。与此同时,对大多数商品而言,买方市场已初步形成,消费支出分流日益明显。商品消费正在向个性化、多元化和高档化发展。企业要在市场中获得优势,就要充分考虑消费者的需求变化,适时地调整产品结构,向高附加值、高回报的产业调整。

消费习惯包括购物渠道的选择、主要购物群体的构成、支付方式的选择等。这几个方面都呈现着多元化的趋势,特别是网上交易、电子货币、信用支付等方式正逐渐成为主流。

3. 社会文化环境

社会文化环境由一个国家或地区的民族特征、文化传统、价值观、宗教信仰、教育水平、社会结构、风俗习惯等因素构成。

(1) 人口　人口构成了大多数产品的消费市场。总人口、人口的地理分布和密度、家庭数量、年龄结构以及人口增长率对企业的生产和销售都有很大的影响。一个国家的总人口数量往往决定了该国许多行业的市场潜力,如:食品、服饰、交通工具等。人口在地理分布上和年龄分布上的特征也将会影响到相应的细分市场。

(2) 价值观　每一个社会里都有一些核心价值观,它们常常具有高度的持续性。但也有一些价值观是比较容易变化的,它们会随着外部条件的变化而变化。社会价值观的变化对产业结构和规模有直接的影响。

(3) 社会组织结构　社会组织结构表现为两个方面:一是家庭结构,二是企事业组织结构。家庭结构表现为家庭人口的年龄结构、家庭成员的人际关系、家庭成员寿命的分布等。企事业的组织结构,特别是企业的组织结构,表现为企业的形成方式(如:是家庭式企业、无限责任制企业,还是有限责任制企业)、组织内部的人际关系(特别是劳资双方的关系)、组织之间的关系(如:是强调竞争还是崇尚合作)等。

(4) 教育　教育直接反映了一个国家的文化水平,同时又间接地影响到该国的物质、文化生活的水平,消费者对新事物的接受能力等。

4. 技术环境

技术环境由一个国家或地区的技术水平、技术政策、新产品开发能力以及发展动向等构成,特别是企业所在行业的技术发展动态、竞争者技术开发水平、新产品开发的动向。技术可

---

① 恩格尔系数:19世纪德国统计学家恩格尔根据统计资料,对消费结构的变化得出一个规律:一个家庭收入越少,家庭收入中(或总支出中)用来购买食物的支出所占的比例就越大,随着家庭收入的增加,家庭收入中(或总支出中)用来购买食物的支出则会下降。恩格尔系数是根据恩格尔定律得出的比例数,是表示生活水平高低的一个指标。其计算公式为:恩格尔系数=食物支出金额/总支出金额。

以从本质上改变企业的竞争方式,改变企业为市场提供的产品及服务的性质、特点。技术环境与政治法律环境、经济环境、社会文化环境相比,显现出同企业强烈的互动关系。一方面,技术水平的高低、发展的程度,决定了企业所能采用的技术种类、竞争方式等;另一方面,企业致力于技术创新,能主动改变技术环境状况,可以使竞争格局向有利于自身发展的方向转变。

> **案例思考7-5　我国人口结构的变化**
>
> 　　据人口普查数据显示,2020年我国总人口达到了14.12亿人。从性别结构看,男性占51.24%,女性48.76%,男女性别比为105.07,与2010年基本持平,略有降低,性别结构持续改善。从年龄结构来看,0—14岁占17.95%,15—64岁占68.55%,65岁及以上人口占13.50%。与2010年相比,0—14岁比重上升1.35个百分点。可见,我国少儿人口比重回升,生育政策调整取得了积极成效。但与此同时,人口老龄化程度进一步加深,未来一段时期我国将持续面临人口长期均衡发展的压力。
>
> 　　过去七十多年,我国人口年龄结构发生了巨大变化,经历了从年轻型、成年型到老年型的转变,各年龄段占比从金字塔形向长方形演变:1949—1981年,我国人口年龄结构大致处于年轻型,呈现金字塔形。期间经历了两次婴儿潮,是中国人口红利的主要来源。1962—1970年,创造了迄今为止历史上人口年增长速度的峰值水平,年均增长2.6%。1982—1999年,我国人口总量得到有效控制,各年龄段人口相对均衡,处于成年型。2000年,我国65岁及以上人口比重达到7.0%,0—14岁人口比重为22.9%,老年型年龄结构初步形成,中国开始步入老龄化社会。2010年,我国0—14岁人口比重低于18%,进入严重少子化阶段。2015年,我国劳动力人口也开始出现拐点。有研究数据表明,到21世纪中叶,老年人口比重将达到25%,即每4个人中就有一个老年人。
>
> 　　[思考]你认为上述资料会给企业带来什么启示?

(二)产业环境

1. 产业与产业结构

产业的概念有广义和狭义之分。广义的产业是指各种生产、经营事业,如:第一产业、第二产业和第三产业。狭义的产业是指具有相同或相似生产技术、生产特性的企业的集合,或者说产业是由一群生产相近替代产品的公司组成的。本书讨论的是狭义的产业。从经济影响力的角度讲,产业环境直接作用于产业中的每一个企业,而对国家整体经济运行的影响力是有限的。产业是介于企业和国民经济总量之间的中间层次,因此我们也把产业环境定为企业经营活动的中观环境层次。

产业结构是指产业之间的相互联系和联系方式,这种联系方式既是时间上的,也是空间上的。从时间上看,产业结构反映了各产业部门之间的供给与产出的比例关系,这种比例关系随着宏观环境和消费者需求的变化,以及具体将发生什么样的转变。从空间上看,产业结构要受各地区自然资源条件、经济条件、政治文化特征、人力资源条件、居民消费结构等因素的制约,在产业组合、比例关系上表现出地域的特性;并且随着这些条件的变化产业在地区上会发生转移。

2. 产业生命周期

产业生命周期是产业结构变化的重要因素。产业生命周期的概念类似于产品生命周期的概念,它是研究产业性质最重要的概念,反映了产业的演进过程。与产品生命周期相比,产业生命周期曲线的形状更为平缓和漫长。这是因为一个产业往往集中了众多相似的产品,生命周期是所有这些相似产品各自生命周期的叠加。产业生命周期分为四个阶段:形成期、成长期、成熟期和衰退期。

在产业形成期,产业中仅有少数公司在竞争,产品不成熟,缺乏统一标准,买主迟疑观望,行业风险较高,但机会也较多。此时,虽然产品价格较高,但利润空间不大。

处于成长期时,产业的一个主要特征是该产业的发展速度大大超过了整个产业系统的平均发展速度,技术进步迅猛且日趋成熟,市场容量迅速扩张,顾客的认知水平迅速提高,销售和利润迅速增长,生产成本不断下降,生产能力出现不足。此时新进入该产业者增多,但产业的高增长弥补了这一阶段存在的风险。在产业生命周期曲线上表现为斜率较大,上升较快。

当产业经过成长期的迅速增长阶段后,市场容量渐趋饱和与稳定,发展的速度会放慢。在成熟期,重复购买成为顾客行为的重要特征,销售趋向饱和,利润不再增长,生产能力开始过剩,竞争激烈,价格竞争成为重要竞争手段。这时的产业生命周期曲线表现为斜率很小、较为平缓。

当产业发展速度开始变为负数时,表明该产业已进入衰退期。在衰退期,产业代表产品的销售和利润大幅度下降,生产能力严重过剩,竞争激烈程度由于某些企业的退出而趋于缓和,企业可能面临一些难以预料的风险。但衰退不等于死亡,一旦市场上出现需求的变化或是有新技术的引进,都可能使衰退产业重新获得发展的机会。这一阶段的产业生命周期曲线具有不断下降的趋势,并且斜率一般也为负数。

企业只有了解产业目前所处的生命周期阶段,才能决定企业在该产业中是进入、维持还是撤退。对于一项新的投资决策,也只有把握了产业的生命周期阶段,才能进行正确的决策。此外,一个企业可能跨越多个产业领域,只有对其所在的每个产业性质都有深入的了解,才能做好业务组合,避免过大的风险,提高整体盈利水平。

3. 企业群落

企业群落的概念来源于美国战略学家迈克尔·波特的《国家竞争优势》一书。企业群落是指经营统一产业、在业务上有密切关联、集聚在一个较小的地理范围内的一群企业和相关机构。企业群落能帮助企业形成竞争优势,但这种优势并不是来自于企业内部,而是来自企业与现有企业网络之间产生的一种对外部的经济优势性。企业群落是地区竞争优势产业的一个共同特征。我们所熟知的企业群落有硅谷,那里聚集了高科技企业和风险资本;有底特律,那里聚集了汽车整车装配和零件生产企业;有好莱坞,那里聚集了影视娱乐业各大公司;有广东顺德,聚集了小家电企业和电子元件企业。

4. 关键成功因素

一个行业的关键成功因素(KSF)指的是最能影响行业成员在市场上表现的因素,它包括战略因素、产品属性、资源、竞争能力以及影响公司盈亏的业务成果。关键成功因素描述的是产业所具有的一系列内在特性,这些特性直接关系到企业是否能在竞争中保持优势、取得成功。这些因素通常和产品的特性有关,涉及企业的各项组织与管理能力。通过对关键成功因素的描述,企业可以明确顾客在行业中对不同品牌的选择标准是什么,由此,企业可以明确想要取得成功并保持优势,就必须要具有什么样的特点,获得什么样的资源,培养什么样的能力。

例如,一个化妆品生产企业必须具有一定的研发能力,以支持产品的不断更新换代,还须具有强有力的市场营销能力,在消费者心目中建立良好的品牌形象;而连锁超市需要具备的则是集中快速配货的能力以及超市的准确选址。

> **案例思考7-6 郭芳枫的眼光**
>
> 1945年,第二次世界大战刚结束,郭芳枫马上就认识到:经过第二次世界大战,许多国家和地区都遭到战争的破坏,因此,物资必然会出现短缺。随着大战的结束,海运事业必将兴旺起来。新加坡作为一个拥有海洋轮船修理设备的转口贸易港,在各国轮船经过时,必然需要大量的远洋航运物资和船用设备、配件等。于是,郭芳枫投入资金,以极低的价格大量收购大战的军需剩余物资。在短短几年里,这些战余物资便成了热门商品,给他经营的"丰隆"企业带来了巨额利润。
>
> 在经营战争剩余物资的同时,郭芳枫预料,在战后各国经济的重建中,地皮、建筑材料必将成为热门货。从1949年开始,他便抓住时机,选好地盘,把有前途的地皮一块一块地廉价买进。到20世纪70年代,这些地皮已是身价百倍的抢手货。这时,他又成立了丰隆实业有限公司,专门负责经营这些地皮和房屋,进行全面规划和投资,陆续建成一幢一幢新颖舒适的现代化住宅区和办公大楼。这项经营,又给郭芳枫带来了十分可观的利润。
>
> 随后,郭芳枫认识到建筑业的发展需要大量的水泥。于是,1957年他又联合"三井"和黑龙洋灰公司,创建了水泥工厂,于1961年正式投产。此时正是新加坡房地产业发展最旺盛的阶段,水泥是风行一时的畅销货。随着丰隆实业的发展,为了配合新加坡经济建设的需要,郭芳枫又果断地筹资创办丰隆金融有限公司,来作为丰隆集团的支柱。目前,丰隆金融有限公司已发展成为拥有14家分行的国际性金融机构。
>
> [思考](1)丰隆集团每一次成功都离不开郭芳枫的眼光,他的眼光指的是什么?
> (2)企业在制定战略前应作哪些分析?

二、企业内部环境分析

(一)营销能力分析

营销能力分析可以再分为产品竞争能力分析、销售活动能力分析、新产品开发能力分析和市场决策能力分析等几个部分。而每个部分还可再进一步细化,例如,产品竞争能力的分析主要包括产品的市场地位(市场占有率、市场覆盖率)、产品收益性、产品成长性、产品竞争性(销售增长率、市场扩大率)、产品结构性等,我们可以选择若干指标项目,根据重要性区分权重,逐个比较评分,最终形成综合评价。

(二)财务状况分析

财务状况分析可以分为对企业的收益性、安全性、滚动性、成长性、生产性等进行的分析。

分析收益性的指标有资产报酬率、所有者权益报酬率、销售利税率、成本费用率等。

分析安全性的指标有流动比率、速动比率、资产负债率、所有者权益比率、利息保障倍数等。

分析滚动性的指标有总资产周转率、应收账款周转率、存货周转率等。

分析成长性的指标有销售收入增长率、产值增长率等。

分析生产性的指标有全员劳动生产率、劳动装备率等。

（三）组织效能分析

可以从以下四项原则来衡量、评估组织效能：①有效性原则；②指挥、协调一致原则；③合理管理层次和幅度原则；④责权对等原则。

这些是组织基本的管理原则。其中，有效性原则，即组织是否有效率，在达成组织目标上是否富有成效，是最核心的原则。

（四）企业文化分析

这主要是分析企业文化环境是否能够对企业战略起支持作用。其关键要素有以下几点。

1. 企业文化现状及形成机制

了解企业文化中共同价值观是什么、是怎样形成的，就能清楚地了解所制定的企业战略中有关企业使命、目标、政策、措施等内容是否能被员工接受。

2. 企业文化特色

分析企业文化特色是否与行业特点和要求相吻合。

3. 改变现有企业文化的认同

分析改造企业文化应采用怎样适当的措施、步骤、方式等。

案例思考 7-7　"青蛙原理"

如果把一只青蛙扔到开水中，青蛙会马上跳出来。但是如果把一只青蛙放入凉水中逐渐加热，青蛙就会在不知不觉中失去跳跃的能力，直到死去。

［思考］你怎么理解"青蛙原理"？

三、企业战略分析的主要方法

（一）波士顿咨询集团（BCG）矩阵法

这一分析方法由美国一流管理咨询企业波士顿咨询公司提出。该方法依据经营组合概念，假定所有公司（企业）都是由两个以上的经营单位（分厂）所组成的，有若干在经济上有明显区别的产品/市场片。在一个公司范围内部的这些经营单位合称该公司的经营组合。经营组合概念提出，公司必须为经营组合的每一个经营单位分别制定战略。

在此，公司的相对竞争地位和市场增长率是两个基本参数，决定了整体经营组合中任一特定经营单位应当奉行的战略。相对竞争地位决定了该单位获取现金的速度，反映了企业产品的内部潜力，可用产品市场份额来衡量；市场增长率反映了企业外部市场潜力，指产品的市场需求增长情况，它决定了市场占有率扩大的方式和投资机会的大小。

在图7-1中，用市场增长率和相对市场份额两种因素来衡量矩阵四个方位的市场变化状况，据此，所有经营单位都可列入四种战略类别的一种。

图7-1 波士顿矩阵

1. 问题类

处于这一方位的产品、业务的特点是高市场增长率、高增长潜力和低市场份额。这说明产品、业务处于产品生命周期的增长期。因此,企业需要投入大量资金,迅速扩大投资,购买相应的设备,招聘一定的员工并加以培训以适应工作要求。在这种情况下,企业有了足够的资金和正确的战略战术,就会向明星类战略地位转化。

2. 明星类

明星类企业从图7-1中看来正处于双高的市场地位,具有高市场增长率和高相对市场份额。这是由于问题类产品经市场经营成功会转化为明星类产品。然而,明星类的产品、业务在市场上的竞争激烈,企业要保持其双高的竞争地位,就需要大量资金、人力和物力的支援。处于明星类的产品、业务由于其市场高占有份额也许能够提供用于自身发展的资金,但要在竞争中取胜,仍需要努力。明星类产品的发展后期,按照产品生命周期理论曲线将会朝着金牛类地位发展,如:计算机网络和移动电话等都处于双高的战略市场地位之中。

3. 金牛类

金牛类产品、业务在具有较高市场份额的同时却处于低市场增长率时期,说明其正处于产品生命周期的成熟期,企业产品成本低、利润高,能为企业带来大量的现金收入和利益。处于这一市场地位的企业无需注入大量资金,只需要一定的资金保持其较高的市场份额。同时,采用多样化战略管理的企业,还可以把从金牛类产品、业务中获得的大量资金,抽出一部分用于新产品研究与开发,或支持处于问题类和明星类的战略业务项目。

4. 瘦狗类

瘦狗类产品、业务处于双低的地位,既没有相对市场占有率,也没有市场发展的潜力,因此也被人们形象地称为"鸡肋",食之无味,弃之可惜。处于这一地位的产品、业务盈利减少,甚至出现亏损。处于这类市场地位的产品、业务应该尽早采取措施,撤退或转向其他领域。

BCG矩阵中的四种战略地位随着产品生命周期的发展变化而变化,揭示了企业产品市场占有率与行业市场发展变化的动态规律。

案例思考 7-8 荣事达用 BCG 矩阵法确定战略

80年代初期,荣事达原是名不见经传的生产普通单双缸洗衣机的企业。经过十多年拼搏,90年代初其生产的"水仙牌"洗衣机畅销全国,年产量达50万台,销售额荣登同行榜首。洗衣机生产成为荣事达(当时叫合肥洗衣机总厂)的第一头"金牛"。1992年该厂果断地用从"金牛"身上获得的资金与香港丰事达投资公司、安徽省技术进出口公司合资组建"合肥荣事达电器有限公司"。1993年荣事达自行研制开发"问题"业务——3.8 kg全自动洗衣机,大额投资促其成为"明星"业务,并努力使"明星"转变为新的"金牛"。1994年3月荣事达又与日本三洋电机株式会社等组建合资公司——"合肥三洋洗衣机有限公司",生产具有国际一流水准、人工智能模糊控制的全自动洗衣机,在国内市场独占鳌头。1995年8月荣事达又从这头"金牛"身上取资与港台企业合资兴建"荣事达橡塑制品有限公司"、"荣事达日用电器有限公司"等,不断开发"问题"业务,培育"明星"业务,不仅实现了公司资产保值增值,而且使组织机体始终处于良性循环之中。1997年末荣事达集团产值、销售收入、利润分别比上年增长31%、13%和18.8%,集团资产增长到26.2亿元,比上年增长21.69%。

[思考] 你对荣事达的发展战略有什么评价?

(二) 战略集团分析法

美国战略学家迈克尔·波特认为,战略集团划分是针对结构分析设计的一种分析工具。它是介于产业整体与各分立的公司之间的中间参照系。一个战略集团是指某一产业中,在某一战略方面采用相同或相似战略的一些公司组成的集团。处于同一战略集团的企业在类似战略的影响下,会对外部环境作出类似的反应,采取类似的竞争行动,占有大致相同的市场。对战略集团特性的分析,可以使企业更准确地把握竞争的方向和实质,以及五种竞争作用力的影响。

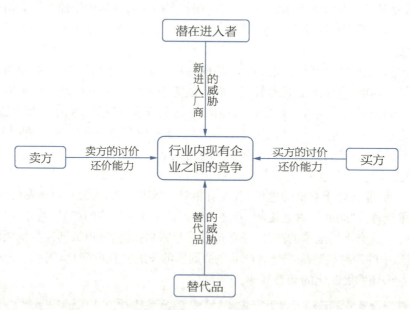

图 7-2　波特模型(决定行业盈利能力的五种竞争力量)

(三) SWOT 分析法

SWOT 分别代表了优势、劣势、机会和威胁。分析的第一步是找出企业四方面因素的具体表现,然后分别搭配,形成各种可行的战略方案(见图 7-3)。例如,SO 战略是努力发扬企业自身优势,充分利用外部机会;WO 战略是巧妙利用外部机会来克服或补偿内部劣势;ST 战略是充分依靠自身优势和实力去抵御外部的威胁,迎击挑战;WT 战略是避免暴露自身弱点,躲开外部威胁,以便尽可能减少损失,维持生存,等待时机。

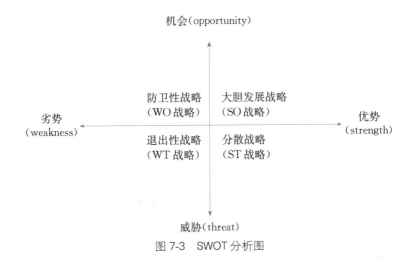

图 7-3 SWOT 分析图

案例思考 7-9 摩登百货登陆广州中泰广场的 SWOT 分析

中泰国际广场大型综合项目位于广州火车东站旁,一期为大型购物中心和地下车库;二期为写字楼。摩登百货是广州本土的一家民营百货公司,计划租下中泰广场的五个楼层,并采用直接投资、独立经营的方式把中泰广场打造成一家小型的购物中心。

中泰广场的外部机会:①中泰广场的商场层次高;②经过几次的市场宣传,有一定的市场知名度;③它是地铁、铁路、公交车的交汇总站,形成窝斗状,容易聚集人气;④属于高档商务区,消费者对商品的稀缺性和层次性有一定的要求;⑤广园路隧道、城际交通枢纽即将开通,方便商务活动的开展;⑥周边酒店、办公楼等商务氛围逐渐加强,能够聚集高端客户。

中泰广场的外部威胁:①火车东站的地理位置属于绝地,没有四射功能;②来往"人流量"非常大,但"人留量"非常少;③周边综合商业设施非常少,缺少复合的商业价值;④缺少浓郁的商业氛围;⑤附近即将开业的万佳广场具有强大的市场竞争力。

摩登百货的内部优势:①摩登百货在百货连锁经营上有一定的成功经验;②提供的中档次名牌商品对白领阶层有一定的吸引力;③与零售业的巨头有合作的经验。

摩登百货的内部劣势:①属于中档、大众型百货,商品稀缺性较差;②商场经营的特色不明显,辐射的半径范围在 1.5 公里以内;③营销手段平常,缺少闪亮点。

[思考] 请你根据上述资料,对摩登百货登陆广州中泰广场进行 SWOT 分析,指出 SO、WO、ST、WT 战略。

第三节　企业战略的类型

一、基本战略类型

企业战略按战略态势分为发展型战略、稳定型战略、紧缩型战略和混合型战略；按战略作用分为管理型战略和交易型战略。这里主要讨论企业发展型战略中的一般竞争战略。

迈克尔·波特曾经对一些企业进行实证分析，得出了取得竞争优势的三种基本竞争战略，即成本领先战略、差异化战略和集中化战略。

企业生存与发展的基础就是为顾客创造价值，而顾客所看中的价值归结起来无非就是两点——价格的低廉和价值的独特，相对于前者所形成的竞争优势即为成本领先优势，相对于后者所形成的竞争优势则是经营特色优势。把这两种优势与企业所参与的竞争范围结合起来看，就是上述三种基本战略类型。

（一）成本领先战略

成本领先战略，也就是低成本战略，其战略思想是：企业通过一系列努力降低成本，使成本低于竞争对手，在产业中赢得总成本领先，在竞争中赢得价格主控权，从而获得高于产业平均水平的收益。所谓低成本，是相对于相同品质、相同功能而言的，决不是偷工减料、减少功能。在我国，一些企业使用的就是这一战略，如：国美电器充分发挥商业资本作用，于 2000 年 10 月向国内各大彩电厂家发出了一份标的额达 1000 万元的招标函，在这份招标函中，国美规定了自己所需的产品样式、型号、款式等要求；而在随后的两个月内，国美又再次发出两次招标行动，一次标的额为 2546 万元，另一次标的额竟达 1 亿元。国美采用商业资本介入的大批量买断经营方式，获得了成本领先优势。

我们从五项竞争作用力分析中，可以清晰地看到成本领先战略的竞争优势所在。首先，在产业内的竞争中，保持成本领先地位的企业，不仅可以获得高于产业平均水平的收益，而且在强大竞争压力或经济萧条的情况下，即使竞争对手都失去利润，它仍然可能获得一定的利润；其次，低成本还可以使企业在买方把产品价格压到最低限度（即位居成本优势第二位的竞争对手已无利可图）时，仍然有利可图，从而在与买方的讨价还价上占有优势；再者，低成本在对付供方涨价中亦具有较高的灵活性，即使面对强大的卖方威胁，也能有效地保卫自己；其四，在与替代品的较量中，它是同行业中处于最有利地位的；最后，它在面对潜在入侵者的竞争时也比其他竞争对手更为有利。

> **案例思考 7-10　格兰仕的成本领先战略**
>
> 格兰仕自进入微波炉行业以来，一贯坚持成本领先战略。为了使总成本绝对领先于竞争者，格兰仕壮士断腕，先后卖掉年赢利上千万元的"金牛"型产业——羽绒厂和毛纺厂，把资金全部集中到微波炉上。此举措反映了格兰仕决策者的高瞻远瞩，因为中国的微波炉行业起步于 90 年代初，在 93 年格兰仕进入微波炉行业时，该行业还未充分发育，竞争对手也很弱小，只要倾全力投入，就很容易在规模上取得领先机会，单机成本亦会低

于竞争品牌。这导致了格兰仕的迅速崛起,它在93年的年销量为1万台;94年为10万台;95年为25万台,市场占有率为25.1%,超过蚬华成为全国第一;96年为60万台,市场占有率达34.7%;97年为125万台,市场占有率达49.6%;98年总产量则高达315万台,其中内销213万台,市场占有率61.43%。

格兰仕的生产规模每上一个台阶,就大幅下调价格。在保证质量的前提下,当其规模达到125万台时,它就把出厂价定在规模为80万台的企业的成本价以下,此时格兰仕还有利润,而规模低于80万台的企业,多生产一台就多亏一台;当规模达到300万台时,格兰仕又把出厂价下调到规模为200万台的企业的成本价以下,结果规模低于200万台且技术无明显优势的企业陷入了亏本的泥潭,无力与之抗衡。最终,格兰仕在家电业创造了市场占有率达到61.43%的创举。

[思考] 请你根据上述资料,分析一下格兰仕为什么能获得战略成功。

(二)差异化战略

差异化战略,又称标新立异战略,俗称特色经营战略。其战略思路是:企业致力于形成一些在全行业范围内独一无二的特色,这些特色对顾客来说是特别被看重和极具价值的、且易被察觉和识别的,可以使顾客因此建立起品牌偏好与忠诚,使企业获得超常收益。差异化战略可以通过公司形象、产品特性、客户服务、技术特点、营销网络等方式形成。如:可口可乐公司通过"青春、热情、家庭、友谊……"一系列概念的形象宣传,培养了一代又一代年轻人的品牌忠诚,使喝可口可乐成为一种习惯、一种生活方式。又如:三得利啤酒根据上海市场的特点,精耕细作其在上海的渠道网络,牢固地占领了上海市场等。

从五项竞争作用力分析中,我们也能看出差异化战略的竞争优势。差异化战略的实施者可以利用客户对其品牌的忠诚有效地避开业内价格竞争;对于潜在的行业入侵者,由于客户的忠诚使品牌转移成本过高而形成了较高的行业进入壁垒;高度的差异性使买方不得不淡化价格因素,从而缩小了买方的选择空间;另外,在面对供方压力、替代品威胁时,拥有特色的企业或产品也往往比其竞争对手处于更为有利的形势。

获得差异化优势的途径很多,企业生产经营活动中的任何一个环节都可以为差异化战略发挥作用。例如,原材料采购——许多跨国公司采用全球采购方式,集各地之精华,形成高质量的最终产品;技术开发——利用多项专利技术使产品具有独特性能;生产活动——独特的工艺和精密的制造加工技术带来不同凡响的产品外观、规格及可靠性;外部后勤系统——快捷的产品送达和维修服务也能使之获得差异化竞争优势;渠道选择——选择一些别具一格的渠道方式也可令客户满意。

案例思考7-11 渡边的成功

渡边曾是个打工仔,几次被老板解雇使他萌发了自己当老板的愿望。他想在东京开一家小商场,但调查后发现东京商场很多,竞争激烈,自己挤进去没什么独特的优势,很难生存。一天,他在一份报纸上看到:美国人有1/4、日本人有1/6、英国人有1/7是左撇子。他忽然有了灵感,开了家左撇子用品专营店,不久之后就成了东京最有实力的大商场。

[思考] 你认为渡边是如何获得成功的?

（三）集中化战略

集中化战略，又称专门化战略，其战略思路是，把精力集中在某个特定的顾客群、产品系列中某个特定的细分市场或某个特定区域的市场，而不是以整个产业为范围来谋求全面竞争优势。集中化战略所主攻的目标市场，往往是别人不肯做或做不来的，而当实施者专心致志去从事时，就可能获得竞争优势。在专门化的同时，企业着眼于成本优势的就是采用成本集中战略，若着眼于特色优势的就是采用特色集中化战略。这是集中化战略的两种不同方式。

一般来说，如果某一特定的顾客群或地区市场的潜在需求足以使企业获利，而且不是企业的主要竞争者获取成功的关键因素，那么这一特定的顾客群或地区市场就可以作为集中目标。但如果特定细分市场的顾客需求和偏好出现变化，使得该细分市场与整个行业市场之间的差异缩小时，那么集中化战略就很难成功。

集中化战略主要适用于以下几种情况：市场上有较大差别的顾客群，这些顾客群对产品有不同的需求，或者习惯于以不同的方式使用产品；在多个细分市场经营的竞争者想要满足某特定市场需求，所花代价太大；没有其他竞争者试图专注于这一相同的目标市场；企业现有资源不允许追求较宽的市场面；从五种竞争力量分析看，企业的现状更适宜某些特定市场等等。

案例思考 7-12　"把所有的鸡蛋都装进一个篮子里"

关于企业多元化经营的动机，有一种说法就是分散风险，通俗地讲是"不要把所有的鸡蛋都装在一个篮子里"。这虽有一定道理，但过于原则化，难以指导实践经营，甚至会产生误导的作用。

著名作家马克·吐温说："把所有的鸡蛋都装进一个篮子里，然后看好这个篮子。"借用到企业战略管理上就是：选择一个有前景的行业，集中全部资源去发展，即专门化经营，也称集中化战略。英特尔公司总裁安迪·葛洛夫对此深表赞同，他领导的英特尔一直坚守在微处理器行业，全球市场占有率高达 90%。中国格兰仕董事长梁庆德也持这种观点，他领导的格兰仕成功地从服装行业转移到微波炉行业，把所有的"鸡蛋"都装在微波炉里，现成为中国第一品牌，市场占有率高达 50% 以上。

[思考] 你认为集中化战略有何优势？英特尔和格兰仕为什么能够成功？

二、企业战略的选择

企业战略的选择是企业重大的战略决策，在这方面有波士顿矩阵，SWOT 分析模型等模型，可作为战略选择的参考工具。但上述模型均为概念化模型，仅能提供一种思路，不能实际决定企业战略。实际的战略决策应考虑的因素要复杂得多，还要考虑许多非理性、非计量因素及行为因素的影响，包括现行战略对传统战略的继承性、企业对外部环境的依赖程度、企业领导人的价值观及其对待风险的态度、企业内部的人事关系及权力因素、时间因素、竞争对手的反应等等，这些因素都可能影响企业的战略选择。因此，企业战略选择必须把握以下评价标准。

（一）适用性

适用性是指企业所制定的战略对企业所处环境的适应程度，企业战略与企业自身具有资源的匹配性，以及企业战略与企业使命和目标的一致性。要判断企业战略是否具有适用性，需要回答以下问题：该战略是否充分利用了企业的优势和环境提供的机遇？该战略将企业劣势和外部环境的威胁解决到什么程度？该战略是否与企业的目标一致？

（二）可行性

可行性是指企业有能力成功地实施所制定的战略。要判断企业战略是否具有可行性，需要回答以下问题：企业是否有资金支持该战略？企业是否有能力达到该战略所要求的经营水平？企业是否能够获得所要求的管理和经营能力？企业是否能获得所必需的材料和服务？

（三）可接受性

企业战略的可接受性与人们的期望密切相关，带有更多的主观性，实际上在很多情况下，企业战略是不同利益集团讨价还价和折衷的产物。要判断企业战略是否具有可接受性，需要回答以下问题：财务风险会怎样变化？对资本结构会产生怎样的影响？组织利益与外部利益怎样协调？

三、企业战略的实施

（一）企业战略实施的基本原则

1. 适度的合理性原则

由于在战略目标和企业战略的制定过程中，受到信息、决策时限以及认识能力等因素的局限，对未来的预测不可能很准确，而且在战略实施过程中由于企业外部环境及内部环境的变化较大，情况比较复杂。因此，只要基本达到在主要战略上的预定目标，就应当认为这一战略的制定和实施是成功的，在现实经营中不可能百分之百地完全按照原先制定的战略行事。在战略实施中，战略的某些内容或特征有可能改变，但只要不妨碍总体目标及战略的实现，就是合理的。

2. 统一领导、统一指挥的原则

对企业战略了解最深刻的应当是企业高层领导人员，因此战略的实施要在企业高层领导人员的统一领导、统一指挥下进行。只有这样，企业资源的分配、组织机构的调整、企业文化的建设、信息的沟通及控制、激励制度的建立等各方面才能相互协调、平衡，才能使企业为实现战略目标而卓有成效地运转。

3. 权变的原则

企业战略是在一定的环境条件假设下制定的。如果在战略实施过程中企业内外部环境发生重大变化，就必须要对原定战略进行重大调整，这就是战略实施的权变原则。权变的观念应当贯穿于战略管理的全过程。

案例思考 7-13　波司登企业战略的更迭与实施

波司登公司成立于1976年，是国内最早专业从事羽绒服装生产、加工、销售的企业。经过四十多年的艰苦创业，波司登由初期只有8台简陋缝纫机的服装加工作坊逐步发展成为品牌价值246亿的国际上市公司，成为名副其实的行业佼佼者。目前，波司登以经营品牌羽绒服装业务、非羽绒服装业务和贴牌加工管理业务为主。2007年，波司登于香港证券交易所上市，并开始实施多元化战略。然而，波司登因多元化战略发展开始出现主营业务增长缓慢、非羽绒服装业务投入高、高库存、研发及创新能力不足等发展瓶颈问题。因此,自2018年起,波司登逐步确立了"聚焦主品牌、聚焦主航道——羽绒服领域"的战略定位。在品牌引领下,波司登更加关注"羽绒服专家"形象的构建,并努力让其成为波司登的代名词,从而坐实、坐稳中国羽绒龙头品牌的位置,为更好地走向世界打下坚实基础。近年来,波司登以独立品牌身份陆续登陆纽约时装周、米兰时装周、伦敦时装周,将卓越的设计与典雅的中国元素带向国际时尚舞台,向世界展示中国时尚品牌的魅力和波司登的匠心之美。

2021年4月,波司登首次入选国际品牌价值评估权威机构公布的"2021全球最具价值服饰品牌排行榜50强",还被世界权威调研机构欧睿国际认证"波司登羽绒服规模全球领先",规模、销售额、销售量同时位列领先。这也体现出波司登已成功实现了品牌重塑,品牌价值强势提升。对于未来,波司登将围绕"全球领先的羽绒服专家"定位,以顾客价值为原点,继续坚持"品牌引领"的发展模式,以品牌的力量引领产品、渠道、零售、供应链等系统发力,赢得时代主流消费人群的青睐。

[思考] 波司登运用的企业战略实施原则是什么?

(二)企业战略实施的模式

1. 指挥型模式

这种模式下,企业高层领导人有较高的权威,主要靠发布各种指令来推动战略的实施。

2. 变革型模式

这种模式下,为贯彻实施企业战略,企业要建立起新的组织机构,用这一新的组织机构去推动战略的实施。

3. 合作型模式

这种模式下,企业的高层领导人共同承担有关的战略责任,发挥集体智慧,同心协力贯彻、实施战略。

4. 文化型模式

例如,在高新技术企业中,最基层的员工也至少是大专以上学历,只有把企业战略的要求向全体员工讲明白,才能充分调动员工实施战略的积极性、主动性。

5. 增长型模式

这种模式下,企业高层领导人认真对待下层管理人员提出的一切有利于企业发展的方案,只要方案基本可行,符合企业战略发展的方向,就及时批准这些方案,以鼓励员工及基层管理者的首创精神。

实际上,上述五种模式在企业战略实施中都是要贯彻的。一个企业战略的实施既要在企业高层领导人统一领导、统一指挥下进行,也要有相应的职能部门去推动、监控战略的实施,还要有企业领导班子同心协力去贯彻、实施战略;与此同时,也要尊重员工及基层管理者的意见,动员全体员工为实现战略目标而努力奋斗。

(三)战略实施的阶段

1. 战略发动阶段

在这一阶段,企业领导人要研究如何将企业的战略理想变为大多数员工的实际行动,企业领导人要带领各级管理者及员工学习、领会新战略,了解战略目标及战略要求,要向员工灌输新观念、新思想,提出新口号和新要求,以使大多数人逐步、充分地认识与理解、直到拥护与支持这一新战略。只有使大多数人理解并支持战略,这一战略才能得以实施。

2. 战略计划阶段

在这一阶段,企业各级组织要将企业经营战略方案具体化,就要制订出各下属业务单位及职能部门每一年的具体工作计划及工作目标。在制订计划时,企业各层次的管理者都应对企业内部管理现状进行全面的考察,在企业总体战略的指导下,提出各业务单位及职能部门具体实施战略的方案,编制出方案的成本预算,制订出执行工作方案的详细工作程序,包括所提方案的时间进度、资源条件、财务预算、企业能力等方面的可操作性内容。

3. 战略实施阶段

在这一阶段,企业领导人根据企业战略,设计相适应的组织结构,使企业战略与企业组织机构相匹配;建设良好的企业文化,使企业文化和企业战略的实施相匹配;建立与企业战略实施相配合的激励制度,充分调动各级管理者及员工实施战略的积极性,以有利于战略的成功实施。

4. 战略的控制与评估阶段

战略是在变化的环境中实施的,企业只有加强对执行战略过程的控制与评价,适时调整战略计划,才能适应内外部环境的改变,使企业战略得以成功实施。每一年末要总结这一年执行战略的实际情况,并与上一年的执行情况作比较,找出问题,并对战略作适当调整,再详细订出下一年实施战略的具体方案,如此滚动地进行,以保证战略目标的实现。

案例分析 7-1

神华集团的一体化战略

神华集团作为全国煤炭产量和规模均居首位的"煤老大",在 1995 年组建,经过二十多年的发展,成功地构建了"神华模式"并缔造了许多业绩"神话",成为世界上最大的煤炭经销商。

在其发展过程中,神华集团通过推进跨行业、跨产业的一体化发展战略,来提高产业集中度。其一体化战略的实施,经历了三个阶段:煤运港一体化、煤电运一体化、煤电油运一体化,具体如下。

第一阶段——煤运港一体化阶段(1985 年—1998 年)。神华集团成立之后,随着煤炭产量的大幅提高,运输和销售环节存在的问题逐渐暴露出来。首先,神华必须通过国家干线铁路运输,运输距离太长,近 1000 公里,而中国最大的煤炭大省山西省境内的煤炭外运距离都在 500 公里左右;其次,铁路运力非常紧张,难以满足神华煤炭运量的要求,形成以运定产的局面;再次,国家干线费用很高。因此,为了降低成本、解决运输困境,神华集团提出要以煤炭产业为龙头,以煤矿、铁路和港口建设为基础,形成一体化发展的格局。

第二阶段——煤电运一体化阶段(1998 年—2002 年)。1998 年开始,随着全球金融危机的出现,中国也出现通货紧缩、增长放缓的局面。全国能源需求下降,煤炭更是供大于求、以销定产。神华集团在自身经营困难之际,又根据中央决定接受内蒙古自治区海勃湾、乌达、鄂尔多斯、准格尔、万历等六家陷入困境的煤炭企业(简称"西六局"),使神华经营状况更加恶化。由于煤炭没有市场,所以神华提出拥有可以消化集团一定比例煤炭的发电厂,通过煤炭的二次转化,进入相对稳定的电力市场,确保集团的生存,并在此基础上,做好煤炭市场直接营销工作。于是,一个煤电运港一体化发展战略开始形成。

第三阶段——煤电油运一体化阶段(2002年—2015年)。经济危机之后,中国经济再次快速发展,石油的消费增长迅速。由于煤电的关联度过高,铁路、港口运输又完全依赖这二者生存,所以神华集团的煤电运港一体化存在较大的市场风险,所以一旦国民经济发展趋缓,煤、电行业将整体进行激烈竞争,整个产业链就会全面面临困境。因此,神华从自身规避产业风险的角度考虑,决定将煤炭的转化向其他与煤电关联度不高的领域延伸,由此煤电油运一体使化战略阶段形成。神华集团在一体化发展战略逐步实施的过程中,不仅创造了直接经济效益,使年利润逐年大幅度增长,而且创造了神华品牌。

[分析]
(1) 你认为神华集团的一体化战略的成功之处有哪些?
(2) 请分析一体化战略可能给企业带来的负面影响。

★★★★★ 本章小结 ★★★★★

一、企业战略
- 含义　根据企业的外部环境及内部资源和能力的状况,为求得企业生存和长期稳定的发展,为不断地获得新的竞争优势,对企业的发展目标,达成目标的途径和手段所作的总体谋划。
- 特征　长期性和目的性、全局性和指导性、长远性和稳定性、科学性和逻辑性、艺术性和创造性、竞争性和风险性、现实性和适应性。

二、企业战略管理层次
- 公司战略
  - 确立企业使命——明确企业的性质和宗旨,确定企业活动范围和重点。
  - 划分战略事业单位(SBU)——提高企业业务组合的整体效率和综合业绩。
  - 确定公司技术的优先序列——提高公司资源配置的有序性和有效性。
  - 提出关键战略事业单位的战略目标
- 业务战略　在总体性的公司战略指导下,就某一特定的业务单位提出战略计划。核心是解决"如何建立并加强公司在市场中的竞争地位"的问题。
- 职能战略　管理者为业务领域内的重要部门所制定的特定的职能活动、业务流程等。

三、企业战略管理过程
- 确定企业的理念与使命
- 战略分析
- 战略选择
- 战略执行
- 战略变革

四、企业外部环境分析
- 宏观环境　政治法律环境、经济环境、技术环境、社会文化环境和自然环境。
- 产业环境　产业与产业结构、产业生命周期、企业群落、关键成功因素。

五、企业内部环境分析
- 营销能力
- 财务状况
- 组织效能
- 企业文化

六、企业战略分析的主要方法
- 波士顿咨询集团（BCG）矩阵法
- 战略集团分析法
- SWOT分析法

七、基本战略类型
- 成本领先战略　企业通过一系列降低成本的努力，使成本低于竞争对手，在产业中赢得总成本领先，在竞争中赢得价格主控权，从而获得高于产业平均水平的收益。
- 差异化战略　企业致力于形成一些在全行业范围内独一无二的特色，这些特色对顾客来说是被特别看重和极具价值、且易被察觉和识别的，使顾客因此而建立起品牌偏好与忠诚度，使企业因此而获得超常收益。
- 集中化战略　企业把精力集中在某个特定的顾客群或产品系列中的一个细分市场或某一区域的市场，而不是以整个产业为范围来谋求全面的竞争优势。

八、企业战略的选择标准
- 适用性
- 可行性
- 可接受性

九、企业战略的实施
- 基本原则　适度的合理性原则，统一领导、统一指挥的原则，权变的原则。
- 模式　指挥型、变革型、合作型、文化型、增长型。
- 实施阶段　战略发动阶段、战略计划阶段、战略实施阶段、战略的控制与评估阶段。

复习思考

1. 什么是企业战略？企业战略的重要作用是什么？
2. 企业内部环境分析的主要内容是什么？
3. 有人提出，长期以来，我国企业没有运用战略管理思想却照样可以得到发展，并且不少企业就其规模而言，在世界上也算是大型企业，你对此有何评价？
4. 随着中国沿海地区经济的快速发展，中西部地区大量农民工开始涌向经济较为发达的沿海地区，试评述这对于东部和中西部地区经济发展的影响。

5. 分析比较三种企业战略类型的特点。

活动建议

1. 请你谈谈自己或家人常常去何种类型的商店购买商品？为什么？
2. 请介绍一家你所了解的在我国市场领先的企业，并分析一下它目前所采取的战略。

第八章　商贸企业经营过程管理

【学习目标】

通过本章的学习,掌握商品采购的原则,熟悉商品采购的方式和业务流程的管理,掌握商品采购的控制方法;掌握商品销售的原则,熟悉商品销售方式以及销售程序,掌握销售的控制方法;掌握商品储存的原则,熟悉商品储存的结构和形式,并掌握商品储存的控制方法。

第一节　商品采购管理

商贸企业经营,是指商贸企业在组织商品流通的过程中,以商品销售业务为中心,用最小的劳动耗费,谋求最佳经济效益的经济活动。商贸企业经营过程,包括购、销、运、存等环节,本章着重阐述对商贸企业经营过程如何进行科学的管理。

商品采购是商贸企业购销业务活动的起点,它为商品销售提供物质条件。商品采购工作的得失,影响着销售商品的质量和企业经济效益的实现程度。企业应在市场调研的基础上,制订明确的商品采购方针,科学地组织好商品采购。

一、商品采购原则

商品采购原则是约束采购业务活动的准绳。企业商品采购应遵循的原则主要有以下几点。

(一) 以需定购原则

以需定购是企业商品采购过程中应遵守的首要原则。所谓以需定购就是从经营活动适应消费者的需求特点出发,组织商品采购。以需定购要求企业在进行商品采购决策时,不能主观拍板,也不能单纯轻信卖方劝说,而应在了解市场需求的基础上,自主灵活地决定采购商品的种类、数量、价格以及采购时间、地点、方式等,力求使商品货源结构与消费需求结构相适应。

(二) 经济核算的原则

企业商品采购要合理使用资金,要进行经济核算。经济核算的原则要求企业在商品采购活动中,力求以最少的时间、最省的费用、最快的速度组织好商品采购。在商品采购中,要掌握各种商品的进销差价,估算经营费用和市场平均销价,运用"保本期"、"保利期"等经济核算和分析方法,认真分析比较,从中选择合理的采购数量和时机,保证企业取得良好的经济效益。

(三) 协调利益关系、稳定货源渠道的原则

企业在组织商品采购过程中,需要同众多的供货单位建立业务联系。为了保证企业经营活动稳步进行,在商品采购中要认真贯彻协调利益关系、稳定货源渠道的原则。

协调利益关系、稳定货源渠道的原则,要求企业在以需定购的前提下,从企业的长远利益出发,积极协调处理好同供货单位的利益关系,互相体谅,互相支持,利益同享,风险共担,尽力与供货单位建立起长期、稳定的关系,以巩固货源渠道;同时,在保持原有供货渠道的基础上,积极开拓新的供货单位,以不断增加商品货源,调整经营规模,更新商品结构,为扩大商品销售创造有利条件。

(四) 择优采购、适销对路、保障效益、合理储存的原则

择优采购,就是根据市场经济的要求,增强商品经济意识,对不同地区、不同企业商品的质量、价格、品牌知名度、信誉进行综合权衡,选择质量优良、价格适宜的商品。适销对路,就是采购商品的品种、规格、式样、等级要适应不同类型、不同层次消费者的需要,做到采得进来,销得出去;同时,也要开发有潜在市场的新产品,为扩大企业经营规模创造条件。保障效益就是采购的商品进货渠道合理,费用低,商品毛利能够补偿流通费用的开支,商品售出后有综合效益。

合理储存,就是采购的商品要实现储存的合理化,力求使商品在品种上适应市场需要,在数量上留有余地,在地点上便于运销,在时间上注意储存极限。

(五) 以销定进、勤进快销、以进促销、储存保销的原则

以销定进,就是以商品销售情况及其变化为依据,确定采购商品的品种、数量、价格和时间。企业的商品销售情况,在很大程度上反映了消费者的需求倾向及其变化趋势。按照销售情况组织商品采购,就能够保证采购的商品适应市场需要。企业商品采购要服从商品销售,要围绕商品销售来进行。当然,也不能简单机械地理解以销定进,而要结合市场调研,充分考虑销售趋势变化,确定采购商品。

勤进快销,就是商品采购中以小批量、多批次方式来加速资金周转,以有限的资金经营较多的商品品种,以满足消费者多方面的需要。按照企业的性质,进货勤、销售快可以使企业取得良好的经济效益。应当注意勤进快销是相对的,不是批量越小,采购次数越多就越好,而应综合考虑货源和销售情况。

以进促销,就是通过采购,不断开辟货源渠道,增加商品品种,促进企业扩大商品销售。采购服从销售,但反过来,也可以通过组织适销对路的商品,促进商品销售。

储存保销,就是以合理的商品周转库存保证市场销售需要。采购商品与到货时间往往有时间间隔,由于供货单位远近不同,这个间隔可能有长有短,而市场销售中,商品的品种、规格不能断档。这就要求在商品采购中增加周转性库存商品数量,以保证商品的品种、规格不缺货断档,这样才能抓住每一个市场销售机会。

二、企业采购活动的基本要素

商贸企业要持续经营,就需不停地采购,以满足顾客的要求。而确定采购商品的种类、时间、数量,则有赖于采购人员的专业知识,尤其在市场竞争日趋激烈的大环境中,企业要保持良好的经营态势,除了尽量节省不必要的费用支出外,还要合理地组织好采购活动。为了保证商品采购的合理性,须事先做好商品销售计划,以此作为行动的依据。具体说来,就是在企业的整个计划思考程序上,必须以"以销定购"的观念来考虑问题,即必须是销售—库存—采购,而不是采购—库存—销售,除了树立这一正确的商品流转观念外,还须在正式进行采购活动之前,掌握以下几项进行采购活动的基本要素。

(一) 商品

企业采购人员应根据销售计划、库存状况、顾客需求以及有关商品的种类、规格、品质、品牌等因素,来考虑要采购的商品。

(二) 厂商

企业采购人员在选定交易厂商时,不可目光短浅,仅以价格高低来决定是否选购,而应根据企业所确定的方针来进行选择,且应集中于一定的厂商范围。在选择交易厂商时,应注意下列几点:厂商对于企业的经营政策或活动是否真正理解,且愿意提供协助;厂商的经营状况和绩效是否良好,能否按要求提供企业所需商品;厂商信用状况、付款条件如何;厂商是否经常了解顾客的需求,且积极从事新商品的开发。

(三) 时机

企业采购人员要综合考虑过去销售的情况、目前竞争者的状况、顾客的消费行为、流行变化的趋势、进货厂商配合情形等,以此选定最有利的时机。

（四）数量

企业采购人员在决定采购数量时，应根据销售预测的数量、目前的库存量、商品的销售进展、厂商的进货条件、流动资金的运用状况等因素综合考虑。

（五）价格

用顾客所能接受的价格，减去企业的各项费用与适当的利润，就是大致的采购价格。而若欲争取最佳的采购价格，则须再考虑交易条件的内容、采购时机、采购形式、付款条件和采购数量等因素。

三、商品采购方式

商品采购方式，是指商贸企业在组织商品购进中所采取的进货形式和方法。商贸企业的商品购进面临多条供货渠道并存、多家供货方激烈竞争、商品更新换代加快、消费者需求变幻莫测的市场，必须采取合理的采购组织形式，选择灵活多样的采购方式，依据一定的程序进行采购，才能提高采购工作的科学性。

（一）按商品购销形式划分

1. 市场选购

这是指企业根据销售的需要，直接通过市场，充分自主地向生产者或其他供货方协商定价，自由选购商品。它体现了一种松散型的购销关系，选购商品不受品种、数量、时间的法定限制，供货方可以自销，采购方可以完全根据市场状况及企业销售需要自主选购。这种方式建立在双方平等、自由协商基础上，是企业最主要、最常用的采购方式。这种方式有利于全社会按需组织生产，通过采购来引导和促进生产，提高产品质量，克服生产的盲目性，更有利于企业在市场上直接获取信息，按照需要购进商品，防止盲目进货造成积压，并可择优选择贸易伙伴。它适用于品种、规格复杂，购买选择性强，市场需求变化迅速而货源相对有保证的商品采购。

2. 合同订购

这是指商贸企业根据工商、农商或商商双方事前签订的订购合同购进商品的一种采购形式。实行合同订购的商品，一般是生产集中、销售面广、品种复杂、市场供求基本平衡、对生产和人民生活影响较大的商品。由交易双方根据市场需要进行产销衔接、供需衔接、签订购货合同。供货方要根据合同规定的品种、规格、花色、质量、数量、价格等条件安排生产或销售，购货方则根据合同规定的内容和要求组织收购。对订购合同以外或超额部分，供货方可以另行自主安排或自销。这种采购形式既有利于通过经济手段和法律手段加强生产和流通的计划性，又能够较灵活地适应市场需求的变化。

3. 计划收购

这是指商贸企业根据国家计划，对关系国计民生比较重要的大宗商品的采购方式。供货方一般是生产企业。国家逐级下达生产与收购计划，生产部门按计划生产，商品流通部门按计划收购。生产企业超计划部分可以自销，也可以由商品流通部门收购。这种采购方式，集中体现了行政手段与法律手段的权威性和严肃性，又体现了经济手段的灵活性，有利于商贸企业掌握必要的商品货源，保证市场供应，对稳定重要的生产资料及人民生活必需品的价格起着重要作用。目前我国的部分农业生产资料和粮食、棉花等产品还实行计划收购。随着市场经济的发展，计划收购的品种将逐渐减少。

（二）按企业进货组织形式划分

1. 集中采购

这是指由企业的业务部门统一组织进货。企业设置专职采购组和采购人员，负责采购企业经营范围内的各种商品，商品部和营业柜组只负责商品销售。这种方式的优点是：由于采购数量较大，价格及其他条件可能得到优惠；企业可以统一安排使用资金，减少商品库存，合理使用运输工具，减少运杂费；有利于采购人员全面熟悉货源情况和对外建立稳定联系，提高采购人员的业务水平；也有利于销售环节集中精力做好商品销售和售后服务工作。但集中采购也有缺点，主要是容易发生进销脱节。由于商品种类繁多，市场变化较快，采购人员不容易迅速掌握市场的需求状况，往往会发生进货不及时，花色品种不对路等情况，容易出现商品适销率降低的问题。

2. 分散采购

这是指各个商品部、营业柜组直接进货，企业不设专职采购员和采购机构。企业按商品类别核定资金，各部门在定额资金范围内，直接自行组织货源，自行组织运输，自行组织保管。其优点是：能充分发挥各商品部、柜组的积极性；进销合一；可以使商品购进及时，花色品种对路，符合勤进快销的原则。这种方式的缺点是：企业不易于全面掌握商品购进业务情况，不利于统一调剂各业务环节和各部门的资金使用，不利于分工协作，增加商品流通费用，同时也相对增加了企业内部的核算手续和营业员的负担。

3. 集中采购与分散采购相结合

这是指由企业统一采购和商品部（柜组）分散采购相结合的一种采购方式。它主要运用于大中型企业。其中外地货源、本地的长期性货源、主要货源由企业专职采购部门统一组织进货。这种方式吸收了集中采购和分散采购两种形式的优点，避免了两者的不足。但采用这种方式必须加强商品部（柜组）与企业采购部门之间的联系与合作，采购部门要主动积极征求各商品部（柜组）的意见和要求，各商品部（柜组）要及时详细地向采购部门提出购货计划。企业应根据不同商品的经营情况，采取集中与分散采购相结合的方式，使货源组织形式科学化。

（三）按企业外部联合采购的形式划分

1. 采购中心集中采购，然后向中心所属成员企业分配

采购中心集中采购，可较大批量进货，享受优惠采购价格和获取一定的批发利润。同时，便于统一组织运输，集中运力，减少费用。连锁商店大多采用这种形式。

2. 联合采购

这种方式又可称联购分销，即由若干个零售企业联合组织进货，按事先协商的比例分配，各自销售。这种进货方式可以弥补零售企业人力的不足，解决其无力单独解决的外来困难；有利于批量进货，降低进货价格和增加花色品种；有利于组织商品运输，减少商品在途时间；对节省劳动力和采购费用都有好处。但是，采用这种进货方式也有一定的困难，那就是组织工作比较复杂。联购分销活动的组织，具体有两种方法：一是由若干商店成立固定的联购分销机构，由少数人员组织，并负责牵头分成；二是由某一较大型的商店负责组织，向其他联购成员收取一定的手续费。

四、采购业务流程的管理

（一）新商品引进管理

新商品引进是商贸企业经营活力的重要体现，是保持和强化公司经营特色的重要手段，是

商贸企业创造和引导消费需求的重要保证,是商贸企业商品采购管理的重要内容。

1. 新商品的概念

市场营销观念认为,产品是一个整体概念,包括三个层次:一是"核心产品",即顾客所追求的基本效用和利益;二是"实体产品",比如品质、款式、品牌、包装等;三是"附加产品",比如售后的运送、安装、维修保证等服务。只要是产品整体概念中任何一部分的创新、变革与调整,都可称为新产品。不仅新发明创造的产品是新产品,改进型产品、新品牌产品、新包装产品都可称之为新产品。当然,新产品的核心仍是整体产品概念中的"核心产品",即能给消费者带来新的效用和利益的那部分,它也是商贸企业引进新产品必须遵循的原则。

2. 新商品引进的组织与控制

在商贸企业中,新商品引进的决策工作由公司商品采购委员会作出,具体引进的程序化操作由相关商品部负责。

新商品引进的控制管理关键是建立一系列事前、事中和事后的控制标准。

(1) 事前控制标准 商贸企业采购业务人员应在对新引进商品的市场销售前景进行分析预测基础上,确定该新引进商品能给公司带来的既定利益,这一既定利益可参照目前公司从同一类畅销商品所获得的利益或从被新品替代的淘汰商品获得的利益。如:规定新引进商品在进场试销的3个月内,销售额必须达到目前同类畅销商品销售额的80%或至少不低于所替代的淘汰商品销售额,方可列入采购计划的商品目录之中。

(2) 事中控制标准 如:在与供应商进行某种新商品采购业务谈判过程中,要求供应商提供该商品详细、准确、真实的各种资料,提供该商品进入连锁超市销售系统后的促销配合计划。

(3) 事后控制标准 如:负责该新商品引进的采购业务人员,应根据新商品在引入卖场试销期间的实际销售业绩(销售额、毛利率、价格竞争力、配送服务水平、送货保证、促销配合等)对其进行评估,评估结果优良的新商品可正式进入销售系统,否则就中断试销,不予引进。

另外,随着市场经济发展,统一开放的市场体系正逐步形成,与之相适应,打破地区界线,对全国各地的"名、特、优"新品实行跨地区采购,已成为国内大型商贸企业探索的新模式,它必将推动商贸企业商品结构的不断更新,更好地凸显商贸企业的经营特色,更大程度地满足消费者需求。例如,目前我国绝大多数超级市场在商品的经营上缺乏特色,这与新商品的引进与开发力度不大、缺乏体现超市业态的新品采购标准有关,但从根本上说,对消费需求的动态变化缺乏研究是根本原因。另外,商贸企业过高的进场费也阻挡了一大批具有市场潜力的新商品的进入,需要引起高度重视。没有新的商品,企业就没有活力和新鲜感,就没有经营特色,缺乏对顾客的吸引力。

(二)采购业务流程管理

商贸企业在商品采购计划落实后,就进入了采购作业的具体流程(见图8-1)。

1. 供应商准入制度

商贸企业是一个庞大的销售网络系统,是众多供应商理想的销售渠道,但商贸企业受卖场面积和经营品种的限制,必须对希望进入经营系统的众多供应商进行选择。设立供应商准入制度,目

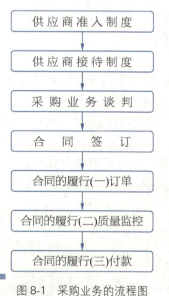

图8-1 采购业务的流程图

的是从一开始就淘汰和筛选不合格的供应商,节约谈判时间。供应商准入制度一般由采购业务部制定、总经理签发后实施。

供应商准入制度的核心是对供应商资格的要求,包括对供应商的资金实力、技术条件、资信状况、生产能力等进行审核。这些条件是供应商供货能力的基础,也是将来履行供货合同的前提保证。这些基本的背景资料要求供应商提供,并可通过银行、咨询公司等中介机构加以核实。

2. 供应商接待制度

在供应商获得准入后,为了规范采购行为和提高谈判效率,商贸企业应在同供应商接洽中建立严格的供应商接待制度,供应商接待制度包括三方面要求。

(1) 接待时间要求　为了保证采购业务人员有足够的时间去进行市场调查并制定采购计划,而不是将绝大多数时间、精力花在接待供应商上,商贸企业应确立供应商接待日,每周一天至两天的接待日,最好定在每周商品采购例会的前一天,以便新商品审核工作能及时进行,尽快给供应商一个是否进一步谈判的答复。

(2) 接待地点要求　为了规范采购人员和供应商的行为,接待地点一般定在公司采购业务部供应商接待室,不要在供应商提供的会议室,更不要在供应商的招待宴席上或娱乐场所中洽谈业务。

(3) 洽谈内容要求　首先要按商品类别设置专职买手,负责接洽相关类别供应商,同时洽谈内容要紧紧围绕采购计划、促销计划和供应商文件进行,不能随意超越权限增加商品谈判内容。

3. 采购业务谈判

(1) 采购业务谈判的三项制约文件　商贸企业买手同供应商进行谈判的依据是商贸企业制定的商品采购计划、商品促销计划以及供应商文件。

① 商品采购计划。该计划包括商品大类、中分类、小分类(不制定单品计划指标)等各类别的总量目标及比例结构(如:销售额及其比重、毛利额及其比重)、周转率、各类商品的进货标准、交易条件等。

② 商品促销计划。该计划包括参加促销活动的厂商及商品,商品促销的时间安排,促销期间的商品价格优惠幅度、广告费用负担、附赠品等细节内容。

③ 供应商文件。商品采购计划与促销计划是商贸企业采购业务部制定的两项总体性计划,通常是针对所有采购商品制定而不是针对某供应商制定的。买手同供应商进行业务谈判还必须依据总部制定的供应商文件来进行,其内容包括:供应商名单(公司名称、地址、开户银行账号、电话等);供货条件(品质、包装、交货期、价格及折扣等);订货条件(订购量、配送频率、送货时间等);付款条件(进货审核、付款、退货抵新等);凭据流转程序(采购合同——订货单——供货编号——形式发票——退货单——退货发票)。

供应商文件实际上是要求供应商在与商贸企业的交易中,按照企业的运作规范来进行。

(2) 采购业务谈判内容　上述三项文件尤其是供应商文件构成采购业务谈判内容的框架,也是采购合同的基本内容框架。具体的谈判内容主要包括:

① 采购商品——质量、品种、规格、包装等。

② 采购数量——采购总量、采购批量(单次采购的最高订量与最低订量)等。

③ 送货——交货时间、频率、交货地点、最高与最低送货量、保质期、验收方式等。

④ 退货——退货条件、退货时间、退货地点、退货方式、退货数量、退货费用分摊等。

⑤ 促销——促销保证、促销组织配合、促销费用承担等。

⑥ 价格及折扣优惠——新商品价格折扣、单次订货数量折扣、累计进货数量折扣、年底退佣、不退货折扣(买断折扣)、提前付款折扣等。

⑦ 付款条件——付款期限、付款方式等。

⑧ 售后服务保证——保换、保退、保修、安装等。

上述谈判内容加上违约责任、合同变更与解除条件及其他合同必备内容就形成采购合同。

4. 采购合同的履行

在买手与供应商完成采购业务谈判，签订采购合同并正式生效后，就进入采购合同的履行阶段，这一阶段主要包括订单、质量监控和付款三个环节。

(1) 订单 订单这项业务由采购部的货架管理员来履行。

① 单店铺货与多店铺货的选择。单店铺货是指所采购新商品首先在商贸企业某一家门店试销。其优点是经营风险小，购销过程容易控制；缺点是促销影响面小，市场对该新品接受慢。多店铺货是指所采购新商品同时在商贸企业多个门店销售。其优点是促销影响面广，有可能短期内成为公司主力商品；缺点是一旦该新品销路不佳，其占据的货架陈列位置会使公司损失一些获利机会。

② 预铺卖场布局和陈列货架的选定。新品引入卖场通常与促销活动相配合。所以新品一般可陈列在卖场进口的端头货架上，并配以适当POP(购买点)广告。下订单时要确定布局点和陈列货架，并确定布局点和空货架的腾出时间和上货时间。

③ 配送中心仓位预留和选定。若所采购的新商品实行的是集中进货和配送中心统一配送，则采购业务人员在履行采购合同时，还将负责配送中心仓位预留和选定。仓位的预留和选定，除了要考虑商品本身物理、化学属性外，还要考虑配送中心到门店距离的远近、装卸因素以及分拣、配货、物流加工等物流要求。

④ 供应商送货时间、数量的确定。供应商送货时间与数量要由商贸企业里手(下单员)严格按照采购合同和商贸企业销售状况执行，送货时间体现的是准时和高效服务，既不能迟送也不能早送；送货数量体现的是经济和低成本，既不能少送，也不能多送。

(2) 质量监控(供应商管理) 质量监控(供应商管理)既是采购部一项日常工作，也是保证采购合同顺利履行的重要手段。质量监控的核心是商贸企业根据采购合同的主要条款，制定一系列易于操作的量化标准，以保证合同的正常履行，维护商贸企业的正当权益。质量监控的主要量化标准有：商品质量与数量、配送能力、缺货率、退货服务、售后服务等。

(3) 付款 虽然在程序和职能上支付货款是由商贸企业财务部按采购合同实施的，但在采购合同实际履行中，订货、配送、门店销售过程都存在一些不确定因素，实际订货数量、订货时间、商品价格会随之发生变化。所以财务部支付货款的时间、数量应根据采购合同实际履行情况作必要调整，调整的依据是采购部提供的实际送货时间、送货数量与结算金额。实践中可通过计算不同商品贡献率来确定不同商品的付款周期。货款支付要遵循准时、准额原则。既要避免由于工作疏忽或人情关系提前、超额付款，影响商贸企业的流动资金使用；也要避免以大压小而延期、欠额付款，影响商贸企业同供应商的合作伙伴关系。

最后，需要指出的是：商贸企业商品采购管理的关键是在中央采购制度下，做好采购系统的优化(包括商品优化、价格优化、促销优化和采购人员优化)和采购系统的控制(包括计划控制、权力制约控制、专业化分工的流程控制和制度考核控制)。

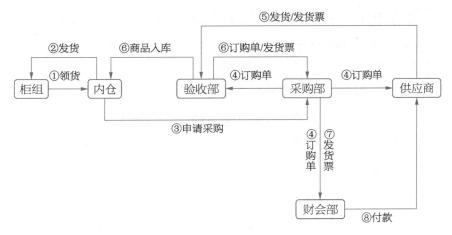

图 8-2 商场商品采购流转环节

五、商品采购的控制

（一）采购时间的确定——采购点法

所谓采购点法就是通过计算确定一个合理的商品库存，当商品库存量下降到确定的合理库存量时开始采购，这个采购的时点称为采购点（见图 8-3）。

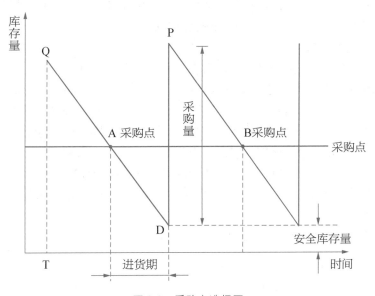

图 8-3 采购点选择图

采购点的计算方法，按销售和进货期时间的不同情况，可分为两种。

第一种，在销售和进货期时间固定不变的情况下，采购点的计算公式为：

$$采购点 = 平均销售量 \times 进货期时间$$

式中：平均销售量——在一个经营周期内商品日平均销售量

   进货期时间——从开始采购到做好销售准备的必须间隔时间

【例】 某商贸企业每天出售 30 双皮鞋，从采购、收货到展示商品需 5 天时间，求该皮鞋的采购点。

$$采购点 = 平均销售量 \times 进货期时间 = 30 \times 5 = 150（双）$$

当皮鞋的库存量只有150双时，就需要立即进行采购。这样，在进货期的5天内，当库存量由于每日销售下降到0时，恰好得到补充，使库存经常保持在一定的水平上。

第二种，在销售和进货期时间有变化的情况下，采购点的计算公式为：

$$采购点 =（平均销售量 \times 进货期时间）+ 安全库存量$$

式中：安全库存量——因防止需求变化或供货期延长引起脱销的额外存量

安全库存量的计算公式为：

$$安全库存量 = 平均销售量 \times 保险天数$$

【例】 某副食品商店日平均销售食盐165千克，从进货、运输、验收到陈列展示商品需要3天，机动保险天数为1天，问食盐在什么时候应该采购（即求采购点）？

$$\begin{aligned}采购点 &=（平均销售量 \times 进货期时间）+ 安全库存量\\&=（165 \times 3）+（165 \times 1）= 660（千克）\end{aligned}$$

采购点法适用于常年生产、常年消费的商品，如：居民生活必需品。它在销售上比较平稳，没有十分明显的淡旺季变化。

（二）采购数量的确定——经济批量法

经济批量也称最佳采购批量。它是由综合分析采购和储存费用支出而得出的总成本最低的一次采购量。总费用大小受采购总量、采购费用、储存费用等因素影响。而采购批量与采购费用、保管费用有着密切的关系。

采购批量与采购费用是反比例关系。因为每采购一次特定商品，就要花费一次采购费用，包括运杂费、采购员工资以及差旅费等其他费用。而采购一次的费用与采购量大小关系不大，一般可视为无关。当一定期间内采购某种商品的总量不变，则每次采购的批量大，采购的次数就少，采购费用也就少；反之，采购费用就多。因此，为了要节省采购费用，就要求采购批量大一些。

采购批量与保管费用是正比例的关系。因为当一定期间内采购某种商品的总量不变，则每次采购的批量大，平均库存量也大，保管费用就多。保管费用包括保管费、包装费、存货占用资金的利息、折旧费、商品损耗以及其他费用等。采购批量小，保管费用就少，要节约保管费用，采购批量以少为好。

采购批量与采购费用、保管费用的关系见图8-4。

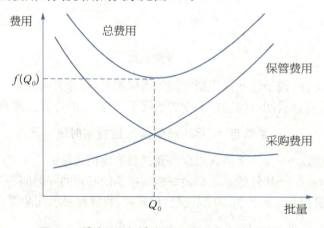

图8-4 采购批量与采购费用、保管费用的关系图

所谓经济采购批量就是使采购费用与保管费用之和(即总费用)最少的采购批量。

一定时期内采购费用＝采购次数×每次采购费用

$$= \frac{采购总量}{采购批量} \times 每次采购费用 = \frac{D}{Q} \times S$$

一定时期内保管费用＝平均库存量×单位保管费用×存储时间

$$= \frac{采购批量}{2} \times 单位保管费用 \times 存储时间 = \frac{Q}{2} \times I \times T$$

一定时期内总费用 $f(Q) = 采购费用 + 保管费用 = \frac{D}{Q} \times S + \frac{Q}{2} \times I \times T$

要求总费用最少的采购批量,可根据微分学的极值原理,对总费用函数求出导数,并使导数等于 0,得：

$$Q_0 = \sqrt{\frac{2DS}{I \times T}}$$

式中　Q_0——经济采购批量

　　　D——一定时期采购总量

　　　S——每次采购费用

　　　I——单位保管费用

　　　T——存储时间

【例】　某商贸企业预定 2006 年向外地工厂采购某种商品 8000 件,每次采购费用 50 元,每件商品的年保管费用为 5 元,试求经济采购批量和年采购次数。

$$经济采购批量 Q_0 = \sqrt{\frac{2DS}{I \times T}}$$
$$= \sqrt{2 \times 8000 \times 50 \div 5} = 400(件／次)$$

该商品年采购次数＝8000/400＝20(次)

400 件之所以是经济采购批量,是由于每次采购 400 件时的总费用最省,即

总费用 $= 8000 \times 50 \div 400 + 400 \div 2 \times 5 \times 1 = 2000(元)$

假如每次采购批量大于或小于 400 件,其总费用均大于 2000 元。

经济采购批量法的优点在于可以使购储总费用最低,符合经济节约的原则;其缺点是约束条件较多。它适用于一定时期内销售量比较稳定,因而采购批量也比较稳定以及采购数量和采购时间能自行确定,资金、仓储运输均不受限制的商品。

> **案例思考 8－1　采购控制**
>
> 　　A 商场经市场预测当年全年销售甲商品 2000 件,商品进价 40 元/件,每次采购费用 100 元,每个甲商品每年的保管仓储成本是进价的 20％。甲商品年初库存量为 500 件,计划年末留有库存量 100 件。
>
> 　　[思考] 有人主张每季平均进货一次,你认为这在经济上是否合理?为什么?

（三）费用平衡法

费用平衡法，是以进货费用为依据，对保管费用与采购费用的比较，当保管费用累积最接近采购费用时，即可确定其一次进货量。保管费用的计算公式为：

$$保管费 = 销售量 \times 单价 \times 保管费用率 \times (周期数 - 1)$$

【例】 某种商品预计第一到第五周期的销售量分别为 80、100、120、100、140 件，单价为 50 元，进货费用为 350 元，每周期的保管费用率为 1‰，求一次进货量。

第一周期：

$$保管费用 = 0(元)$$
$$保管费用累积 = 0(元)$$

第二周期：

$$保管费用 = 100 \times 50 \times 1‰ \times (2-1) = 50(元)$$
$$保管费用累积 = 0 + 50 = 50(元)$$

第三周期：

$$保管费用 = 120 \times 50 \times 1‰ \times (3-1) = 120(元)$$
$$保管费用累积 = 50 + 120 = 170(元)$$

第四周期：

$$保管费用 = 100 \times 50 \times 1‰ \times (4-1) = 150(元)$$
$$保管费用累积 = 170 + 150 = 320(元)$$

第五周期：

$$保管费用 = 140 \times 50 \times 1‰ \times (5-1) = 280(元)$$
$$保管费用累积 = 320 + 280 = 600(元)$$

根据上述计算结果，可见第四周期的保管费用累积最接近采购费用，所以我们可以将第一到第四周期的销售量之和作为一次进货量，即

$$一次进货量 = 80 + 100 + 120 + 100 = 400(件)$$

第二节 商品销售管理

商品销售是指商品所有者通过商品货币关系向货币所有者让渡商品的经济活动。商贸企业商品销售包括把商品出售给个人以供个人生活消费，以及把商品出售给社会集团以供集体消费。商品销售是商品流通过程的终点，是商贸企业经营活动的中心。做好商品销售才能最终实现商品价值和使用价值，满足消费者的需求；做好商品销售，可以体现企业经营的目标和

规模,体现企业的经营水平;做好商品销售是提高企业经济效益的重要手段。

一、商品销售原则

(一)遵纪守法

商贸企业经营要严格遵守国家的有关法律和方针政策,正确处理国家、企业、消费者三者的关系,这是搞好商品销售的保证。商贸企业经营首先要严格遵守国家有关商品销售方面的法律,比如《产品质量法》、《食品卫生法》、《商标法》、《反不正当竞争法》、《消费者权益保护法》等法规,做到有章可循、有法必依;其次,对于极少数国家指令性计划商品及国家订货任务,应树立全局观念,微观服从宏观,自觉接受国家宏观指导;再次,要认真执行国家有关商品价格的政策。企业对大多数商品都有定价权,有权按照市场形成价格的原则自主定价,但不能串通作价、垄断作价、哄抬物价,对极少数实行国家定价的重要商品的价格,商场必须严格执行。

(二)优质服务

商品销售是同时提供消费实体和服务的经营活动。商贸企业在经营活动中必须树立以消费者为中心的观念,充分认识到服务质量对销售工作的影响,认识到优质服务能促进商品的销售。贯彻优质服务原则,就要求企业在商品经营结构、销售方式、销售时间等方面急消费者之所急,想消费者之所想,方便消费者购买,重视销售全过程,包括售前、售中和售后的全方位服务。

(三)讲求效益

商贸企业在商品销售过程中,要努力追求经济效益与社会效益的统一。企业经营活动的目标是取得盈利,这是客观经济规律的必然要求;商品销售作为经营活动的中心环节,同样要讲求盈利。但是,如果企业每一笔交易都仅仅是为了多赚钱,只从眼前利益、自身利益着眼,必将造成企业行为短期化,失去的将是长期的、更多的利益。企业是社会的细胞,商品销售活动是一种社会活动,它不能单纯以实现经济利益为目标,同时还应在改善人民生活、提高生活水平和促进社会文明方面承担责任。

(四)诚实守信

"顾客就是上帝"、"消费者至上"、"诚招天下客"等口号都是流通部门在长期经营实践中总结出来的经验。商贸企业要守信于自己的服务对象,取信于顾客,逐步建立起良好的企业形象。贯彻诚实守信原则,就要求企业向消费者提供有关商品或服务的真实信息,不得做可能引起误解的虚假宣传;销售的商品应明码标价;为顾客所提供的商品或服务具有可靠的质量、性能、用途和有效期限;不得在商品中以假充真,以次充好,或者以不合格商品冒充合格商品等。

二、零售商业经营形态

由于消费者市场需求复杂多样,出售商品的零售商业的形式也多种多样。零售商业这种经营形式的状态,人们用"业态"称之。"业态"是指"对某一个目标市场表现为经营者开展意志决定的商店"。通俗地讲,就是卖什么(卖的内容),卖给谁(卖的对象),怎么卖(卖的方式)等。因此,"业态"一词涵盖了目标市场、地点、规模、环境设施、商品选择、定价策略、服务方式等诸多方面的内容。零售业态的定义是指零售商场为满足不同的消费需求而形成的不同的经营形态。在国内外市场上,在人们的生活中,起重要作用的百货商店、超级市场、便利店、专业(专卖)店、仓储式商场都是零售商业的几种常见业态。

（一）百货商店

百货商店是指在一个建筑物内，根据不同商品类型设立销售部门，开展进货、销售、核算、定价、管理等活动，以经销日用百货、文化用品、纺织品、时装等日用工业品为主，具有较大规模的零售商场。它主要满足顾客对时尚商品的选择性需求，是零售业态重要形式之一。

百货商店一般具有以下特点：规模较大、整体素质较高；商品丰富、种类齐全；设施先进、设备优良。

（二）超级市场

超级市场是 20 世纪 30 年代出现的一种零售业态形式，目前世界各国尚无一个统一、完整、确切的定义，但多数国家所谓的超级市场是指：采取顾客自我服务销售方式，主要销售食品、副食品、杂货日用品、特别是生鲜食品，以满足消费者日常生活需求的零售业态。其标准如下：

- 经营商品以家庭日常生活用品为主。
- 选址以居住区和商业网点相对不足的新居民区和市郊结合部为主。
- 经营面积不少于 300 平方米。
- 配备现代化的经营设施、运用现代化管理方法。
- 商品定价以薄利多销为原则，售价不高于其他业态的零售店。
- 大力推进连锁机制，逐步做到"七个统一"（统一标识、统一核算、统一进货配送、统一售价、统一商品陈列、统一管理、统一服务规范）。

（三）便利店

便利店是以满足顾客日常生活便利性需求为主要目的的零售业态。

便利店是由过去居民区中的小食品店、粮店、菜店、夫妻店改造发展而形成的。经营范围包括食品、副食品和日用杂品，品种不少于 1000 种，有多种服务项目，开架售货率在 80% 以上，营业时间在 12 小时以上，有的甚至 24 小时全天候营业。便利店的顾客都是附近 1 公里商圈内的居民，商品价格略高于超级市场，它的最大特点是距离近、购物方便。

（四）专业（专卖）店

专业店是专门经营某一类商品或几类有联带关系的商品的商店，而专卖店是专门出售某一品牌商品的商店，因其经营的相近相似性，将其归入同一零售业态。

专业（专卖）店是商品生产和商品流通发展到一定水平的产物，是以满足消费者选择性需求为主要目的的零售业态。钟表店、计算机商店、服装店、电器店都是经营一类商品的专业店；苹果（牛仔）店、联想（计算机）店、真维斯（时装）店都是品牌商品专卖店。

专业（专卖）店能根据消费者的要求组织商品，并能保持商品规格、型号的齐全。有的专业店还将出售商品与服务项目有机地结合起来，如：钟表店设修表服务，服装店设裁剪、修改服务，装饰布店代做床罩、窗帘等。不仅如此，随着科学技术的发展，高科技含量的商品日益增多，出售此类商品的专业店须提供商品使用技能培训、演示、安装调试等服务。

（五）连锁商店

连锁商店既是一种组织形式，又可以说是一种业态。它是在核心商场或总公司（公司总部）的领导下，由分散在各地区、经营同类商品或服务的零售商场组成。

连锁商店通过实行规范化经营，把分散的商场组织起来，形成规模效益，在购销活动中，采用先进的科学技术，实行专业化分工，科学地组织商流物流，从而降低了商品流通费用，节约了经营成本。连锁商店的实质是把社会化大生产和专业分工的原理应用于商品流通领域,通过共同的经营理念、市场定位、统一的 CIS 识别系统、一致的服务规范、总公司的统一管理,取得市场竞争优势,占得一定的市场,取得良好的经济效益。具体地说,连锁商店实现了商业活动的标准化——统一的店铺名称、统一的商品类别、统一的店容店貌;专业化——集中的商品采购、共同的商品配送、专门的商品销售、一致的服务项目;集中化——商流、物流、信息流的集中;规范化——各环节的经营活动单纯、简单、规范。

连锁商店因其不同的组合方式,分为三种类型:

1. 直营店

由总公司(总部)直接经营的商店。总部对各店铺拥有完全的所有权和经营权,实施人、财、物、产、供、销等方面的统一管理,即商品的购进、配送、销售、价格、广告促销都由总店统一安排,店铺的经理人选、员工工资、人员的招聘培训也由总部确定。

总部采用直营店形式,是集权制管理,便于发挥集中优势,便于管理,实现规模效益。但也有缺乏独立性、应变能力弱的缺点。

2. 自愿连锁店

保留单个资本所有权的店铺的联合经营体。单体店在所有权和财务上有独立性,总部负责经营活动的统一管理。自愿连锁店铺也统一组织进货、统一配送、统一广告宣传、统一制定销售战略。

自愿连锁店有利于中小商场联合,提高市场竞争力,避免单体店势单力薄带来的风险,适应中小商场现代化的发展要求,实现大量生产、大量销售的规模效益。

3. 特许连锁店

又称加盟连锁店,指加盟店与总部签订特许经营契约,允许使用连锁店总部的商标、标志,并接受总部提供的商品配送、人员培训、广告宣传、销售管理等方面的支持。加盟店向总部支付加盟费用。

(六)购物中心

购物中心是在 20 世纪 20 年代出现,60 年代发展起来的一种零售业态。尽管各国给购物中心下的定义有所不同,但基本内容都包括:占地面积较大,从几万平方米到几十万平方米不等;集商店群、娱乐设施、写字楼、餐饮店、停车场为一体。它是由房地产开发商和零售商建立,经过组合设计,租给或出售给零售商经营。购物中心由统一管理机构挑选承租的零售商,对店铺装饰、广告、经营商品部位制定大致统一的标准,并提供水、电、气、暖、通讯、保安等服务。

购物中心由商店群组成,商品类型多,品种全,服务设施配套,服务项目多,集商品销售、休闲娱乐、餐饮、健身、文化活动为一体,具有多方面功能,使消费者在轻松舒适的环境中,得到购物、娱乐、休闲等多方面的满足。

(七)信托商店

信托商店是指那些接受顾客委托,代顾客出售旧货的零售业态。它有综合性的,也有专业性的,货物来自单位或个人,消费对象以个人为主。旧货交易方式有两种:第一种是客户委托商店代卖,商品价格双方协商,待商品售出后,商店收取一定比例的手续费,其余的交给客户;第二种是由商店按照双方同意的价格买下旧货,而后以自营商品出售,货款归商店。

发达国家的旧货流通还有一种"跳蚤市场"的形式,即旧货交易会,选择面积很大的场地作临时经营场所,如停车场、广场等。居民彼此把自己闲置不用的物品拿来交易,衣、食、住、行、用、文化娱乐、生产工具等应有尽有,但商品的档次、价格较低。经营者只缴纳少量的摊位费。

(八)仓储式商场

仓储式商场又称货仓式商场,是一种经营中低档大众化商品、廉价销售的零售业态。它是主要满足人们经常性需要或日常生活需要的零售业态。

仓储式商场将商品的销售和储存场所合二为一,减少仓储费用和人员,降低了经营成本。营业场所一般设在城郊,装修简朴,商品大部分采用货位陈列,顾客自选。商场出售的商品价格普遍较低。可以说,它是一种大规模、低成本、低售价、仓场合一、批量销售的零售业态。

仓储式商场与超级市场在销售形式、市场定位、销售环境等方面有许多相似之处:经营成本低、人工费用少、定价低、毛利率低。但也有不同的地方:一是经营的商品不同,超级市场以经营食品特别是生鲜食品为主,而仓储式商场经营的商品无所不有;二是仓储式商场实行批量定价,以多买价格优惠的手段,刺激消费者批量购买;三是地点不同、规模不同,超级市场一般在居民区、城区,而仓储式商场设在城郊,营业面积从几千到几万平方米不等。

案例思考 8-2　零售商业新形态

随着我国 GDP 和人均可支配收入的不断提升,国内零售业态正快速演进。从最早期的邮购、农村流行的赶集,到大卖场形态、百货店模式崛起,品类专门店开始蚕食传统百货,购物中心全面升级,随后 B2C 电商给了传统百货"致命一击"……零售形态在不断的自我迭代中寻求突破。传统零售商们深知只有搭乘"互联网+"的快车才能实现华丽转身,纷纷运用起自媒体运营:移动商城、体验式消费等形式拉开新的零售大幕。而各大电商巨头也开始转战实体店经营,进行"新零售"模式的构建。这场"新零售"掀起的商业变革在生鲜行业显得尤为突出。2018 年,"超市+餐饮"的新零售业态进入全面爆发期。其中盒马鲜生共开店 88 家,为 2016 年、2017 年开店的 3 倍多。盒马鲜生既是一家超市,拥有包含肉类、水产、水果、南北干货、米面油粮、烘焙、熟食、烧烤以及日式料理等 3000 多种商品,又是一家餐厅,在 4000 平方米的购物场景中设置了占地面积 40% 左右的餐饮体验区,做到生熟联动,提升了消费者到店体验。同时,盒马鲜生还"隐藏"着一个物流配送中心,支持线上销售,其核心逻辑是"仓店一体",目前已在许多地区实现了 3 公里内 30 分钟"快速达"。

[思考]盒马鲜生相比传统零售企业经营形态的优势是什么?

三、商品销售程序

商品销售程序,是指售货员向顾客出售商品和回收货币所经历的工作过程。售货员为消费者服务和完成商品销售任务是通过售货程序实现的。从售货过程来看,售货程序可归纳为三个方面,即接待、操作和服务。它既有技术性操作,又有服务性劳动。组织好售货过程可以提高售货员的劳动效率和为顾客服务的质量。商品销售的程序有如下几个步骤。

(一)接待顾客

首先,要有正确的等待顾客的姿态。售货员应穿着商场规定的服装,要保持服装的整洁,精神饱满,仪容仪表大方。同时,售货员要固守规定的位置,以正确的姿态站立,不允许闲聊、背对顾客、背靠货架等。正确的姿态能给顾客以良好的印象。

其次,顾客进店后,要善于观察顾客的来意,用不同的方法接待。来店的顾客一般有两类:一类是有购买目的的顾客,进门后目光集中,脚步很快,径直向售货员走去;另一类是逛商店的顾客,进门后脚步缓慢,神色自若,眼光不集中。对前一类顾客,售货员要主动打招呼,不让他们久等;对后一类顾客,售货员应让他们自由地观看,当他们来到柜台前,对某种商品发生购买兴趣时,售货员就要迎上去热情接待。

再次,要掌握与顾客打招呼的时机。售货员向顾客打招呼有几个时机:顾客长时间注视某种商品时;顾客询问或用手指触摸商品时;顾客停步观看某种商品时;顾客的视线从某一商品上离开时;顾客像是在寻找商品时;顾客与售货员目光对视时;等等。如果遇到上述时机,售货员就要主动、热情地向顾客打招呼,为彼此的合作打下良好的基础,促成买卖成交。

(二)展示商品

展示是一种形象化地介绍商品的形式。它由售货员施展特定的手法技巧,让商品自身说话,以生动、活泼的形式,具体而形象地显示商品自身的特性、优点、美感,让顾客鉴赏,引起顾客的兴趣和联想,从而促使其作出购买决定和行为。售货员要展示商品的特点,让顾客看到使用情况,如:让顾客试穿服装,充分比较和选择不同品种和花色的商品等。展示商品要轻拿轻放,表示商品的珍贵,动作要平稳,不能太快,也不能太慢。

(三)介绍商品

介绍商品即售货员以其掌握的商品知识及观察顾客的心理为基础,向顾客推荐商品。介绍的作用在于使顾客了解商品,便于选择。售货员在介绍商品时,一要实事求是,耐心地向顾客介绍商品的性能、特点、质量、价格、使用方法和售后服务问题,对不能退换和有时间性的商品,要向顾客说清楚;二要态度诚恳;三要讲究方式;四要有问必答,做到百拿不厌,百问不烦。

(四)包装商品

完成交易后,有的商品需要包装。包装要结实、美观、大方,售货员应苦练这方面的基本功,以便在售货过程中得心应手、运用自如,提高售货效率。商场应尽量用印有店名、店址和经营范围的包装纸或塑料袋包装商品,以起到广告宣传作用。

(五)收款付货

包装好商品之后,要开票收款。不论是由售货员经手还是收款员经手收款,都要贯彻"货出去,钱进来"的原则,遵守唱收唱付的操作规程,然后将包装好的商品和发票双手递交给顾客,以表示礼貌。商场的收款方式有三种:一是货款合一,即一手交钱,一手取货的方式,售货员既售货又直接收款,收款时要注意手到口到,货款到手,当面点清;二是货款分责,即售货员管货不管钱,商场另设收款台,由收款员专门负责收款;三是收银机收款,收银机是超级市场进行货款结算的有效工具,它能打印发票和提供各种营业数据,有利于提高收款速度和减少差错。

(六)送别顾客

顾客离柜时,应向顾客有礼貌地道别致意,使顾客高兴而来,满意而归。送别顾客应向顾客道别,比如"谢谢您"、"欢迎您再来"、"慢走"、"再见"等,要热情有礼貌,即使没有达成交易,也应该以诚相待,以表示对顾客的尊重和关心,保持良好的商场形象,这也就是所谓的"买卖不成情谊在"。

四、商品销售控制

商贸企业在购进一批商品后,在进价与销价之间存在着进销差价。进销差价一般包括商品流通费、税金和利润三部分,其中除了税金是按国家税法规定收取之外,在一定的毛利范围内,流通费用增加,销售利润就减少;反之,流通费用减少,利润就相应增加。同时,毛利额的大小取决于销售额的大小,二者成正比关系。因此,商品销售额、毛利、流通费用、税金、利润等各个指标间存在着十分密切的关系。我们可以利用这些指标的相互关系来测算销售的盈亏情况。

(一)保本销售额控制法

保本销售额也称盈亏平衡销售额,是指企业为了补偿营业耗费所必需的最低限度的销售额。如果企业的销售额高于这个分界点,企业就盈利;反之,销售额若低于这个分界点,则亏损。保本销售额的计算公式为:

$$保本销售额 = \frac{不变费用}{毛利率 - 可变费用率 - 税率}$$

【例】 某商场计划毛利率为18%,可变费用率为8%,税率为5%,年分摊不变费用15000元,求该商场保本销售额。

$$保本销售额 = \frac{15000}{18\% - 8\% - 5\%} = 300000(元)$$

即该企业销售额必须达到300000元,才能保证不亏本。

(二)保利销售额控制法

保利销售额也称目标利润销售额,是指企业为了取得一定的计划利润所必须完成的销售额,其计算公式为:

$$保利销售额 = \frac{不变费用 + 目标利润}{毛利率 - 可变费用率 - 税率}$$

【例】 在上例中,若商场计划取得15000元计划利润,而其他条件不变,求保利销售额。

$$保利销售额 = \frac{15000 + 15000}{18\% - 8\% - 5\%} = 600000(元)$$

即该商场的销售额必须达到60万元,才能取得15000元盈利。

案例思考 8-3 销售控制

某企业经营甲商品,每件售价480元,毛利率12%,可变费用率为3%,税率5%,每月应分摊固定费用8500元,试计算:

(1) 如果每月要盈利3020元,销售量应达到多少件?

(2) 如果销售量达到750件,盈亏情况如何?

(3) 如果销售量达到750件,而要盈利6500元,在其他条件不变情况下固定费用应控制在什么幅度内?

第三节　商品储存管理

一、储存的作用

（一）储存的有利作用

1. 创造"时间效用"

储存可以解决生产与消费之间的时间差，使商品在需要时可以及时被获得，保障了商品供给。其主要解决的问题是季节性生产和全年消费或季节性消费和全年生产之间的矛盾。由于一些商品生产与消费的时间不同，因此储存的功能就是解决生产到消费之间的时间差。

2. 创造利润

物流被认为是企业的"第三利润源"，其中储存是主要部分之一。储存利润之说，是从下面几个方面体现的：有了库存保证，就无需紧急采购，不致加重成本使该赚的少赚；有了储存保证，就能在有利时机进行销售，或在有利时机购进，这当然增加了销售利润，或减少了购入成本；储存是大量占用资金的一个环节，仓库建设、维护保养、进库、出库等又要大量耗费人力、物力、财力，储存过程中的各种损失也是很大的消耗。因此，储存中节约的潜力也是巨大的。通过储存的合理化，来减少储存时间，降低储存投入，加速资金周转，从而通过降低成本增加了利润。

（二）储存的逆作用

在物流系统中储存也经常有冲减物流系统效益、恶化物流系统运行的趋势。这主要因为储存的代价太高：

第一，库存会引起仓库建设、仓库管理、仓库工作人员工资、福利等项费用，并增加开支。

第二，储存物资占用资金的所付利息，以及本可将这部分资金用于其他项目的机会损失都是很大的。

第三，陈旧损坏与跌价损失。物资在库存期间可能发生各种物理、化学、生物、机械等损失，严重者会失去全部价值及使用价值。随储存时间的增加，存货无时无刻不在发生陈旧。一旦错过有利销售期，就不可避免出现跌价损失。

第四，保险费支出。近年来为分担风险，我国已开始对储存物投保缴纳保险费，保险费支出在有些国家、地区已达到很高比例。

第五，进货、验收、保管、发货、搬运等工作量大，支出多。

上述各项费用支出都是降低企业效益的因素，再加上在商贸企业全部运营中，储存占用资金达到40%～70%的高比例，所以有些经济学家和企业家将其看成是"洪水猛兽"。在采购生产阶段，为了保证生产过程的平准化和连续性，需要有一定的原材料、零部件的库存，而库存商品会占用资金，发生库存维持费用，并存在因库存积压而产生损失的可能。因此，既要防止缺货，避免库存不足，又要防止库存过量，避免发生大量不必要的库存费用。

二、商品合理储存量的界定及出入库

（一）商品合理储存量的界定

商品储存分为周转储存、季节储存和战略储备三大类。周转储存是商品流通过程中正常

形成的,为保证商品销售连续进行所必需的,处于不断周转运行状态的商品储存。季节储存是为了调节产销之间在季节上的差异而形成的,在一定时期内只储存不周转,等到销售季节才投放市场的商品储存。战略储备是国家为了防止突发事件而掌握的一种特殊的商品储存。

商品储存有着客观的经济界限。如果商品储存低于这个经济界限,社会、市场在某一时期就会出现物资短缺、商品脱销,如果商品储存超过这一经济界限,社会、市场就会在某一时期出现物资过剩、商品积压,商品价值不能最终实现,社会再生产过程就要受阻。确定商品储存量的客观经济界限即为商品合理储存的界定。

1. 商品合理储存的内容

商品合理储存就是要保障其在数量上、结构上、时间上、空间上达到或趋于合理,以防止库存商品产生积压或由于库存过低而导致脱销。商品合理储存包括以下内容:

(1) 合理的储存数量　商品储存的合理数量,是指储存商品依据客观需要必须保持的实物总量或价值总量界限。合理的储存数量与商品销售量大小,商品再生产周期长短,商品花色、品种、规格,流通环节多少,销售速度快慢,储存的物质技术条件等成正比,与流通网点结构合理与否,交通运输状况的好坏,企业管理水平的高低等成反比。

(2) 合理的储存结构　商品储存的合理结构是指储存商品总体中各类商品及大类商品中各花色、品种、规格款式等方面的比例。商品储存结构不合理,就会出现市场需要的商品储存少,而不需要的商品储存多的不合理现象;就会出现冷背呆滞、质次价高、残损变质、销小存大的商品比重过大现象。这样既影响商品流通的正常进行,也必然给企业和国家造成严重经济损失。流通企业只有经常分析研究商品储存结构,查明各类商品储存量及其销售动态,找出问题及原因,重新修订收购计划以及对有问题商品采取有效的处理办法,才能促成储存商品结构的动态平衡。

(3) 合理的储存时间　商品的合理储存时间是指商品储存对市场需求或销售需求的适时性和及时性。商品储存时间的上限应该:一是商品本身允许的储存期限,二是后继商品或新商品的替代期限,三是储存时间内能否盈利或实现盈利目标。一般讲储存时间越短越好。影响商品储存时间的因素,除了受商品本身性能要求及其运输过程效率高低,储存量大小制约外还受商品生产和市场需求时间的制约等。

(4) 合理的储存地点　商品合理的储存地点是指商品储存在空间上的合理布局。它涉及仓库网点的部署问题。合理的商品储存地点分布应做到有利于促进生产;有利于加速商品流通;有利于灵活调运商品,及时供应市场需要;有利于节约商品流通费用,提高经济效益。因此应研究各地区生产及其特点,研究市场构成、消费构成及特点,研究批发、零售部门的网点分布、经营任务、业务特点及发展规模方向,研究各交通运输方式、设施状况等,使商品储存在地点上趋于合理。

2. 商品合理储存量的确定

(1) 周转性商品储存量的确定　周转性商品储存量的确定方法:一是实际经验计算法;二是数学公式计算法。

实际经验计算法是根据历史销售中实际和经验掌握的数据来确定周转性储存量的方法。此法简便易行,具体计算过程如下:

① 计算商品最低储存量。

$$\text{最低商品储存量} = \text{平均日销量} \times (\text{进货在途天数} + \text{销售准备天数} + \text{陈列待售天数} + \text{机动保险天数})$$

即 最低商品储存量 ＝ 平均日销量×最低商品储存天数

最低商品储存量是企业保证市场需要的最低限量,是防止商品脱销的警戒线,亦称安全库存量。

② 计算商品最高储存量。

最高商品储存量 ＝ 平均日销量×(最低商品储存天数＋进货间隔天数)

最高商品储存量是企业防止商品积压的警戒线。

③ 计算商品平均储存量。

平均商品储存量 ＝ (最低商品储存量＋最高商品储存量)÷2

平均商品储存量是企业制定商品合理储存量的依据,也是考察企业商品储存量是否合理的主要标准。合理的周转性商品储存量应该是围绕平均商品储存量上下波动,而不超出最高和低于最低商品储存量的库存量。

(2) 季节性商品储存量的确定　首先,应根据商品生产周期、消费规律和交通运输条件,确定必须储存的期限;其次,根据生产状况和供销办法,确定商品的购销数额;最后,根据商品生产年度和商品销售日历年度差异,确定分期的季节性商品储存量。

一般说来,应季前要按最高商品储存量来储存,过季后则基本不再保持季节性商品储存。

(3) 后备性(战略性)商品储存量的确定　后备性商品储存是由国家拨款控制,流通企业只是代存代管。其商品储存量按国家下达的计划指标确定。

(二) 商品入库业务的组织

商品入库业务也叫收货业务,是仓库基本业务活动的开端,其工作质量的好坏,直接关系到商品在库保管工作和商品出库工作的质量。

1. 商品入库前的准备

仓储部门要根据货主单位提供的商品入库计划,主动地、经常地与货主、生产单位、运输部门联系,及时掌握入库商品的有关情况。应根据掌握的商品入库数量,在商品未到库之前,留出卸货、分类点验场地;根据商品到库的时间和数量,配备好收货人员、保管人员、装卸搬运工人;做好装卸搬运机具、苫垫用品、检验工具、衡器具及各种设备的准备;根据入库商品的性能、数量按分区分类保管商品的方法,测算需要占用的货位面积,确定存放货位等。

2. 商品入库的操作

虽然各类仓库商品入库操作程序各不相同,但一般都要经过收货点验,即收货员对入库商品进行单货核对,数量清点和质量检验等工作;分类搬运,即收货人员将经过点验合格的入库商品,按每批商品的进仓单开列的数量和相同品类集中起来,分批送到预定货位;凭证签发,这是分清商品交接手续的一系列工作,即在入库商品数量、质量、包装无问题时,仓库的收货人员、保管人员、账务人员应及时签发进仓单各联,以分清商品的物质责任和方便业务工作的进行。

3. 商品入库的验收

商品入库验收是入库工作的关键。它对于防止劣质商品进入流通渠道,保护企业和消费者利益,避免不安全因素进入仓库和为做好在库商品的保管养护工作都有重要的作用。

商品入库验收的内容主要有:数量点收——其方法有,发等计数,分批扎点,定额装载,衡器检斤，理论换算等。质量验收——主要是检验商品的外观质量。其方法有仪器检测和感官检验两种。包装验收——其具体内容有，包装是否完整牢固，标记、标志是否符合制作要求，包装含水量是否符合幅度标准等。

4. 入库商品验收中的问题处理

入库商品验收中常见的问题有单货不符，商品异状，包装不符合标准，单货不同行等。在商品验收中一旦发现问题，首先要做好验收记录，其次对有问题商品按有关规定和商业习惯妥善处理。

（三）商品出库业务的组织

商品出库业务，也称仓库发货业务，它是仓库业务的最后一个环节。做好商品出库工作有利于企业之间加强经济联系，节约流通费用，使商品及时安全地运达目的地。

1. 商品出库的基本要求

商品出库有提货制、送货制、提取样品、移库、过户五种形式。无论哪种形式都要求在出库的手续上，以正式的出库凭证为依据；在出库的顺序上，应贯彻"先进先出，易霉易坏先出，近期失效先出，外地商品、抢险救灾物资先出，坏货不出"的发货原则；在出库的数量上，应准确无误；在出库的作业安排上，应及时有序；在出库的商品质量要求上，应注意安全。

2. 商品出库的准备

做好商品出库准备，一是要制定好商品出库计划。仓库应加强与业务部门或存货单位的联系，掌握其商品出库调拨供应计划、商品运输计划中的各项指标，然后按月按旬，甚至按日分库制定商品出库计划，这样才能使发货业务做到有条不紊、闲忙均匀，提高发货工作的质量。二是要做好日常准备，包括人力、机具的准备，待运场地及备货准备，包装物料及包装整理的准备。三是要做好出库的预约备货工作。

3. 商品出库的操作

从商品出库的作业内容看，一般操作程序大致是：第一，审核商品出库凭证；第二，凭证记账，核销存货；第三，按号找位，据单配货；第四，自查复验，层层复核；第五，编配包装，理货待运；第六，办理交接，放行出库。

4. 商品出库的复核

商品入库的关键是把好验收关，商品出库的关键是把好复核关。做好出库商品复核工作，可以避免或减少差错事故，提高仓库工作质量。仓库一定要做好出库商品的单证、实物和账货的复核工作，建立健全岗位责任制，组织好各出库商品、各作业环节的复核，把个人复核、相互复核和环环复核有机结合起来，确定不同的复核重点和复核方法，保证复核工作的行之有效。

三、商品的储存控制

（一）库存定额控制法

商贸企业的商品储存，主要是为了对市场进行正常供应。库存多了，占用的资金就多，增加费用开支；库存少了，不能保证正常供应。因此，强调节约资金，不顾市场需要；或者强调市场需要，过多地增加库存，不考虑经济效益，都是片面的。为了使库存合理，即不积压，又不脱销，就必须按正常周转需要，进行定额（量）控制。

商品库存定额，可按数量/金额定额或天数定额来控制。数量/金额定额，是指企业规定在一定时期内应当经常储存多少数量或金额商品。天数定额是指企业规定在一定时期内应当经常储存可供多少天销售的商品。采用天数定额,不受销售季节变动的影响,并可与数量/金额定额相互换算。

1. 天数定额

制定天数定额,一般是按照商品的正常周转需要,先确定最低储存天数和最高储存天数,然后确定平均储存天数,企业通常把平均储存天数作为库存定额天数。

进货在途天数,是指商品从购进地运到企业所需地的时间。这段时间的长短,取决于进货单位的远近和运输条件。

销货准备天数,是指进货以后,验收、入库、作价、记账、挑选整理和提货过程所需的时间。

商品陈列天数,是指在营业场所的柜台、货架、橱窗中陈列的商品可供销售的天数。

机动保险天数,是指为防止商品因购销条件变化或运输中断等而发生脱销的保险天数。

进货间隔天数,是指商品正常周转的条件下,两次购进商品的间隔天数,也就是平均每次进货可供销售的天数。

2. 数量(金额)定额

数量(金额)定额,可以通过天数定额换算,用来控制库存商品的具体数额,便于掌握日常进货,安排仓容和计算商品资金。

案例思考 8-4 库存定额

某商店去年进销商品 43600 件,平均在途天数为 6 天,销售准备天数为 2 天,商品陈列待售天数为 4 天,机动保险天数为 3 天,经济批量为 2180 件。试求:

(1) 该商品的进货周期。
(2) 该商品最低、最高、平均库存量。

(二)商品储存的 ABC 分析法

1. ABC 分析法的概念

ABC 分析法是巴雷托原理(关键的少数和次要的多数)在企业经营、管理方面的具体运用。它把错综复杂的经济活动用两个相关因素进行分类,从中找出最关键的少数(A 类)和次要的多数(B、C 类),以便把主要精力集中于关键的少数,并兼顾次要的多数。由于抓住了重点,抓住了主要矛盾的主要方面,因而可以收到事半功倍的效果。

2. ABC 分析法在优化配置商品储存上的具体运用

商贸企业的商品储存只要具备了 ABC 分析法中必需的两个相关因素的条件(即储存品种与销售额),就可将全部库存商品按所占销售总额的不同比重划分为 A、B、C 三类,以便抓住重点、兼顾一般地控制库存。具体步骤如下:

第一步 用品种序列表将每种库存商品按照其在报告期一年内销售金额的大小顺序,以及根据各企业具体情况划分的档次,排成品种序列,然后计算品种累计与全部品种的比例,以及销售额累计与销售总额的比例。

【例】 某商贸企业全部库存商品共计 3421 种,按每一品种年度销售金额从大到小顺序,排成如表列的七档,统计每档的品种数和销售金额,然后分别计算这两个指标的累计数及其与全部品种和销售总额的百分比,填入表 8-1 内。

表 8-1　　　　　　　　　　　　　　　品种序列表

每种商品年销售额（万元）	品种数（种）	品种累计（种）	占全部品种百分比（%）	销售金额（万元）	销售金额累计（万元）	占总销售额百分比（%）
>6	260	260	7.6	5800	5800	69.1
5～6	68	328	9.6	500	6300	75.1
4～5	55	383	11.2	250	6550	78.1
3～4	95	478	14.0	340	6890	82.1
2～3	170	648	18.9	420	7310	87.1
1～2	352	1000	29.2	410	7720	92.0
≤1	2421	3421	100.0	670	8390	100.0

第二步 用 ABC 分类表按表 8-2 的分类标准把品种序列表中的七档品种划分为 A、B、C 三类。其中第一档和第二档的品种占总品种的 9.6%，销售额占总销售额的 75.1%，符合 A 类标准，故划为 A 类商品；第三档到第六档的品种占总品种的 19.6%，销售额占总销售额的 16.9%，符合 B 类标准，故划为 B 类商品；第七档的品种占总品种的 70.8%，销售额占总销售额的 8%，符合 C 类标准，故划为 C 类商品。

表 8-2　　　　　　　　　　　　　　　ABC 分类标准

分类	占总品种的百分比（%）	占总销售额百分比（%）
A	5～10	70～75
B	10～20	10～20
C	70～75	5～10

表 8-3　　　　　　　　　　　　　　　ABC 分类表

分类	品种数（种）	占全部品种百分比（%）	品种累计百分比（%）	销售金额（万元）	占销售总额百分比（%）	销售金额累计百分比（%）
A	328	9.6	9.6	6300	75.1	75.1
B	672	19.6	29.2	1420	16.9	92.0
C	2421	70.8	100.0	670	8.0	100.0

第三步 根据表 8-3 的 ABC 分类表，绘制 ABC 曲线图，如图 8-5 所示。在直角坐标系图中，横坐标表示品种累计百分比，纵坐标表示销售金额累计百分比，将 A、B、C 三点连接成一条光滑的曲线。曲线的曲率越大，重点就越是突出，优化配置的效果就越是显著。如果曲率很小，甚至连成一条直线时，说明企业储存的商品本身无重点与一般之分，则 ABC 分析法也就用不上。

第四步 从 ABC 分类表和 ABC 曲线图取得分类资料后，就可针对重点商品与非

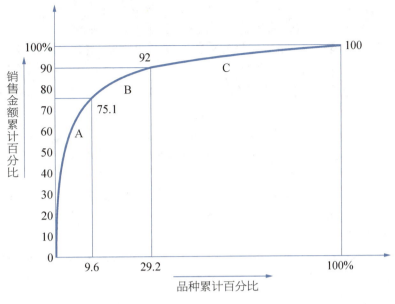

图 8-5　ABC 曲线图

重点商品采取不同的配置方法,使库存中的重点商品能满足该类商品销售上的需要(见表 8-4)。

表 8-4　　　　　　　　　　ABC 三类商品的控制

优化配置项目	A 类(重点)	B 类(次之)	C 类(再次之)
确定定额	逐个品种核定,按最低储备确定	综合核定,按最高储备计算	综合核定,按最高储备加一定保险数计算
控制程度	严格控制最低储备	一般控制最高储备	估计储备,适当多储
管理形式	重点管理	一般管理	简单管理
检查要求	月度或季度检查	季度或半年检查	半年或年度检查

ABC 分析法的优点是通俗易行,有助于对为数众多的商品进行重点管理,区别对待,不平均使用力量,保证重点,兼顾一般。在运用时必须注意以下两点:由于分类时是以各种商品报告期的销售额为基础的,因此,在运用过程中,如果发现某些商品的销售情况比原来分类时发生较大变化,应随时调整,该升级的应及时升级,该降级的应及时降级;ABC 法原则上是按各种库存商品占销售总额的比重大小进行分类的,但如果某种商品的销售比重虽小却很重要,也应划入 A 类作为重点来控制。

案例思考 8-5　二八定律

1897 年,意大利经济学者帕累托从大量具体的事实中发现财富在人口中的分配是不平衡的:社会上 20%的人占有 80%的社会财富。于是他提出了所谓"关键的少数和次要的多数"的关系,用来表示这种财富分配不平等的现象。

二八定律可以解决的问题有:时间管理问题、重点客户问题、财富分配问题、资源分配问题、核心产品问题、关键人才问题、核心利润问题、个人幸福问题等。

假如一家公司发现自己80%的利润来自于20%的顾客,该公司就该努力让那20%的顾客乐意扩展与它的合作。这样做,不但比把注意力平均分散给所有的顾客更容易,也更值得。再者,如果公司发现80%的利润来自于20%的产品,那么这家公司应该全力销售那些高利润的产品。

二八定律不仅在经济学、管理学领域应用广泛,它对我们的自身发展也有重要的现实意义:学会避免将时间和精力花费在琐事上,要学会抓主要矛盾。一个人的时间和精力都是非常有限的,要想真正"做好每一件事情"几乎是不可能的,要学会合理分配时间和精力。要想面面俱到还不如重点突破。把80%的资源花在能出关键效益的20%的方面,这20%的方面又能带动其余80%的发展。

[思考] 现实中如何使用二八定律这一法则做好工作?

(三) 定量库存控制法

定量库存控制法,又称订购点法。这是以固定的订购点和订购批量为基础的一种库存量控制方法。订购点是提出订购的库存量标准,当实际库存降至订购点时即提出订购。每次订购的数量相同,而订购的时间不固定,由商品销售量的变动决定。订购点的计算方法如下:

$$订购点 = 平均备运天数 \times 平均每日销售量 + 保险库存量$$

备运天数是指自提出订购到收到商品并投放销售所需要的时间,一般可按过去各次订购实际需要的备运天数平均求得。在备运天数不变、销售速度正常时,进货时的库存量就处于最低库存量状态,进货后的库存量为最高库存量。当销售速度减慢或加快时,两次订购的时间就相应地延长或缩短。

定量库存控制法的库存量变动如图8-6所示。

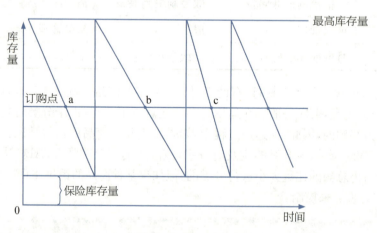

图8-6 定量库存控制法

库存量变动的可能情况大致如下:①备运天数不变,销售情况正常。②备运天数不变,销售速度减慢。③备运天数不变,销售速度加快。

【例】 某企业的某种商品平均每日销售量为200个,平均备运天数为50天,保险库存量400个,则该种商品的订购点为:

$$订购点 = 50 \times 200 + 400 = 10400(个)$$

在实际工作中,可采用简单易行的"双堆法",即将实行双堆办法的商品的数量从库存量中分出,分存于两处,每处存放的商品的数量按库存量标准计算。当第一处商品售完时,开始使用第二处商品,这时就要对该种商品提出新的订购。因而第二处的商品数量就是订购点。

(四) 定期库存控制法

定期库存控制法是按照固定的进货周期,到时盘点库存,以每次实际库存量与该商品核定的最高库存量之差作为每次进货量的一种库存控制方法。

定期库存控制法的特点是进货周期固定,而进货批量不固定,每次进货量是随商品储存余量的变化而变化的,而储存余量取决于销售量的大小(见图8-7)。

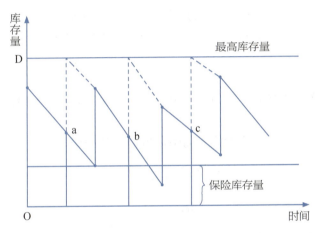

图 8-7　定期库存控制法

定期库存控制法的每次订货量可按下列公式计算:

$$订货量 = 最高库存量 - 订货日期库存量$$

【例】 某商贸企业对某种商品的最高库存量为 1500 件,确定进货期每月 10 日,本月 10 日盘点库存量为 700 件,求订货数量。

$$订货量 = 1500 - 700 = 800(件)$$

即本月 10 日应购进该商品 800 件。

(五) 保本(利)储存期控制法

在商品购销价格基本稳定的条件下,商品储存期的长短对企业盈利水平起着决定性的影响。这是因为,商品储存期间的储存费用、损耗和利息,是随着时间的增加而增加的。若商品储存期短,储存费用和利息就少;反之,储存期越长,储存费用和支出的利息就越多,商品销售后实现的利润就越少,甚至会发生亏损。

保本储存期,就是指商品最长储存多少时间出售,能保持既不亏本也不盈利。

保利储存期,就是指商品储存多长时间出售,能保证实现目标利润。

保本储存期的计算公式为:

$$保本储存期 = \frac{毛利额 - 销售费用 - 税金}{每天储存费用 + 每天利息}$$

保利储存期的计算公式为：

$$\text{保利储存期} = \frac{\text{毛利额} - \text{销售费用} - \text{税金} - \text{计划利润}}{\text{每天储存费用} + \text{每天利息}}$$

【例】 某商贸企业已购进一批商品,已知进价为 100000 元,销售价为 120000 元,已知销售这批商品的费用率为 5%,销售税率为 5%,每天储存费为每万元 6 元,贷款年利息率为 7.2%,求这批商品的保本储存期。

$$\text{销售毛利} = 120000 - 100000 = 20000(\text{元})$$
$$\text{销售费用} = 120000 \times 5\% = 6000(\text{元})$$
$$\text{税金} = 120000 \times 5\% = 6000(\text{元})$$
$$\text{每天储存费用} = 10 \times 6 = 60(\text{元})$$
$$\text{每天利息} = 100000 \times 7.2\% \div 360 = 20(\text{元})$$
$$\text{保本储存期} = \frac{20000 - 6000 - 6000}{60 + 20} = 100(\text{天})$$

即该批商品最多能储存 100 天,才能做到既不亏本也不盈利,若多储存一天,企业就会因储存费用增加而亏本。

如上例若要取得 4800 元的计划利润,则保利储存期应为多少天?

$$\text{保利储存期} = \frac{20000 - 6000 - 6000 - 4800}{60 + 20} = 40(\text{天})$$

即储存 40 天,企业可获得 4800 元利润。

案例思考 8-6 储存期控制

某店购进甲商品一批,进价为 15 万元,售价为 18 万元,一次性销售费用为 4800 元,销售税率为 5%,该批商品日保管费为 228 元,月利息率为 0.84%,试计算:

(1) 该批商品的保本储存期天数。
(2) 若要实现利润 10800 元,应在多少天内售完?
(3) 如该批商品在 100 天内售完,那么盈亏情况如何?

案例分析 8-1

南方商厦的销售决策

南方商厦经销多功能食品粉碎机,每台进价 250 元,售价 350 元,销售每台粉碎机的可变费用为 8.50 元,税率为 5%,年分摊不变费用为 20 万元,商品流转计划表明,该机年初(上年转入)库存量有 50 台,计划到年底保留库存量为 350 台,其季度储存费用率为 0.5%,平均每次进货费用为 600 元。

[分析]
(1) 如该商厦今年要求通过粉碎机的销售实现利润 22.18 万元,

其目标销售量应达多少台?

（2）今年该机进货总量为多少台？

（3）在产销正常情况下,每次进货多少台？

（4）该商厦业务部门有人提出全年平均分 8 次进送货,有的人说全年分 4 次进货,他们的说法正确吗？分几次进货最符合经济核算原则？

（5）上述问题中运用了哪些原理和方法？这些原理和方法在企业管理中有何作用？

★★★★★ 本章小结 ★★★★★

一、商品采购
- 原则　以需定购原则；经济核算的原则；协调利益关系、稳定货源渠道的原则；择优采购、适销对路、保障效益合理储存的原则；以销定进、勤进快销、以进促销、储存保销的原则。
- 基本要素　商品、厂商、时机、数量、价格。
- 方式　按商品购销形式划分；按企业进货组织形式划分；按企业外部联合采购的形式划分。
- 业务流程　供应商准入制度；供应商接待制度；采购业务谈判；采购合同的履行。
- 商品采购的控制　采购点法；经济批量法；费用平衡法。

二、商品销售
- 原则　遵纪守法、优质服务、讲求效益、诚实守信。
- 零售商业经营形态　百货商店、超级市场、便利店、专业（专卖）店等。
- 销售程序　接待顾客、展示商品、介绍商品、包装商品、收款付货、送别顾客。
- 商品销售的控制　保本销售额控制法、保利销售额控制法。

三、商品储存
- 合理储存量的确定　商品合理储存的内容；周转性商品、季节性商品和后备性（战略性）商品储存量的确定。
- 入库业务的组织　商品入库前的准备、入库的操作、入库的验收、验收中的问题处理。
- 出库业务的组织　商品出库的基本要求、出库的准备、出库的操作、出库的复核。
- 商品储存的控制　库存定额控制法、ABC 分析法、定量库存控制法、定期库存控制法、保本（利）储存期控制法。

复习思考

1. 商品采购的原则有哪些？
2. 采购的业务流程是怎样的？
3. 商品销售的原则及程序各是什么？

4. 零售商业经营有哪些形态?
5. 商品合理储存有哪些内容?
6. 如何组织商品入库业务?

活动建议

1. 请你分析商贸企业应如何控制采购时间和数量。
2. 请你与几个同学模拟组织一次销售活动。
3. 请你根据商品储存控制的定量分析,设计一个案例题,并进行分析。

第九章　工业企业生产过程管理

【学习目标】

通过本章的学习,了解生产过程的概念、构成、合理组织生产过程的要求、各生产类型及其特点,理解和掌握生产过程的组织和流水生产线的特征、组织条件及组织设计;了解质量管理的概念及其发展、全面质量管理的概念、质量体系的概念及其工作内容和建立的要求,理解全面质量管理的基本思想,掌握质量统计的方法;了解物资管理的意义和任务,掌握物资消耗定额和储备定额制定的方法。

第一节　生产过程的组织

企业生产过程应该符合社会化大生产的要求,要保证产品生产的顺利进行,产品要满足购买方的需要,企业的生产过程就需要合理地组织,要以最佳的方式将各种生产要素有机地组合起来,使企业生产的各阶段、各环节、各工序物资的储备供应和设备的配备使用形成一个协调的系统,并在产品生产的整个过程中进行全面质量管理。

一、生产过程及要求

（一）生产过程的概念

任何产品的生产,都要经过一定的生产过程。生产过程就是指从准备生产开始,到产品生产出来为止的全过程。在生产过程中,劳动者借助于劳动资料直接或间接地作用于劳动对象,使之变为产品。生产某些产品时还需要借助于自然力的作用,这就涉及所谓自然过程。所以生产过程可以说是一系列劳动过程和自然过程相结合的全过程。

（二）生产过程的构成

根据生产过程的各个阶段对产品所起的不同作用,可将生产过程分为生产技术准备过程、基本生产过程、辅助生产过程和生产服务过程。

1. 生产技术准备过程

这是产品在投入生产前的一系列准备过程,如:产品设计、工艺准备、劳动组织调整和设备布置等。

2. 基本生产过程

这是直接把劳动对象变为企业基本产品的过程,如:机器制造企业中的锻造、铸造、机械加工和装配,纺织企业中的纺纱、织布等工艺阶段。它们代表着企业的专业方向。

3. 辅助生产过程

这是保证基本生产过程正常进行所需的各种辅助产品的生产过程或劳动活动。

4. 生产服务过程

这是为基本生产过程、辅助生产过程服务的各种生产服务活动,如:供应工作、保管工作、运输工作等。

工业企业生产过程的各个组成部分既有区别又有联系,其中基本生产过程是主导部分,其他各过程都围绕这一过程进行。基本生产过程和辅助生产过程往往是由若干相互联系的工艺阶段所组成的,而每一工艺阶段又是由若干个工序所组成的。工序是指一个工人或一组工人在同一工作地上对同一劳动对象进行加工的生产环节,它是构成生产过程的最小单位。

（三）合理组织生产过程

合理组织生产过程,就是要对各工艺阶段和各工序的工作进行合理安排,使产品在生产过程中行程最短、时间最省、耗费最小、效益最高。

工业企业生产过程组织合理与否,对企业的经济效益有重大的影响。组织生产过程必须满足以下要求:

1. 生产过程的连续性

这是指产品在生产过程中的各阶段、各工序在时间上紧密衔接、连续进行、不发生或很少发生中断,即产品在生产过程中始终处于运动状态。保持生产过程的连续性可以缩短产品的生产周期,加速资金周转,减少在制品占用,节约仓库和生产面积,提高经济效益。

要想达到生产过程的连续性,必须做到:①企业各车间之间,仓库与车间之间,以及各工作地之间的空间布局符合生产的工艺过程顺序,使劳动的加工线路最短;②采用先进的技术和设备,提高自动化、专业化水平;③做好生产前的一系列准备工作。

2. 生产过程的平行性

这是指生产过程的各个阶段、各个工序要实行平行作业。保持生产过程的平行进行,可以大大缩短产品的生产周期,提高经济效益。要达到生产过程的平行性,在工厂的空间布置上,要合理利用面积,做到车间、工段等各个生产环节能同时利用空间,保证产品的各零件、部件以及生产过程的各个工艺阶段能在各自的空间内平行进行。

3. 生产过程的比例性

这是指生产过程的各个工艺阶段、各个工序之间,在生产能力上要保持必要的比例关系。保证生产过程的比例性,可以提高劳动生产率和设备利用率,并且能进一步保证生产过程的连续性。要想达到生产过程有比例地进行,在设计和建设工厂时,就要根据产品性能、结构及协作关系、机械设备、各工种工人在数量上或能力上的比例关系进行综合平衡;在日常的组织工作中要采取有力的措施,克服薄弱环节,保持各个生产单位应有的比例关系。

4. 生产过程的均衡性

这是指生产过程的各个环节和工序在相同的时间间隔内生产同量或递增数量的产品,使每个工作地、每台设备的负荷保持均匀,不会时紧时松。保持生产过程的均衡性,有利于提高产品的质量,缩短产品的生产周期,降低产品成本,也有利于企业安全生产和保持企业的正常生产秩序。

5. 生产过程的适应性

这是指企业生产过程能够适应于外界环境的变化,主要是要适应市场多变的特点,适时生产出满足社会需要的产品。增强生产过程的适应性,是增强企业实力和提高竞争能力的保证。

上述几个要求是相互联系、相互制约的。生产过程的比例性是实现生产过程连续性、平行性的重要条件,是保证均衡性的前提;均衡性、连续性、平行性又相互影响,相互作用。满足这些要求,可使企业获得良好的经济效益。

二、生产类型

企业可以根据产品结构、生产方法、设备条件、生产规模、专业化程度等不同的标准对生产进行分类。生产类型是影响生产过程组织的主要因素之一,是研究生产管理首先要明确的重要问题。

按工作地生产产品的固定程度不同,生产类型可以分为大量生产、成批生产和单件生产三种类型。

(一)大量生产

大量生产是指经常不断地重复生产同样的产品。它的特点是:产品产量大而品种少,经常重复生产一种或少数几种类似的产品;生产条件稳定,专业化程度高。其主要优点是:可以采用高效率的专用设备、专用工艺装备和先进的生产组织形式;工人容易掌握操作技术,提高劳动生产率;计划管理工作简单,经济效益好。但缺点是:大量生产适应市场需求的能力较差。

（二）成批生产

成批生产是指经常成批地轮换生产几种产品。它的特点是：生产的产品产量比大量生产少，但产品的品种较多，且相对稳定，每种产品都有一定的数量；工作地成批、轮番进行生产，一批相同的产品加工完了，要进行设备和工装调整，然后加工另一批其他产品。因此，成批生产工作地专业化程度和连续性都比大量生产低。成批生产又可按照生产规模和生产的重复性分为大批、中批和小批生产。成批生产的经济效益介于大量生产和单件生产之间。

（三）单件生产

单件生产是指每种产品只做一件或少数几件，做完以后很少再重复生产。它的特点是：产品品种多，生产数量少，生产重复性低，因此，工作的专业化程度低。在单件生产条件下，所用的设备和工艺装备具有通用性，对工人的技术和操作水平要求高，计划管理工作复杂，产品成本高，经济效益差，生产过程的平行性和连续性也差。

以上三种类型的划分也不是绝对的，企业、车间、工段都各有自己的生产类型，取决于各自最主要的工艺工序。

案例思考 9-1　啤酒罐

一家容器公司按单一的设计方案，采用单一的工艺生产啤酒罐，可是用户的要求侧重点却各不相同：在同一时期内，一家酿造商要求每百万只啤酒罐不得有多少只裂漏，另一家要求包装雅致，第三家要求罐有涂层，使啤酒不和罐壁的金属直接接触，第四家则对啤酒罐的尺寸有要求。因为用户要求的重点各不相同，所以尽管啤酒罐的设计相同、工艺相同，还是要有几种标准。公司有些经理坚持一个标准，可其他经理却说应满足各用户的要求，否则会败在竞争厂家的手下，但他们也认识到要满足所有用户要求是不经济的。

[思考] 你的看法如何呢？

三、生产过程的组织

企业产品的生产过程，既要占用一定的空间，又要经历一定的时间。因此，要合理组织生产过程，就要将生产过程的空间组织与时间组织有机地结合起来，发挥它们的综合效率。

（一）生产过程的空间组织

生产过程的空间组织是生产过程组织的基础和依托，其主要内容是研究企业内部应设置哪些生产部门，以及这些部门在空间上如何合理布置，以使企业内部各生产部门在空间布局上成为一个有机整体。生产过程的空间组织设置一般有以下三种形式。

1. 工艺专业化形式

工艺专业化形式又称工艺原则。它是按照生产过程中不同工艺阶段的特点来设置生产单位的。在工艺专业化的生产单位里，集中了同类型的机器设备和同工种的工人，对各种产品运用相同的工艺方法加工，仅完成生产过程中的某个工艺阶段或其中某些工序。采用这种空间组织形式的生产单位往往是以工艺或设备的名称来命名的，如：热处理车间、铣工工段、钳工小组等。

按工艺专业化设置的生产单位的优点是：对产品品种的变换有较强的适应性，能满足多品种生产的需要；能够较充分地利用生产面积、生产设备及工人的工作时间；便于进行工艺管理，有利于工人技术水平的提高。缺点是：加工过程中的运输线路长，增加了运输线路上的人力、物力、财力；产品生产周期长，占用流动资金多；生产单位之间的协作关系复杂化，增加了各类管理工作的难度。

2. 对象专业化形式

对象专业化形式又称对象原则。它是按加工对象的不同来设置生产单位的。在对象专业化的生产单位里，集中了为完成一定产品所需的设备和工人，工艺过程是封闭的。采用这种空间组织形式的生产单位往往是以产品(零、部件)的名称来命名的，如：底盘车间、齿轮小组等。

按加工对象设置生产单位的优点是：由于工艺过程封闭在一个生产单位内，大大缩短了产品加工线路，减少了在制品等待和积压的时间，因而减少了流动资金的占用量，加强生产连续性，缩短了生产周期；各单位的协作关系简单，简化了各项管理工作。缺点是：对产品品种变化的适应性差；各个设备的负荷难以平衡，设备能力不易充分利用。

3. 混合形式

混合形式又称综合原则。它是将对象专业化和工艺专业化结合起来的一种形式，即在一个生产单位内同时运用两种形式，使它兼备两种形式的优点。例如，在机械工业企业中，铸、锻件和零件的热处理按工艺原则建立车间，但为了解决某些设备负荷不足的问题，可将设备单独排列，为其他车间服务，以充分利用设备的能力。

究竟按哪一种形式来组织生产过程，必须从企业的具体条件出发，全面分析不同专业化车间的技术经济效益，根据企业的长远战略和当前生产经营的需要加以确定。

（二）生产过程的时间组织

合理组织生产过程，不仅要求生产单位在空间上密切配合，而且要求它们在时间上紧密衔接，以实现有节奏地连续生产，提高劳动生产率和设备利用率，缩短生产周期。

生产过程在时间上的衔接主要反映在加工对象在生产过程中各工序之间的移动方式上。零件在工序间的移动方式同一次生产的零件数量有关，对于一个零件来说，不存在移动方式问题，只能通过缩短工序的加工时间来缩短生产周期。但当生产一批相同的零件时，就会有如下三种不同的移动方式，其生产效果也是不同的。

1. 顺序移动方式

顺序移动方式是指每批零件在前道工序全部完工后，才整批地转送到后道工序上加工的方法。

例如，一批零件按顺序移动方式来组织生产过程(见图9-1)，假设这种零件的批量为4件，共有4道加工工序，其单件工序时间分别为：10分钟、5分钟、12分钟和7分钟，工序间的运输时间略而不计，又假定零件在工序间无停歇时间，则加工该批零件的加工周期等于该批零件在全部工序上加工时间的总和，即

$$T_{顺} = nt_1 + nt_2 + nt_3 + nt_4 = n(t_1 + t_2 + t_3 + t_4) = n\sum_{i=1}^{4} t_i$$

式中　$T_{顺}$——一批零件的加工周期

　　　n——零件批量

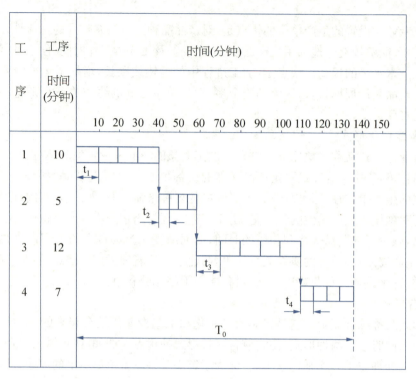

图 9-1 一批零件的顺序移动方式示意图

t_i——零件在第 i 工序上的单件工时

假设工序数为 m,则得到以下公式:

$$T_{顺} = n \sum_{i=1}^{m} t_i$$

把上例各项数值代入公式,则

$$T_{顺} = 4 \times (10+5+12+7) = 136(分钟)$$

可以看出,在顺序移动方式下,加工周期同零件批量、工序时间成正比。因此这种移动方式多在批量不大和工序时间很短的情况下采用。

2. 平行移动方式

平行移动方式的特点是,每个零件在前道工序加工完之后,立即转移到后道工序继续加工,各个零件在各道工序上平行地进行加工。

例如,在平行移动方式下(见图 9-2),一批零件的加工周期为:

$$T_{平} = (t_1+t_2+t_3+t_4)+(n-1)t_3 = \sum_{i=1}^{m} t_i + (n-1)t_长$$

式中　$T_{平}$——一批零件的平行移动加工的生产周期

$t_长$——所有工序中最长的单件加工时间

上述单件工序时间的数据代入,则

$$T_{平} = 34+(4-1) \times 12 = 70(分钟)$$

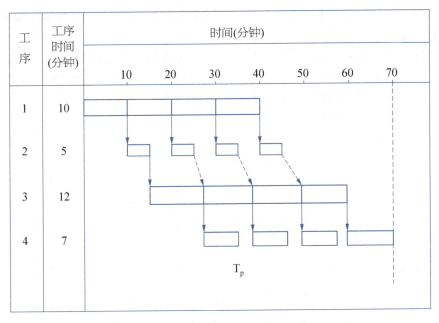

图 9-2 一批零件的平行移动方式示意图

采用平行移动方式,一批零件的生产周期最短,但工序间的运输工作频繁,并且当零件在各道工序的加工时间不等或不成倍数关系时,设备、人力将得不到充分利用。

3. 平行顺序移动方式

平行顺序移动方式是平行移动方式和顺序移动方式的结合(见图9-3),它的特点是一批零件在每道工序上均保持连续加工,但零件在工序之间的转移既有分批的,又有单个的。当前道工序时间大于后道工序时间时,则要等待前道工序完成的零件数足以使后道工序连续加工,才

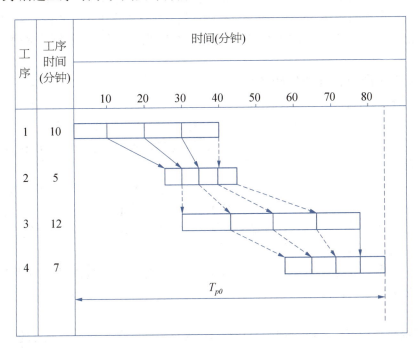

图 9-3 一批零件的平行顺序移动方式示意图

将完成的零件转移到后道工序进行加工;当前道工序时间小于后道工序时间时,则前道工序完成一个转移一个。

平行顺序移动方式下的加工周期可用顺序移动方式的加工周期减去重合部分的时间求得。在多工序的情况下,长短工序会有不同的组合,为计算零件的加工周期,需要确定短工序(每一对相邻工序中加工时间较短者)的数目。此数目等于$(m-1)$,m为工序总数目。则平行顺序移动方式下的加工周期可以用以下公式计算:

$$T_{平顺} = n\sum_{i=1}^{m} t_i - (n-1)\sum_{i=1}^{m-1} t_{si}$$

式中　　$T_{平顺}$——平行顺序移动方式下一批零件的加工周期

　　　　t_{si}——每一对相邻工序中较短的工序单件工时

将上述数据代入,则

$$T_{平顺} = 4\times(10+5+12+7)-(4-1)\times(5+5+7) = 85(分钟)$$

这种移动方式吸取了前两种方式的优点,消除了设备在加工过程中的间断现象,使工作地负荷充分,有效利用了工时,适当缩短了零件的生产周期,但生产组织工作较复杂。

选择零件的移动方式,应考虑的因素有:批量的大小,零件加工时间的长短,车间、工段的专业化形式等。一般情况下,批量小、工序时间短,宜采用顺序移动方式;批量大、工序时间长,则采用平行移动方式或平行顺序移动方式;工艺专业化的车间、工段,宜采用顺序移动方式;对象专业化的车间、工段,可采用平行顺序移动方式,平行移动方式适用于流水生产线。

四、流水生产线

流水生产线是指加工对象按照规定的工艺路线和生产速度,连续不断地通过各个工作地进行加工并出产产品的一种生产组织形式,它是对象专业化生产组织形式的进一步发展,是产品专业化的空间组织和平行移动的时间组织有机结合起来的一种高效率的、先进的生产组织形式。

(一)流水生产的特征和组织条件

1. 流水生产的特征

(1) 工作地高度专业化　每个工作地只固定完成一道或少数几道工序。

(2) 工作地排列系列化　流水线上各个工作地按照产品工艺过程的顺序排列,产品按单向运输线路移动。

(3) 工序时间周期化　流水线上各道工序的单件加工时间必须相等,或成倍数关系。

(4) 产品的生产节奏化　按照规定的时间间隔投入、生产和出产产品。

按上述特征,把由设备、工具、传送装置和工人组织起来的生产线,称流水线。

2. 流水线生产的组织条件

流水线生产是一种先进的生产过程的组织形式,因此无论在技术还是管理等方面都对产品有较严格的要求,并非所有产品都可以组织流水线。必须具备以下条件才可组织流水生产。

① 产品品种要稳定,并且有足够大的产量,以保证流水线各工作地有充分的负荷。

② 产品结构和工艺具有先进性,设计基本定型,以避免因修改设计而使流水线停产的

风险。

③ 工艺过程可划分为简单的工序,并且可根据工序同期化的要求把某些工序适当合并和分解。手工操作比机械操作更容易满足同期化的要求,因而手工装配工作更便于组织流水线。

④ 原材料、半成品要保质、保量、及时供应,以防流水线发生中断。

⑤ 生产建筑和生产面积允许安装流水线的设备和运输装置。

(二) 流水线组织设计

在建立流水线之前,必须要进行流水线设计。流水线设计包括技术设计和组织设计。技术设计是指工艺路线、工艺规程的制定,专用设备的设计,专用工夹具的设计,运输传送装置的设计等。组织设计是指流水线节拍的确定,工序同期化的设计,设备需要量和负荷的计算,工人的配备,流水线的平面设计,流水线工作的制度,流水线工作指示图表的设计等。流水线的组织设计和技术设计有着密切的联系。组织设计是进行技术设计的依据和前提,技术设计应当保证组织设计的每个项目得以实现。流水线的组织设计一般有以下几个步骤。

1. 确定流水线的节拍

节拍是指流水线上连续出产的两件产品之间的间隔。其计算公式如下:

$$r = f/q$$

式中　r——节拍

　　　f——计划期有效工作时间

　　　q——计划期产量,包括预计的废品数量

计划期有效工作时间是制度工作时间扣除正常停歇时间(如:设备维修、工人休息等时间)后的时间,它可以通过制度工作时间与时间有效利用系数的乘积而求得。有效利用系数的取值根据不同的流水线形式和设备而定,一般取值为 0.94～0.96。

当流水线上加工的产品体积很小、节拍很短、不宜按单件运输时,可以等积累到一定的加工数量后按组运送,这时流水线前后出产两组同样产品之间的时间间隔称为节奏。节奏等于节拍与运送量的乘积。正确确定运输组量,对合理使用运输工具、减少运输时间及合理使用生产面积都有重要意义。

2. 确定工作地(或设备)数

各工序需要的工作地(或设备)数可用下式计算:

$$S_i = t_i/r$$

式中　S_i——某工序的工作地数

　　　t_i——第 i 道工序单件加工时间

根据该公式计算出来的工作地数往往不是整数,实际上采用的工作地数必须是整数,因此在确定工作地数时,应取整数。这样,我们就可以用设备负荷系数来估计该设备任务的饱和度了。

$$K_i = S_i/S_{i实}$$

式中　K_i——第 i 工作地(或设备)的负荷数

　　　S_i——计算出的第 i 道工序的设备数目

　　　$S_{i实}$——实际取的第 i 道工序的设备数目

当 $K_i > 1$ 时,表明实际工作地负荷过大,应该采取措施压缩工序劳动量。当 $K_i < 1$ 时,表

明实际工作地负荷不足,应该采取措施提高负荷程度。

若求整条流水线的平均负荷系数,则按下式计算:

$$K_{总} = \sum_{i=1}^{m} S_i / \sum_{i=1}^{m} S_{实}$$

式中　$K_{总}$——整条流水线的平均负荷系数(以不低于75%为宜)

　　　m——流水线上的工作地数目

3. 工序同期化

工序同期化就是通过对组织和技术方面采取的措施,使流水线上各道工序的加工时间与流水线的节拍相等或成整倍数关系。工序同期化是组织连续流水线的必要条件,也是提高或降低实际工作地的负荷,使工作地负荷系数接近于1的主要措施。

实现工序同期化的措施一般有:改装机床,增加机床附件以提高生产率;改进工艺装备,以减少装卸零件和更换刀具的时间;改进工作地的布置和操作方程,以减少辅助时间;改变切削用量,以减少工序机动时间;提高工人技术的熟练程度,以减少加工时间;合理调整劳动力,使各工作地负荷达到均衡;分解与合并工序,使工序加工时间为节拍或节奏的倍数等。

4. 计算流水线的工人人数

确定工作地数目后,就需要确定工人的人数,在以手工劳动为主的流水线上,工人需要数可按下式计算:

$$P = S \cdot G \cdot W$$

式中　P——流水线的工人需要数

　　　S——该工序的工作地数

　　　G——该工序开动轮班数

　　　W——该工序的某个工作地同时工作的工人数

在计算整个流水线工人需要数时,还要考虑一定的备用人数。

在以机器设备加工为主的流水线上,除了考虑上述因素外,还必须顾及到机器的自动化程度,即考虑工人看管多台机床的可能性。多机床看管是指工人利用某一台机床的机动时间(自动走刀时间)去完成另几台机床的手动操作。合理分配工人多机床看管的一个前提条件是,每台机床的机动时机大于或等于同时看管的其他机床的手动时间之和。若工人看管的是同种机床,加工的是同种零件,则工人看管的机床数可以用下式表示:

看管机床台数 ≤ 机床的机动时间 / 工人的手动时间 ＋1

通过计算可以合理地配备工人数目。当然,由于流水线的形式各不相同,机器设备的状况各有差异,因此还应根据流水线上各道工序的具体条件来配备工人数目。

5. 选择运输装置

流水线上采取的运输装置种类很多,有传送带、传送链、滚道、重力滑道和各种运输车辆,选择运输装置时既要考虑产品的形状、尺寸、质量、精度等要求,又要考虑流水线的类型。

最常用的运输装置是传送带,分为带式、滚道式、吊篮式、回转台等品种。传送带不仅是运输工具,也是保持工作节拍的工具,它可以控制生产过程,使其按一定的节拍进行。采用传送带时,应确定传送带的速度和长度,计算公式如下:

$$V = L/R$$

式中　V——传送带的速度

　　　L——相邻两工作地的中心点之间的距离

　　　R——流水线的节拍

$$L = 2 \times (I_1 + I_2) + I_3$$

式中　L——传送带的长度

　　　I_1——工作地长度之和

　　　I_2——工作地间距离之和

　　　I_3——传送带两头所需增加的长度

6. 流水线的平面布置

流水线的平面布置应当遵照如下原则：有利于工人操作方便，使零件的运输线路最短，流水线之间合理衔接，以及有效地利用生产面积。

流水线布置的形状，一般有直线形、L形、S形、U形、E形、环形等。直线形用于工序及工作地较少的情况；当工序或工作地较多时，可采用直线双形排列或 L 形、S 形、U 形等；E 形一般用于零件加工和部件装配结合的情况；环形在工序循环重复时采用。

流水线上工作地的排列要符合工艺路线的顺序，整个流水线的布置要符合产品的总流向，以尽可能缩短运输线路，减少运输工作量。

第二节　质量管理

质量问题是经济工作的永恒主题，质量管理是企业管理的中心环节。无论是工业企业的产品质量或劳务质量，还是商贸企业的商品质量和服务质量，都是企业的生命。保证质量和提高质量，是满足消费者需要的必要条件，也是市场经济中企业的立足之本。

一、质量管理及其发展

（一）产品质量

产品质量是指产品、产品生产过程或服务满足规定和潜在要求（或需要）的特征和特性的总和。一个产品必须具有一定的用途，满足人类的某种需要；产品质量就是指产品为满足使用者需要所具备的各种特性，也就是产品的使用价值。产品的质量特性一般表现为以下五个方面。

1. 性能

这是指产品为适合使用目的所具有的物理、化学或技术性能，如：电视机显像管的清晰度、钢键的成分、棉纱纤维的拉力等。

2. 寿命

这是指产品在规定的使用条件下，完成规定任务的工作总时间，例如，灯泡的使用小时数、钻井机钻头的进尺数等。

3. 可靠性

这是指产品在规定的条件下，完成规定任务而不发生故障的能力，它是产品在使用过程中表现出来的特性,如:电视机平均故障时间、机器精度的稳定期限、电子元器件的失效率等。

4. 经济性

这是指产品在购买和使用过程中,在金钱和能源等方面的耗费,如:产品的重量、结构、成本以及产品使用时燃料和动力的消耗等。

5. 外观

这是指产品在外形方面满足人们需要的能力,如:产品的光洁度、色彩、造型、包装等。

由于产品的用途各不相同,对每种产品质量特性的要求也各有侧重点。有的偏重于尺寸、重量;有的偏重于寿命、可靠程度;有的则偏重于经济性和外观。即使是一种产品,也往往有主要的、关键的质量特性与次要的、非关键的质量特性。把对产品质量特性的具体要求用有关的技术、经济参数明确规定下来,就形成了产品的质量标准,它是衡量产品质量的尺度。凡是符合质量标准的产品称为合格品,不符合质量标准的称为不合格品。

案例思考9-2 刮脸刀

一家刮脸刀制造商让本公司的一个雇员小组来试用产品,以测试产品的性能。组员每天进厂前不刮脸,而是在上班的时间刮脸;每片新刀片上都附有一张数据卡,用以记录每次刮脸的数据。每次刮脸时,组员对于产品进行评价,即刮得是否干净,是否舒适。评价等级分为优良中劣四等,并进行记分。被组员定为劣等刀片的就是废品。

[思考] 你认为这种做法如何?

(二)工作质量

工作质量与产品质量是两个既有区别又有联系的概念。工作质量是指生产过程中对产品质量有影响的各种工作的水平,包括技术工作、管理工作和组织工作。工作质量不能直接说明产品本身质量的好坏,但是它却对产品质量起着保证作用。也就是说,产品质量取决于企业各方面的工作质量,它是企业各方面、各环节工作质量的综合反映。要提高产品质量,必须首先对影响产品质量的各项工作进行组织和控制,使每个部门、每位员工都提高工作质量。质量管理既要管产品质量,又要管工作质量。要把重点放在工作质量上,通过提高工作质量来保证和提高产品质量。

(三)质量管理的发展

质量管理的发展,是同科学技术与生产力的发展密切相关的。从工业发达国家解决产品质量问题所使用方法的发展变化来看,质量管理大体经历了三个阶段。

第一个阶段是质量检验阶段。时间大约在20世纪初,此时期企业都把检验与生产分开,设立专门的机构,负责对所生产的产品进行检验。此阶段的质量管理,通俗地说,就是事后把关,从已经生产出的产品中挑选出不合格品。它的主要作用是保证提供给下一道工序的零件、部件以及出产的成品都是符合质量标准的。但是,等到把不合格品检验出来时,产品质量已是既成事实,因生产不合格品而损失的工时、材料成本已经无法挽回。因此,这个阶段的质量管理尚不能解决如何预防不合格品产生的问题,它的作用是消极的。此外在破坏性检验情况下,如何抽检少数产品来判断整批产品的质量,也没有得到科学的解决。

随着生产的进一步发展,生产的批量越来越多,预防不合格品产生的要求更为迫切,因此用更经济的方法解决质量检验的问题被提上日程,质量管理也随之进入一个新的时期。

第二个阶段是统计质量控制阶段。时间大约在 20 世纪 40 年代以后。这个阶段质量管理的主要特点是使用控制图随时对生产过程进行观察。当有不合格品发生的可能时,即当生产出现不正常情况、有产生不合格品的趋势时,控制图可以及时提供信息。根据信息,找出生产不正常的原因,并采取相应措施,就可以预防不合格品的产生。这个阶段质量管理的另一个特点是对产品的验收大量采用了科学的抽样检验方法,既可减少检验费用,又解决了破坏性检验情况下对产品质量的判断问题。

第三个阶段是全面质量管理阶段。时间在 20 世纪 60 年代以后。前一个阶段质量管理的实践表明,虽然制造过程对产品质量有决定性作用,但产品的设计、原材料的供应、设备的维修、员工的技术培训以及产品的销售使用等都影响着产品的质量,如果这些环节不加以控制和管理,产品质量就仍然得不到控制。随着科学技术的发展,电子计算机、宇宙航行等精密、大型产品的投产,对产品质量提出愈来愈高的要求,部门、企业之间的联系增多又要求把质量问题作为一个统一的有机整体进行综合分析和研究,于是在 50 年代末 60 年代初,美国人费根堡及朱兰等提出了全面质量管理的概念。他们认为,质量管理应该冲破传统的、局限于制造过程的框架,把管理范围由制造过程扩展到所有对产品质量有影响的因素,把预防不合格品的措施渗透到所有与产品质量有关的环节,把经营管理、生产技术和统计方面三者有机地结合起来,形成一个比较完整的管理体系,以确保产品的高质量。全面质量管理的概念一经提出,便普遍为理论工作者和实际工作者接受。经过二十多年的实践,全面质量管理的理论和方法又有了新的发展。

质量管理从单纯的质量检验阶段发展到全面质量管理阶段,并不仅仅是量的变化,更是从量到质的飞跃。同质量检验阶段比较,全面质量管理阶段的工作范围和职能范围都扩大了。同时,每一个阶段的发展并不是对前一个阶段的否定,而是对前一阶段的丰富与发展,从而使质量管理日趋完善。

二、全面质量管理

(一)全面质量管理

全面质量管理(英文缩写为 TQM 或 TQC)是指一个组织以质量为中心,以全员参与为基础,以通过让顾客满意、使本组织所有成员及社会受益而达到长期成功为目的的管理途径。其中,全员指该组织结构中所有部门和所有层次的人员,质量与全部管理目标的实现有关,社会受益意味着在需要时满足社会要求。

(二)全面质量管理的基本思想

1. "四全"的管理思想

(1) 全面质量的管理　传统的质量管理眼光只局限在产品的质量上,不重视产品质量与其他各方面的密切联系。全面质量管理不仅要抓好产品质量的管理,还要抓好与产品质量有着直接联系的工序质量和工作质量的管理。产品质量是指产品的使用价值,即产品适合社会和人们需要所具备的特性,包括产品结构、纯度、物理性能、化学性能等内在的质量特性,形状、外观、手感、色影等外部的质量特性,还包括产品在经济方面的评价等等。产品的各项特性归纳起来,可以概括为产品的性能、寿命、可信性(可靠性、维修性和维修保障)、安全性、经济性等。工序质量是指人、机器设备、原材料、加工方法和工作环境等五个方面(4MIE 因素)同时起作用的加工过程的质量。工作质量是指企业的管理工作、技术工作、组织工作对达到产品质量标准和提高产品质量的保障程度。

(2) **全过程的质量管理**　全过程的质量管理要求把质量管理工作的重点从事后的最终产品质量把关转移到事前的生产过程各项工作的质量控制上来。全过程的质量管理主要体现在四个方面：设计过程的质量管理、制造过程的质量管理、辅助生产过程的质量管理和使用过程的质量管理。具体包括从最初的识别到最后满足质量要求和顾客期望的全部阶段(见图9-4)。

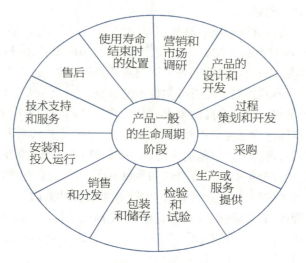

图9-4　对质量有影响的主要活动

(3) **全员参加的质量管理**　全面质量管理是依靠企业全体员工参加的质量管理，主要有下列三个层次在质量管理中发挥各自的作用：①领导层，这是全员参加质量管理的核心。质量管理必须由企业的最高管理者来领导，领导层在质量管理中要实施质量方针的确定、质量体系的建立等重大工作，并开展质量意识的教育，进行有关问题的决策。②技术人员和专业管理人员，这是全员参加质量管理的关键。技术人员和专业管理人员在质量管理工作中的重点，是进行质量策划、研究质量控制、完善质量保证和质量改进的措施等。③广大员工，这是全员质量管理的基础。广大员工参加质量管理的主要形式是质量管理小组、质量管理点等，他们共同在进行生产的过程中攻关、守关，加强现场的质量管理工作。

(4) **全面的质量管理方法**　全面质量管理的方法不是单一的、机械的，而是全面地综合运用质量管理技术和科学方法，根据不同情况，采取不同的管理方法和措施，结合运用工业工程学、运筹学、价值工程学等科学方法，以及电子计算机等现代管理工具，使全面质量管理取得最佳的综合经济效果。

2. "四个一切"的观念

(1) **一切为用户服务**　质量管理的核心是满足用户的要求。要树立一切为用户服务的思想，运用各种方法，及时反馈用户意见，不断改进产品质量，使用户满意。广义的用户不仅是指最终的产品消费者，也包括企业内相互联系且有协作关系的半制成品的使用者。在生产流程中，下道工序是上道工序的用户，生产部门是辅助部门的用户。

(2) **一切以预防为主**　好的产品不是检验出来的，而是设计、制造出来的。质量管理的重点应从事后把关转移到事前预防，即事先采取措施，运用不同的方法，对设计、工艺、设备、工装、材料、操作方法等各方面可能造成的不良因素加以控制,以预防不合格品的产生。

（3）一切用数据说话　全面质量管理要求运用数理统计的方法,掌握生产过程中产品质量波动情况和变化趋势,进行分析研究,加强控制管理。全面质量管理是专业技术、管理技术和数理统计三者的结合,要根据统计数据进行分析研究,及时、准确地找到质量问题的关键所在,采取针对性的解决措施。

（4）一切按 PDCA 循环办事　PDCA 循环是企业管理工作的基本方法,也是全面质量管理的工作程序。PDCA 循环是由计划、实施、检查、处理四个阶段构成的管理循环,包括八个步骤。在计划阶段,要分析现状,找出存在的质量问题;分析产生质量问题的各种原因或影响因素,从各种原因中找出影响质量的主要原因;针对影响质量的主要原因拟订措施,提出行动计划,预计其效果。在实施阶段,要执行计划,实施改进措施。在检查阶段,要检查计划执行情况,衡量和考察取得的效果。在处理阶段,对检查的结果进行总结,巩固成绩,把检验纳入有关标准、制度或规定,把没有解决的遗留问题提出来,作为下一个 PDCA 新的循环的计划目标。

（三）质量体系

1. 质量体系的概念

质量体系是实施质量管理所需的组织结构、程序、过程等管理能力和资源(人力和技术装备)能力的综合体。质量体系的内容应以满足质量目标的需要为准。一个组织的质量体系主要是为满足该组织内部管理的需要而设计的,它比特定顾客的要求更广泛。

2. 质量体系的主要内容

质量体系最主要的工作内容是质量保证和质量控制。

（1）质量保证　这是指为使人们确信某个产品或某项服务能满足规定的质量要求所必需的全部有计划、有系统的活动。质量保证可以分为内部质量保证和外部质量保证。内部质量保证是为使企业领导确信本企业的产品或服务质量能够满足规定的要求所进行的活动,其中包括对质量体系的评价与审核以及对质量成绩的评定。外部质量保证是为使需方确信供方的产品或服务质量能够满足规定的要求所进行的活动。在外部质量保证活动中,应把需方对供方质量体系的要求写入合同中,也可采纳需方或第三方的评价性文件;合同中一般规定供方须对需方所要求的质量体系进行证实。

（2）质量控制　这是指企业为保持某一产品、过程或服务的质量满足规定的质量要求所采取的作业技术和活动。

质量保证是现代企业质量管理的核心。质量控制是质量保证的基础。

3. 质量体系建立的要求

（1）质量体系要具有系统性　企业建立质量体系,应根据产品质量的产生、形成的规律,对影响产品质量的技术、管理和人员等因素进行系统分析,全面控制,以实现企业的质量方针和质量目标。

（2）质量体系要突出预防性　建立质量体系,要突出"防患于未然"的思想,每项质量活动都要制定计划,处处按程序办事,使质量活动始终处于受控状态,以把质量缺陷减少至最低限度。

（3）质量体系要符合经济性　质量体系的建立与运行,既要满足用户的要求,又要考虑企业的利益。因此,对质量体系要素的选择要适当,过多则不经济,过少则保证不了质量。

（4）质量体系要保持适用性　建立质量体系必须结合企业、产品、工艺特点等情况,选择适当的体系要素,决定采用要素的程度,使企业质量体系保持适用性和有效性。在实际工作中,企业的产品、用户、工艺特点等情况总会发生变化,因此,企业必须根据科技发展、环境条件的变化及时地调整和完善质量体系要素,使其适合企业经营的需要,满足用户的要求。

4. 建立质量体系的原理

质量体系的建立所依据的原理是质量环(见图 9-5)。它是建立质量体系的理论模式。质量体系的建立必须贯穿在质量环的所有环节。通过质量体系的运行,圆满地完成质量环所有环节的质量活动,就能保证生产的产品满足用户的要求。

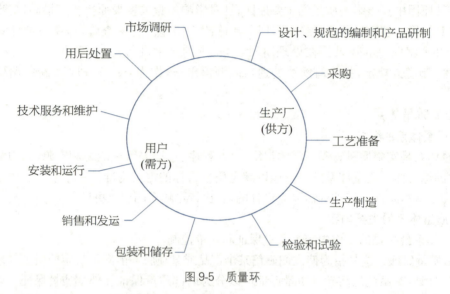

图 9-5 质量环

(四) GB/T19000—ISO9000 系列标准简介

ISO9000 系列标准是国际标准化组织质量管理和质量保证技术委员会于 1987 年 3 月正式发布的。它的发布标志着质量管理和质量保证走向了规范化、程序化的新高度。ISO9000 系列的五个标准实际上是两类标准:ISO9004 属于质量管理标准;ISO9001~ISO9003 是三种可供选用的质量保证模式,成为各国认证使用的主要标准。

目前,我国采用的 GB/T19000—ISO9000 系列标准阐述的是为了实施企业质量方针,必须建立有效运行的质量体系,通过对质量环的分析,找出影响产品和服务质量的技术、管理及人的因素,并使之在建立的质量体系中永远处于受控状态,以减少、消除、特别是预防质量缺陷,保证满足顾客的需要和期望,并保护企业的利益;质量体系能被全体员工所理解并行之有效,保证实现企业规定的质量方针和目标。

三、质量管理的统计方法

在全面质量管理工作中,要运用数据来反映质量问题,但是从实际工作中收集到的数据往往是不规则、甚至是杂乱无章的,从中无法分析、判断质量情况,因此必须要经过一番去伪存真、由此及彼、由表及里的加工处理过程。常用的统计分析方法有直方图法、排列图法、因果分析图法、控制图法、相关图法等。

(一) 直方图法

直方图是数据分布的一种图形。对数据进行整理后,将其分为若干组,画出以组距为底边、以频数为高度的若干个直方形连起来的矩形图。通过直方图可观察数据的波动情况,寻找波动规律。

直方图的制作步骤如下:

① 收集数据。

直方图要求抽样的数据在 100 个左右,最少不能少于 30 个。找出最大值 L 和最小值 S。

② 计算极差 R。

$$R = L - S$$

③ 确定分组数 K。

K 的取值为 6～20,一般取 10。

④ 计算组距 h。

$$h = R/K$$

⑤ 确定组界限值。

第一组下界限值为 S,上界限值为 $(S+h)$。第二组下界限值为 $(S+h)$,上界限值为 $(S+2h)$……依此类推,计算各组的界限值。

⑥ 计算各组的组中值 X_i。

$$X_i = (某组下界限值 + 某组上界限值)/2$$

⑦ 计算组频数 f。

⑧ 将以上计算的数据列表,然后根据表上的数据绘图。

【例】 某公司生产一产品,其零部件 A 的长度为 10±0.20 cm。抽取一批量中的 100 个样品,试分为 10 组,并据此绘制直方图,然后观察生产是否正常(数据略)。

解:分组结果列表如下(见表 9-1)。

表 9-1

分 组	组 距	组中值 X_i	频数 f_i
1	9.88～9.91	9.90	1
2	9.91～9.94	9.92	8
3	9.94～9.96	9.95	15
4	9.96～9.99	9.98	18
5	9.99～10.02	10.00	27
6	10.02～10.05	10.03	12
7	10.05～10.07	10.06	9
8	10.07～10.10	10.09	6
9	10.10～10.13	10.11	2
10	10.13～10.15	10.14	2

从所制直方图来看,数据均在规定的公差以内,且基本呈正态分布,但略偏向中值下方(见图 9-6)。

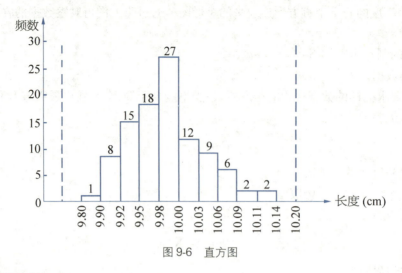

图 9-6 直方图

(二)排列图法

排列图亦称主次因素分析图或巴雷特图。它是寻找质量问题主要原因的一种简单而有效的方法。

排列图的纵坐标有左、右两根。左为频数坐标,以绝对值表示;右为频率坐标,以百分数表示。横坐标为影响质量的因素或不良特性,即发生频数的高低,以长方形自左向右依次排列。自左至右各因素的频率累计画成一条曲线,称为巴雷特曲线。排列图可使用计算机 Excel 程序中的"组合图"功能进行绘制。

占累计百分数 0%~80% 的因素为主要因素,一般这类因素有 2~3 个,是解决问题的关键所在;占累计百分数 80%~90% 的因素为次要因素;占累计百分数 90%~100% 的因素为一般因素。

【例】 某企业在第一季度产品质量检验中发现,影响产品质量的各种因素发生的件数如表 9-2 所示。试根据此资料绘制排列图并说明影响产品质量的主要因素。

表 9-2

代号	因 素	频数	频率(%)	累计频率(%)
A	工装精度差	97	35.66	35.66
B	操作不当	87	31.98	67.64
C	设备不良	38	13.97	81.61
D	工艺不合理	26	9.56	91.17
E	材料问题	9	3.31	94.48
F	设计不妥	6	2.21	96.69
G	其他原因	9	3.31	100.00
	合计	272	100.00	—

从图 9-7 中可以看出,影响产品质量的主要因素为 A、B、C 三种,它们占了累计总数的 81.61%。

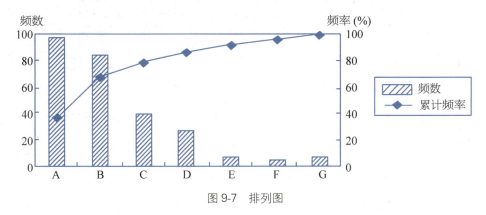

图 9-7 排列图

（三）因果分析图法

因果分析图又称鱼刺图，是用于分析质量问题产生原因的一种图表。图中主干代表要解决的质量问题，支干为影响质量的工程要素，分支干为影响要素的具体情况。在分析原因时，要发扬民主，充分调动有关人员的积极性，对各种原因尽可能详细地进行查找。在此基础上作好记录、仔细分析、落实措施以解决问题。图 9-8 为某企业对生产的零部件内径超过公差范围的问题进行分析后找出的各种因素。

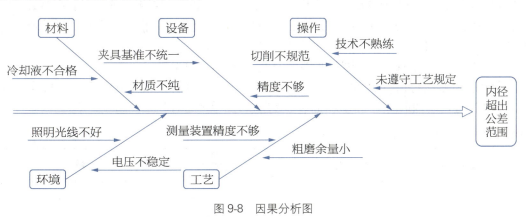

图 9-8 因果分析图

（四）控制图法

控制图又称管理图，是工序质量控制的重要手段，是用来研究生产过程是否处于稳定状态的一种图表。控制图法是质量控制统计法的中心内容，它不仅对判断质量稳定性、评定工艺过程状态、发现并消除工艺过程的失控现象有着重要的作用，而且可以为质量评比提供依据。

在生产过程中，对某一批产品按规定时间随机抽取一定数量的样品进行测量，将测量所得的数据填在控制图上，可以分析生产是否处于稳定状态。控制图有很多种类，最常用的是平均值控制图，即 $\bar{X}$ 控制图（见图 9-9）。平均值控制图中一般有五根线条：中心线、公差上限、公差下限、控制上限、控制下限。

平均值控制图中的五根线条是这样确定的：中心线是理想状态下的产品质量特性值标准。公差上下限是所能允许的产品最大质量特性波动值的范围，一旦超出这一限定范围，可认为产品质量已不符合标准要求。为避免出现质量特性值超出规定范围的不合格产品，在生产中需

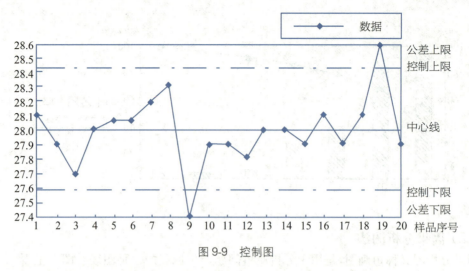

图 9-9 控制图

要有一个小于公差上下限的控制范围,即控制上下限,它们以中心线为轴对称。

$$控制上下限 = x \pm 3\sigma$$

凡出现下列情况之一者,均属于异常现象,应予以调整;除此以外,数据均为正常:①数据分布于中心线的某一侧,连续出现 7 次以上。②连续 7 个以上的点上升或下降。③连续 11 个点中,至少有 10 个点(可以不连续)在中心线的同一侧。④连续 3 个点中,至少有 2 个点(可以不连续)出现在上下控制线外。⑤数据出现周期性的波动。

控制图可利用 Excel 程序中的"折线图"功能来进行电脑绘制。

【例】 某零件外径尺寸的标准公差为 28±0.6 mm,在标准条件下,$\sigma = 0.140$。经测量,某班生产过程中所抽取的 20 个数据如表 9-3 所示,问生产是否处于控制状态下?

表 9-3

子样号	数 据	子样号	数 据
1	28.1	11	27.9
2	27.9	12	27.8
3	27.7	13	28.0
4	28.0	14	28.0
5	28.1	15	27.9
6	28.1	16	28.1
7	28.2	17	27.9
8	28.3	18	28.1
9	27.4	19	28.6
10	27.9	20	27.9

解: 控制上限 = 28 + 3 × 0.14 = 28.42

控制下限 = 28 − 3 × 0.14 = 27.580

将 20 个子样的数据输入计算机 Excel 表格,制作控制图(见图 9-9)。

可以看出,除子样 9 和 19 超出控制界限以外(但落在公差上下限以内),其他数据均在控制范围以内。这说明工序处于控制状态,生产情况正常。

(五)相关图法

相关图又称散布图,是分析两个测定值之间相互关系的一种图表。在质量管理中,有些因素虽处于同一个统一体中,互相联系、互相制约,但这些变量之间的关系不能由一个变量的数值精确地表达出另一个变量的数值。在这种情况下,可收集能说明相关关系的数据,在坐标纸上描出相应的点,然后直接观察其相互关系(见图 9-10)。

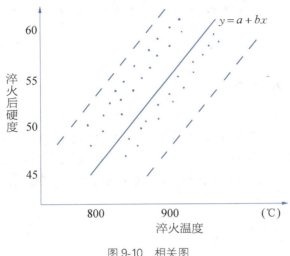

图 9-10 相关图

如图 9-10 所示,在直角坐标上,横坐标表示相关原因——淬火温度,纵坐标表示相关结果——淬火后硬度。在不同淬火温度下,金属表面的硬度不一,收集 30 个数据,在直角坐标纸上描出点后,就可以得到相关图,然后进行分析,并通过控制淬火温度来达到控制表面硬度的质量要求。相关图中两变量的相互关系有六种,如图 9-11 所示。其中,①为正强相关:X 增大,Y 迅速增大;②为正弱相关:X 增大,Y 缓慢增大;③为不相关:Y 不随 X 的增减而变化;④为负强相关:X 增大,Y 迅速下降;⑤为负弱相关:X 增大,Y 缓慢下降;⑥为非线性相关:不成直线关系。

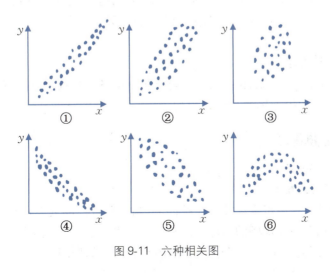

图 9-11 六种相关图

> **案例思考 9-3　汽车零部件**
>
> 某公司生产的汽车零部件主要卖给汽车制造厂和修配厂。汽车制造厂采购部门的质量要求非常严格,而修配厂的质量要求比较灵活,因此该公司采用了两种标准系统经营。虽然在生产时不知产品卖给哪个市场,但汽车制造厂不接收的那些不合格品基本都可以销售给修配厂。公司有人认为汽车制造厂过分强调产品要符合规格,而把不符合规格的产品销售给配件厂的做法其实是不合适的。
>
> [思考] 你对这种做法看法如何？

第三节　物资管理

物资管理是一项非常复杂的工作,它反映了企业之间相互交换产品的错综复杂的经济关系,而且,企业所需要的物资品种规格又是千变万化的,特别是随着现代化生产技术的不断发展,社会分工和协作关系日益精细,生产资料交换和流通过程更为复杂,物资管理已成为一门现代化的经济科学。

一、物资管理的意义和任务

（一）物资管理的意义

物资是物质资料的总称,工业企业的物资是指生产过程中所耗费的各种物质资料。物资管理就是对企业生产过程中所需各种物资的采购、储备、使用等进行计划、组织和控制。物资管理是企业管理的重要组成部分。现代化生产中,科学地组织好物资供应,是保证生产正常进行的物质前提。因为生产过程也是物资消耗的过程,因此要使生产正常有节奏地进行,就必须及时供应物资,做好物资管理工作。物资的消耗费用一般要占企业成本的 70%,甚至 80% 以上,物资储备占用企业流动资金的比重也很大。因此,搞好物资管理工作,合理地使用和节约物资,对促进企业发展、提高产品质量、降低产品成本、加速资金周转、增加企业盈利起着重要作用。严格而完善的物资管理制度,可以保证企业的财产不受损失,有效地防止贪污、盗窃和不必要的损耗。

（二）物资管理的任务

物资管理有如下任务:按质、按量、按时、配套地供应各种物资;合理储备,加速流动资金的周转;合理使用,降低物资消耗,减少储运损耗。

二、物资的定额管理

（一）物资消耗定额

1. 物资消耗定额的概念

物资消耗定额是指在一定生产技术的条件下,制造单位产品或完成单位生产所必须消耗物资的数量标准。物资消耗定额的高低是反映企业技术水平和管理水平的一个综合指标。制定先进、合理的物资消耗定额,对于企业管理有着十分重要的作用。

2. 物资消耗定额的构成和制定

(1) 物资消耗定额的构成　物资消耗是指企业从取得物资开始,到制成产品为止的整个过程中物资消耗的去向。这里所介绍的物资消耗定额的构成是以生产企业主要材料的消耗为例来说明的,它包括:

① 有效消耗。即构成产品净重所消耗的原材料,这是物资消耗的最主要部分。这部分消耗是由产品的设计决定的,充分地反映了产品设计的技术水平。

② 工艺性消耗。这是指物资在准备和加工过程中,由于产品在制造中因工艺技术上的需要而产生的物料消耗,其消耗程度由工艺技术的水平决定,如:下料时的切割损耗、端头残料、边角余料,机械加工时的切屑、夹头,锻造过程中产生的氧化铁,锻造中的烧损等。因此,企业要不断地提高工艺技术,积极采用新工艺,改进落后的旧工艺,尽量把工艺性物资消耗降到最低。

③ 非工艺性损耗。这是指产品净重和工艺性消耗以外的物资消耗,一般是由于生产中产生废品、运输保管不善等非正常条件下造成的无效损耗。这部分消耗大多与管理水平有关,因此,提高物资管理水平能降低物资的非工艺性消耗定额。

(2) 物资消耗定额的制定　物资消耗定额的制定按物资在生产中的作用来分类进行。

① 主要原材料消耗与供应定额的制定。可以用以下公式计算:

$$单位产品材料消耗定额 = 单位产品的净重 + 各种工艺性消耗的重量$$

$$材料供应定额 = 工艺消耗定额 \times (1 + 材料供应系数)$$

$$材料供应系数 = \frac{单位产品非工艺性消耗}{工艺消耗定额}$$

物资消耗定额与物资供应定额各有不同的作用。物资消耗定额是仓库向车间发料和考核物资消耗的依据。物资供应定额则是企业计算采购量的依据,它是在工艺消耗定额的基础上,按一定比例加上各种非工艺性消耗得出的。

以上说明了制定主要原材料消耗定额的一般原理,由于产品工艺加工性质不同,在具体制定主要原材料的消耗定额时,还有其他计算方法。

② 辅助材料消耗定额的制定。辅助材料的特点是用途广、品种多、使用情况复杂。一般可根据用途不同,采用以下几种方法:与主要原材料消耗成正比例的辅助材料,可按主要原材料单位消耗量的比例进行计算,如:高炉冶炼中每吨矿石要配多少石灰石,炼钢中每吨生铁要加多少熔剂等;与产品产量成正比例的辅助材料,按单位产品来制定,如:包装用材料和保护用涂料等;与设备开动时间或工作日有关的辅助材料消耗定额,可根据设备开动时间或工作日来制定,如:机床润滑油等;与使用期限有关的辅助材料,其消耗定额可按规定的使用期限来制定,如清扫工具和劳保用品等;其他一些难以计算的辅助材料消耗定额,一般可根据统计资料和实际耗用定额得出。

③ 燃料消耗定额的制定。燃料消耗定额由于其使用面广,一般以生产单位产品为标准来制定的,如:发1度电、生产1立方米压缩气体、生产1吨蒸汽所需的燃料;工艺用燃料定额以生产1吨中间产品所需的燃料量来制定;取暖用燃料定额通常是按每个火炉或单位受热面积来制定的;动力消耗定额一般是按不同用途分别制定的,如:煤矿的电力消耗定额就是把电力消耗量分摊到单位产品上,用吨煤耗电量表示;工具消耗定额,一般是根据工具的耐用期限和使用时间来制定的等等。

3. 制定物资消耗定额的基本方法

企业的物资消耗定额一般是按主要原材料、辅助材料、燃料、动力、工具等分类逐项制定的。制定方法主要有三种。

（1）技术计算法　根据产品的设计和工艺要求，在吸取先进技术、经验的基础上，通过科学分析和技术计算来确定最经济、合理的物资消耗定额的方法。这种方法计算准确、科学，但技术要求高、工作量大，主要适用于产品定型、设计工艺资料齐全、产量较大的产品的工艺消耗定额的制定。

（2）统计分析法　根据物资消耗统计资料，结合产品特点和生产技术条件来制定物资消耗定额。这种方法要求以齐全可靠的统计资料为依据，否则，会影响定额的准确性。其优点是简单易行，适用于成批生产类型的企业。

（3）经验估计法　根据技术人员和生产工人的经验，结合有关技术文件和生产技术条件来制定物资消耗定额。由于这种方法省时、省力，简便易行，所以应用较多。但是受估计人员的主观影响较大，准确度较差。一般只在缺乏必要的技术资料的情况下采用，通常用于新产品和单件小批产品。

（二）物资储备定额

物资储备定额就是指在一定的生产技术条件下，为保证企业的生产经营活动顺利进行所必需的、经济合理的物资储备的数量标准。

1. 物资储备定额的作用

（1）编制物资供应计划和组织采购订货的主要依据之一　企业的物资储备是根据储备定额确定的，只有需要量和储备量确定后，才能确定年度企业的计划物资采购量，编制供应计划。

（2）核定企业流动资金定额的主要依据　物资储备一般在企业流动资金中占有很大的比例，科学合理的物资储备定额，对于节约资金、加速资金周转速度具有极其重要的意义。

（3）使企业物资管理部门能掌握和监督物资库存动态　有了它才能使企业保持经济合理的库存水平。这样，既能保证生产的正常需要，又能防止物资的积压和浪费。

（4）确定物资储备仓库面积和有关仓库设施及仓库定员的依据　有了科学合理的储备定额，可使企业按需定制仓库及安排仓库面积，按需要安排仓库员工的人数，减少费用的支出，提高企业的经济效益。

2. 物资储备定额的制定

物资储备定额一般包括经常储备定额和保险储备定额两部分。在有些企业里，由于某种物资供应受自然条件和季节影响，还需要有季节性储备定额。

（1）经常储备定额　经常储备定额指企业前后两批物资进厂的间隔期内，保持生产正常进行所必需的物资储备量，这种储备量随着一批物资进厂而达到最大数量，随着生产的消耗，逐渐减少，直到下批物资进厂前降到最低数量，当下批物资一进厂，就又达到最大数量，周而复始，所以又称为周转储备。经常储备定额指经常储备量的最大值。最大经常储备数量与最小经常储备数量之差即为一次进货量。

经常储备定额的计算公式如下：

经常储备定额＝（供应间隔天数＋物资使用前准备天数）×平均每日物资需用量

公式中，平均每日需用量等于年度物资计划需用量除以全年日历天数。物资使用前的准备天数,主要取决于物资的化验、加工和整理工作的效率,可根据技术分析和实际经验来确定。而物资的供应间隔天数是指前后两批物资进厂之间的间隔天数。确定供应间隔天数是一项比较复杂的工作,因为影响因素很多,主要是根据供应单位的供应条件、供应距离、运输方式等来确定,一般可采用加权平均法求得。这种方法是从企业外部条件来考虑的,没有考虑物资储备本身的经济性。

(2) 保险储备定额　保险储备定额是为了预防物资在供应过程中,因运输误期、拖期,质量、品种、规格不合格等不正常情况,使生产受到影响而确定的储备量,一般情况下不动用。其计算公式如下:

$$保险储备定额 = 平均每日需要量 \times 保险储备天数$$

保险储备天数一般是根据以往统计资料中平均误期天数或按实际情况来决定。随着市场经济的发展,企业的大部分物资如在当地可以组织供应的,或可使用代用物资且对生产影响不大的,则可以不建立保险储备定额。

(3) 季节性储备定额　季节性储备是指因某些物资的需要量受自然条件变化(如:冬季、雨季等)的影响而确定的储备量。其计算公式如下:

$$季节性储备定额 = 季节性储备天数 \times 平均每日需用量$$

季节性储备天数一般根据统计资料分析确定。凡是已建立季节性储备的物资,不再考虑经常储备定额和保险储备定额。

案例思考 9-4

零库存生产是某些发达国家的企业所采用的一种物资库存控制方法,它节约了企业的成本。我国有没有企业采用这种方法?为什么?

现在国际市场上原材料、石油的价格波动很大,面对这种情形,企业在物资管理上怎样做比较好呢?

★★★★★ **本章小结** ★★★★★

一、生产过程
- 概念　从准备生产开始,直至把产品生产出来为止的全过程。
- 构成　生产技术准备过程、基本生产过程、辅助生产过程、生产服务过程。
- 要求　连续性、平行性、比例性、均衡性、适应性。
- 生产类型　大量生产、成批生产、单件生产。
- 生产过程组织　空间组织、时间组织。

```
                    ┌ 概念    产品质量是指产品、产品生产过程或服务满足规定和潜在要求（或
                    │          需要）的特征和特性总和。
                    │ 工作质量    生产过程中对产品质量有影响的各种工作的水平。
                    │ 发展阶段    质量检验阶段；统计质量控制阶段；全面质量管理阶段。
                    │ 全面质量管理    以质量为中心，以全员参与为基础，以通过让顾客满意、使
                    │          本组织成员及社会受益为目标以达到长期成功的管理途径。基本思想
 二、质量管理 ──┤          包括"四全"的管理思想和四个"一切"的观念。
                    │              ┌ 概念    为实施质量管理所需的组织结构、程序、过程等管理能
                    │              │         力和资源（人力和技术装备）能力的综合体。
                    │ 质量体系 ──┤ 工作内容    质量保证、质量控制。
                    │              │ 要求    系统性、预防性、经济性、适用性。
                    │              └ 原理    质量环。
                    └ 统计方法    直方图法、排列图法、因果分析图法、控制图法、相关图法等。

                    ┌ 概念    对企业生产过程中所需各种物资的采购、储备、使用等进行计划、
                    │          组织和控制。
 三、物资管理 ──┤ 任务    按质、按量、按时、配套地供应各种物资；合理储备，加速流动资金的
                    │          周转；合理使用，降低物资消耗，减少储运损耗。
                    │                         ┌ 物资消耗定额    概念、构成和制定基本方法。
                    └ 物资定额管理 ──┤
                                              └ 物资储备定额    作用、制定。
```

复习思考

1. 什么是生产过程？它由哪些部分组成？
2. 合理组织生产过程要满足哪些要求？
3. 生产过程的空间组织设置一般有哪几种形式？
4. 生产过程的时间组织有哪几种形式？它们各自的优缺点是什么？
5. 流水生产的特征和组织条件各是什么？
6. 什么是全面质量管理？
7. 质量体系的基本内容是什么？
8. 常用的质量控制方法有哪些？
9. 制定物资消耗定额的方法有哪几种？

活动建议

1. 实地了解企业的生产过程、流水线生产。
2. 到企业的物资管理部门和设备管理部门实地了解企业的物资管理和设备管理。
3. 做一次调查，了解消费者对产品质量的要求。

第十章 企业财务管理

【学习目标】

通过本章的学习,了解财务的概念、企业财务活动以及企业财务管理的目标;了解筹资渠道与筹资方式、资本金制度、主权资本筹集、负债筹资;了解固定资产管理、流动资产管理、无形资产及其他资产管理;了解偿债能力、营运能力、获利能力分析。

第一节　企业财务管理综述

一、财务的概念

财务是国民经济各部门、各单位在物质资料再生产过程中客观存在的资金运动及资金运动过程中所体现的经济关系。财务管理是根据国家法律和财经法规，利用价值形式组织企业财务活动，处理企业同各方面财务关系的一项综合性的管理工作。

（一）企业财务活动

企业财务活动是以现金收支为主的企业资金收支活动的总称。一切物资都具有一定量的价值，它体现了耗费于物资中的社会必要劳动量，以及社会再生产过程中物资价值的货币表现，即资金。在市场经济条件下，拥有一定数额的资金，是进行生产经营活动的必要条件。

企业生产经营过程，一方面表现为物资的不断购进和售出；另一方面则表现为资金的支出和收回，企业的经营活动不断进行，也就会不断产生资金的收支。企业资金的收支，构成了企业经济活动的一个独立方面，这便是企业的财务活动。企业财务活动可分为以下四个方面：

1. 企业筹资引起的财务活动

企业要想从事经营，首先必须筹集一定数量的资金。企业通过发行股票、发行债券、吸收直接投资等方式筹集资金，表现为企业资金的收入。企业偿还借款，支付利息、股利，以及付出各种筹资费用等，则表现为企业资金的支出。这种因为资金筹集而产生的资金收支，便是由企业筹资而引起的财务活动。

2. 企业投资引起的财务活动

企业筹集资金的目的是为了把资金用于生产经营活动以获得盈利，不断增加企业价值。企业把筹集到的资金投资于企业内部用于购置固定资产、无形资产等，便形成企业的对内投资；企业把筹集到的资金投资于购买其他企业的股票、债券或与其他企业联营进行投资，便形成企业的对外投资。无论是企业购买内部所需各种资产，还是购买各种证券，都需要支出资金。而当企业变卖其对内投资的各种资产或收回其对外投资时，则会产生资金的收入。这种因企业投资而产生的资金的收支，便是由投资而引起的财务活动。

3. 企业经营引起的财务活动

企业在正常的经营过程中，会发生一系列的资金收支。首先，企业要采购材料或商品，以便从事生产和销售活动，同时还要支付工资和其他营业费用；其次，当企业把产品或商品售出后，便可取得收入，收回资金；再次，如果企业现有资金不能满足企业经营的需要，还要采取短期借款方式来筹集所需资金。上述各种经营活动都会产生企业资金的收支，此即属于由企业经营引起的财务活动。

4. 企业分配引起的财务活动

企业在经营过程中会产生利润，也可能会因对外投资而分得利润，这表明企业有了资金的增值或取得了投资报酬。企业的利润要按规定的程序进行分配。首先，要依法纳税；其次，要用来弥补亏损，提取公积金、公益金；最后，要向投资者分配利润。这种因利润分配而产生的资金收支，便属于由企业分配而引起的财务活动。

上述财务活动的四个方面，不是相互割裂、互不相关的，而是相互联系、相互依存的。正是这互相联系又有一定区别的四个方面，构成了完整的企业财务活动，这四个方面也就是财务管理的基本内容：企业筹资管理、营运资金管理、利润及其分配的管理。

（二）企业财务关系

企业财务关系是指企业在组织财务活动过程中与各有关方面发生的经济关系，企业的筹资活动、投资活动、经营活动、利润及其分配活动与企业各方面有着广泛的联系。企业的财务关系可概括为以下几个方面。

1. 企业同其所有者之间的财务关系

这主要指企业的所有者向企业投入资金，企业向其所有者支付投资报酬所形成的经济关系。企业所有者主要有以下四类：一是国家，二是法人单位，三是个人，四是外商。企业的所有者要按照投资合同、协议、章程的约定履行出资义务，以便及时形成企业的资本金。企业利用资本金进行经营，实现利润后，应按出资比例或合同、章程的规定，向其所有者分配利润。企业同其所有者之间的财务关系，体现了所有权的性质，反映了经营权和所有权的关系。

2. 企业同其债权人之间的财务关系

这主要指企业向债权人借入资金，并按借款合同的规定按时支付利息和归还本金所形成的经济关系。企业除利用资本金进行经营活动外，还要借入一定数量的资金，以便降低企业资金成本，扩大企业经营规模。企业的债权人主要有：①债券持有人，②贷款机构，③商业信用提供者，④其他出借资金给企业的单位或个人。企业获得债权人的资金后，要按约定的利息率，及时向债权人支付利息；债务到期时，要合理调度资金，按时向债权人归还本金。企业同其债权人的关系体现的是债务与债权的关系。

3. 企业同其被投资单位之间的财务关系

这主要是指企业将其闲置资金以购买股票或直接投资的形式向其他企业投资所形成的经济关系。随着经济体制改革的深化和横向经济联合的开展，这种关系将会越来越广泛。企业向其他单位投资，应按约定履行出资义务，参与被投资单位的利润分配。企业与被投资单位的关系是体现所有权性质的投资与受资的关系。

4. 企业同其债务人之间的财务关系

这主要是指企业将其资金以购买债券、提供借款或商业信用等形式出借给其他单位所形成的经济关系。企业将资金借出后，有权要求其债务人按约定的条件支付利息和归还本金。企业同其债务人的关系体现的是债权与债务的关系。

5. 企业内部各单位之间的财务关系

这主要是指企业内部各单位之间在生产经营各环节中相互提供产品或劳务所形成的经济关系。企业在实行内部经济核算制的条件下，其供、产、销各部门以及各生产单位之间，相互提供产品和劳务要进行计价结算。这种在企业内部形成的资金结算关系，体现了企业内部各单位之间的利益关系。

6. 企业与职工之间的财务关系

这主要是指企业向职工支付劳动报酬的过程中所形成的经济关系。企业要用自身的产品销售收入，向职工支付工资、津贴、奖金等，按照提供的劳动数量和质量支付职工的劳动报酬。这种企业与职工之间的财务关系，体现了职工和企业在劳动成果上的分配关系。

7. 企业与税务机关之间的财务关系

这主要是指企业依法纳税而与国家税务机关所形成的经济关系。任何企业，都要按照国家税法的规定缴纳各种税款，以保证国家财政收入的实现，满足社会各方面的需要。及时、足额地纳税是企业对国家的贡献,也是对社会应尽的义务。企业与税务机关的财务关系反映的是依法纳税和依法征税的权利义务关系。

二、企业财务管理目标

企业的目标是实现最高的投资利润、最佳偿债能力、最大的市场占有率、最大的股东财富,以及承担相应的社会责任。企业财务管理目标是企业财务管理活动所希望实现的结果。企业财务管理目标有以下几种具有代表性的模式:

(一)利润最大化目标

利润最大化目标,就是假定在投资预期收益确定的情况下,财务管理行为将朝着有利于企业利润最大化的方向发展。

利润最大化目标在实践中存在以下难以解决的问题:

① 利润是指企业一定时期实现的税后净利润,它没有考虑资金的时间价值;

② 没有反映创造的利润与投入的资本之间的关系;

③ 没有考虑风险因素,高额利润的获得往往要承担过大的风险;

④ 片面追求利润最大化,可能会导致企业短期行为,与企业发展的战略目标相背离。

(二)股东财富最大化目标

股东财富最大化目标是指企业的财务管理以股东财富最大化为目标。

在上市公司中,股东财富是由其所拥有的股票数量和股票市场价格两方面来决定的。在股票数量一定时,股票价格达到最高,股东财富也就达到最大。

与利润最大化相比,股东财富最大化的主要优点是:

① 考虑了风险因素,因为通常股价会对风险作出较敏感的反应;

② 在一定程度上能避免企业追求短期行为,因为不仅目前的利润会影响股票价格,预期未来的利润同样会对股价产生重要影响;

③ 对上市公司而言,股东财富最大化目标比较容易量化,便于考核和奖惩。

以股东财富最大化作为财务管理目标存在的问题是:

① 通常只适用于上市公司,非上市公司无法像上市公司一样随时、准确地获得公司股价信息;

② 股价受众多因素影响,特别是企业外部的因素,有些还可能是非正常因素。股价不能完全准确反映企业财务管理状况,比如有的上市公司处于破产的边缘,但由于可能存在某些机会,其股票价格可能还在走高;

③ 更多强调的是股东利益,而对其他相关者的利益不够重视。

(三)企业价值最大化目标

企业价值就是企业的市场价值,是企业所能创造的预计未来现金流量的现值。

企业价值最大化的财务管理目标,反映了企业潜在的或预期的获利能力和成长能力,其优点主要表现在:

① 考虑了资金的时间价值和投资的风险;

② 反映了对企业资产保值增值的要求;

③ 有利于克服管理上的片面性和短期行为;

④ 有利于社会资源合理配置。

其主要缺点则是企业价值的确定比较困难,特别是对于非上市公司而言。

（四）相关者利益最大化目标

相关者利益最大化目标的基本思想就是在保证企业长期稳定发展的基础上，强调在企业价值增值中满足以股东为首的各利益群体的利益。

以相关者利益最大化作为财务管理目标，具有以下优点：

① 有利于企业长期稳定发展；

② 体现了合作共赢的价值理念，有利于实现企业经济效益和社会效益的统一；

③ 这一目标本身是一个多元化、多层次的目标体系，较好地兼顾了各利益主体的利益；

④ 体现了前瞻性和可操作性的统一。

第二节 筹资管理

筹资是指企业根据生产经营、对外投资及资本结构调整的需要，通过一定的筹资渠道和资金市场，采取适当的方式，经济有效地筹集企业所需的资金。

一、筹资渠道与筹资方式

（一）筹资渠道

筹资渠道是指筹集资金来源的方向与通道，体现了资金的源泉和流量。筹资作为一个相对独立的行为，其对企业经营理财业绩的影响，主要是借助资本结构的变动而发生作用的。从筹集资金的来源的角度看，筹资渠道可以分为企业的内部渠道和外部渠道。

1. 内部筹资渠道

企业内部筹资渠道是指从企业内部开辟资金来源。从企业内部开辟资金来源有三个方面：企业自由资金、企业应付税利和利息、企业未使用或未分配的专项基金。一般在企业购并中，企业都尽可能选择这一渠道，因为这种方式保密性好，企业不必向外支付借款成本，因而风险很小。

2. 外部筹资渠道

外部筹资渠道是指企业从外部所开辟的资金来源，主要包括：专业银行信贷资金、非金融机构资金、其他企业资金、民间资金和外资。从企业外部筹资具有速度快、弹性大、资金量大的优点。但其缺点是保密性差，企业需要负担高额成本，会产生较高的风险，在运用过程中应当谨慎。

（二）筹资方式

筹资方式是指可供企业在筹措资金时选用的具体筹资形式。我国企业目前主要有以下几种筹资方式：①吸收直接投资，②发行股票，③利用留存收益，④向银行借款，⑤利用商业信用，⑥发行公司债券，⑦融资租赁，⑧杠杆收购。其中，前三种方式筹措的资金为权益资金，后几种方式筹措的资金是负债资金。

筹资渠道解决的是资金来源问题，筹资方式则解决通过何种方式取得资金的问题，它们之间存在一定的对应关系。一定的筹资方式可能只适用于某一特定的筹资渠道，但是同一渠道的资金往往可采用不同的方式取得。因此，企业在筹资时，应实现两者的合理配合。随着我国金融市场的发展,企业的筹资有多种方式可以选择,企业可以根据自身的实际情况选择合理的方式。

1. 借款

企业可以向银行、非金融机构借款以满足购并的需要。这一方式手续简便,企业可以在较短时间内取得所需的资金,保密性也很好。但企业需要负担固定利息,到期必须还本归息,如果企业不能合理安排还贷资金就会引起企业财务状况的恶化。

2. 发行债券

债券是公司为筹集资金,按法定程序发行并承担在指定的时间内支付一定的利息和偿还本金义务的有价证券。这一方式与借款有很大的共同点,但债券融资的来源更广,筹集资金的余地更大。

3. 普通股融资

普通股是股份公司资本构成中最基本、最主要的股份。普通股不需要还本,股息也不像借款和债券一样需要定期定额支付,因此风险很低。但采取这一方式筹资会引起原有股东控制权的分散。

4. 优先股融资

优先股综合了债券和普通股的优点,既无到期还本的压力,也不用担心股东控制权的分散。但这种方式税后资金成本要高于负债的税后资金成本,且优先股股东虽然承担了相当比例的风险,却只能取得固定的报酬,所以发行效果上不如债券。

5. 可转换证券融资

可转换证券是指可以被持有人转换为普通股的债券或优先股。可转换证券由于具有转换成普通股的特点,因此其成本一般较低,且可转换证券到期转换成普通股后,企业不必还本就能获得长期使用。但这一方式可能会引起公司控制权的分散,且到期后如股市大涨而高于转换价格时会使公司蒙受财务损失。

6. 购股权证融资

购股权证是一种由公司发行的长期选择权,允许持有人按某一特定价格买入既定数量的股票。其一般随公司长期债券一起发行,以吸引投资者购买利率低于正常水平的长期债券。另外在金融紧缩期和公司处于信任危机边缘时,购股权证可作为给予投资者的一种补偿,鼓励投资者购买本公司的债券。其与可转换证券的区别是,可转换证券到期转换为普通股并不增加公司资本量,而购股权证被使用时,原有发行的公司债并未收回,因此可增加流入公司的资金。

案例思考 10-1　大众公用 H 股超额配售

大众公用发布公告称其首次公开发行在境外上市的外资股(H 股)。联席全球协调人已于 2016 年 12 月 28 日部分行使招股章程所述的超额配售权,该协调人要求公司额外发行和售股股东售出合计共 54703000 股 H 股股份(包括公司将予以配发及发行的 49730000 股 H 股,及售股股东因履行国有股减持义务将予以售出的 4973000 股 H 股,以下简称"超额配售股份"),约占全球发售初步可供认购的发售股份总数的 11.42%。该 54703000 股 H 股将作价每股 3.60 港元。

[思考] 大公众用 H 股超额配售给企业带来什么影响?

二、资本金制度

资本金制度是指国家围绕资本金的筹集、管理以及所有者的责任权利等方面所制定的法律规范。其内容主要包括:资本金的确定方法,法定资本金、资本金的分类,资本金的筹集,资本金的管理,资本公积金等。

资本的存在是商品经济发展的必然结果,是现代企业制度或公司制度的基石,是市场经济的基本要素,具有存在的必然性。

(一)资本金的概念

1. 资本金

资本金是指企业在工商行政管理部门登记的注册资金。资本金的确定分为实收资本制和授权资本制。

实收资本制:公司成立时一次性缴入其出资额,实收资本与注册资本一致。

授权资本制:公司成立时,不要求投资者一次性交足注册资金。缴纳了第一期出资额后,公司即可成立,没有缴足部分则委托董事会在成立后进行筹资。

2. 法定资本金

开办公司制企业必须筹集到法律规定的最低的资本金数额,否则企业无法得到成立批准。不同企业的最低资本金限额也不同:在有限责任公司中,生产经营为主的企业为 50 万元;商业批发为主的公司为 50 万元;商业零售为主的公司为 30 万元;科技开发、咨询、服务性为主的公司为 10 万元。股份有限公司最低为 1000 万元;申请股票上市的为 5000 万元。资本金 300 万美元以下的外商投资企业,注册资本所占比重不得低于 70%。

(二)资本金制度的内容

1. 资本金筹集制度

(1) 筹集方式　资本金筹集方式可以多样化。

(2) 筹资期限　一次性筹集的,在营业执照签发之日起 6 个月内筹足;分期筹集的,最长期限不得超过三年,其中第一次认缴部分不得低于出资额的 15%,且第一次出资应在营业执照签发之日起 3 个月内到位。

(3) 吸收无形资产出资限额　吸收无形资产(不包括土地使用权)一般不超过注册资本的 20%,如果情况特殊(如:含有高新技术),确需超过 20% 的,应经过有关部门审批,但最高不超过 30%。

(4) 验资及出资证明　现金出资以实收现金确认;实物投资、无形资产投资的应按合同、协议或评估确认的价值作为投资入账价值。

2. 资本金管理制度

(1) 资本金保全制度　其作用为保证资本的保值增值。

(2) 投资者的权利与责任　投资者应按规定比例出资,分享企业利润并分担风险、亏损。

3. 资本公积金(资本的储备形式)

资本公积金是在公司的生产经营之外,由资本、资产本身及其他原因形成的股东权益收入。股份公司的资本公积金,主要来源于股票发行的溢价收入、接受的赠与、资产增值、因合并而接受其他公司资产净额等。其中,股票发行溢价是上市公司最常见、最主要的资本公积金来源。

三、主权资本筹集

筹资主要有主权资本筹资和债务资本筹资两种。主权资本筹资按筹集方式不同分为两类：吸收直接投资和发行股票。

（一）吸收直接投资

吸收直接投资按出资人不同分为国家投资、其他企业投资、个人投资、外商投资。

吸收直接投资按出资方式不同分为吸收现金投资和吸收非现金投资。

（二）股票筹资

股票是股份公司为筹集主权资本而发行的，表示股东按其持有的股份享有权益和承担义务的可转让的书面凭证。

1. 股票的种类

① 股票按票面是否记名分为记名股票和无记名股票。

② 股票按股东权益分为普通股股票（股利）和有效股股票（股息）。

③ 股票按投资主体分为国有股、法人股、个人股、外资股。

④ 股票按发行对象和上市地区分为 A 股（我国个人法人买卖的）、B 股（我国上市，以折合的外币金额认购和交易的）、H 股（在内地注册，在香港上市发行的股票）、N 股（国内公司在美国纽约证券交易所发行上市的）。

2. 股票的价格

① 票面价格：股票面值通常为 1 元。

② 账面价格：每股账面价格＝（公司资产净值－优先股股本）/普通股股数。

③ 清算价格：公司在清算时每股所代表的实际金额。

④ 市场价格：股票在市场交易时所确定的价格。

3. 股票发行的条件

前一次发行的股份已经募足，并间隔 1 年以上；公司近 3 年连续盈利，并可支付股利，但以当年利润分派新股不受此限；公司近 3 年内财务会计文件无虚假记载；公司预期利润率可达同期银行存款利率。

4. 公司股票发行价格决策

股票的发行价格应从多方面来进行决策。

① 市盈率。这是指普通股每股市价与每股税后利润的比率，它反映股票的投资价值。股票发行价格一般是根据每股税后利润乘以一个参考市盈率确定的。

② 每股净资产。每股所代表的净资产越多，其发行价格可定得越高。

③ 行业前景。考虑公司所处行业的发展前景、未来的盈利能力。

④ 公司在同行业中的地位。

⑤ 证券市场的供求状况及股价水平。

四、负债筹资

负债筹资是指企业通过向金融机构借款、发行债券、融资租赁和商业信用等形式筹集所需资金。负债筹资可分为短期、中期、长期负债筹资。

（一）银行借款

1. 种类

（1）按期限

① 短期银行借款（小于 1 年）：生产周转借款、临时借款、结算借款等。

② 长期银行借款（大于 1 年）：固定资产投资借款、更新改造借款、科研开发与新产品试制借款等。

（2）按有无担保

① 抵押借款：是以企业资产或其他担保财产做抵押从银行借入的款项，抵押品可以是不动产、设备等实物资产，也可是股票、债券等有价证券。

② 信用借款：凭企业的信用或担保人的信用从银行借入的款项，因其风险大，所以利率较高。

2. 优劣分析

银行借款的优点是筹资成本低，简便迅速，借款还款弹性大，可避免公开财务信息。缺点是筹资风险高，使用限制较多，筹资数量有限。

（二）企业债券

企业债券是企业为筹集资金而发行的，约期向债权人还本付息的有价证券。

1. 分类

① 企业债券按有无特定的财产担保可分为抵押债券（包括不动产、动产）、信托（债券）抵押债券和信用债券。

② 企业债券按是否记名可分为记名债券和无记名债券。

③ 企业债券按能否转换为公司股票可分为可转换债券和不可转换债券。

④ 企业债券按筹资期限可分为长期债券和短期债券。

2. 债券发行价格

债券发行价格的决定因素包括债券面额、票面利率和市场利率。

3. 优劣分析

企业债券的优点为：与权益融资相比，债券筹资成本低，既可发挥财务杠杆的作用，又能保证股东对公司的控制权；与银行借款相比，筹资成本高，但筹资数额大。

其缺点为：财务风险高，限制条款多，筹资门槛高。

（三）融资租赁

融资租赁是由出租人（租赁公司）按照承租人的要求融资购买设备，并在契约规定的较长时期内提供给承租人使用的信用业务。

1. 融资租赁的特点

租赁期较长，租期为租赁设备预计使用年限的一半以上；租赁合同比较稳定；租赁成本高；租金除了设备价款，其分期支付的利息比同期银行借款利息高；租赁期满后，按事先约定方式处理资产：出租人收回、延长租赁期、将设备作价转让给承租人。

2. 融资租赁的具体形式

① 直接租赁：租赁公司用自有资金、银行贷款或招股等方式，在国际或国内金融市场上筹集资金，向设备制造厂家购进用户所需设备，然后再租给承租企业使用的一种主要融资租赁方式。

② 返回租赁：先将设备卖给租赁公司，再回租。

③ 杠杆租赁（借款租赁）：出租方购买设备只需支付设备价款的20%—40%，其余向金融机构贷款，并以该设备作为担保品。

3. 优劣分析

融资租赁的优点是能够融资，且具有税收抵免作用；租赁期满后设备归出租方，可避免设备过时的风险。其缺点为：租赁成本高，损失资产残值。

（四）商业信用

商业信用是指企业在正常的经营活动和商品交易中由于延期付款或预收账款所形成的企业常见的信贷关系。在商品销售过程中，其表现为一个企业授予另一个企业的信用，如：原材料生产厂商授予产品生产企业的信用，或产品生产企业授予产品批发商的信用，或产品批发商授予零售企业的信用。

商业信用的形式主要有赊购商品、预收货款和商业汇票。

商业信用的优点是筹资方便，限制条件少，不带息票据筹资成本低；缺点是时间短，还款不及时会损失信誉，有一定风险。

案例思考10-2　房企巨头两极分化："三好学生"融资建房，负债企业"断臂求生"

自1998年房地产市场化改革以来，房地产开发企业负债总额逐年增加。至2019年底，全国房地产开发企业负债总额高达76万亿元，占GDP比重高达76.7%。根据沪深两市172家上市房地产企业2020年中报数据，按照"三道红线"标准，即"房企剔除预收款后的资产负债率不得大于70%、净负债率不得大于100%、现金短债比不小于1倍"，目前有121家上市房企踩线，占比为70.4%。其中"三道红线"均踩的上市房企占比为19.2%，踩中两道红线的上市房企占比为18.6%，踩中一道的上市房企占比为32.6%。2020年，房地产企业新增法律诉讼、失信违法、经营异常、行政处罚、严重违法等司法和经营风险条目明显增多。许多大型房地产企业近期已出现到期债务实质性违约事件。在融资渠道受限、负债率持续走高的市场下行周期内，"借新还旧""借短还长"的到期倒贷模式较为普遍，房地产企业的财务周转能力正经受巨大考验。

2022年1月，万科A在中国银行间市场发行了今年首期30亿元中期票据，发行利率为2.95%，主体和债项评级结果均为AAA。所得款项拟用于商品房项目建设。同日，招商蛇口披露2022年度第一期中期票据（并购）发行结果公告。据了解，本期中期票据已于2022年1月24日成功发行，注册金额累计为30亿元。相比于万科、招商蛇口的蒸蒸日上，部分高负债房企却处境艰难。悬殊对比之下，房产行业或将面临重新洗牌。恒大近日内动作频频，几日内连发数条通告，最近更是接连呼吁境外债权人多宽限些还款时日。融创中国三月内两次配股，通过股权配售、大股东借款、资产处置等途径持续回血，促进资金面恢复，回笼资金约300亿元用于偿还债务。而其"难兄难弟"世茂则在通过质股、抛售优质资产以图"断臂求生"，此前更是上架近800亿元资产包。相比稳健型房企的"春光满面"，曾经的风光无两的房企却辉煌不再，房地产行业正发生着翻天覆地的变化。

［思考］(1) 导致部分房地产企业"断臂求生"的原因是什么？

(2) 由房地产企业引发的经验与教训是什么？

第三节 资产管理

一、固定资产管理

(一)固定资产的含义

固定资产是使用期限超过一年,单位价值在规定标准以上,且在使用过程中保持原有物质形态,其价值逐步转移到产品中去的资产,包括房屋建筑物、机器及运输设备、工器具等。

固定资产的计价形式包括原值、重置价值和净值(折余价值)。

(二)固定资产折旧的计算方法

1. 平均年限使用法

平均年限使用法是指按固定资产的使用年限平均计提折旧的一种方法。它是最简单、最普遍的折旧方法,又称直线法或平均法。平均年限使用法适用于各个时期使用情况大致相同的固定资产折旧。其计算方法如下:

$$年折旧率 = (1 - 预计净残值率)/折旧年限$$

$$月折旧率 = 年折旧率/12$$

$$年折旧额 = 固定资产原值 \times 年折旧率$$

$$月折旧额 = 年折旧额/12$$

> **案例思考 10-3　用平均年限使用法确定固定资产折旧额**
>
> 达森公司某办公楼原值为 1400000 元,预计使用年限为 40 年,预计残值 64000 元,预计清理费用 8000 元。
>
> 请计算达森公司某办公楼年折旧额、年折旧率、月折旧额。

2. 工作量法

工作量法是指按实际工作量计提固定资产折旧额的一种方法。一般是按固定资产所能工作的平均时数计算折旧额。实质上,工作量法是平均年限使用法的补充和延伸。

工作量法有如下几种计算方式:

(1) 按照行驶里程计算折旧

$$单位里程折旧额 = 原值 \times (1 - 预计净残值率) \div 总行驶量程$$

(2) 按工作小时计算折旧

$$每工作小时折旧额 = 原值 \times (1 - 预计净残值率) \div 工作总小时$$

(3) 按台班计算折旧

$$每台班折旧额 = 原值 \times (1 - 预计净残值率) \div 工作总台班数$$

> **案例思考 10-4　用工作量法确定固定资产折旧额**
>
> 某企业有运输汽车 1 辆,原值为 300000 元,预计净残值率为 4%,预计行驶总里程为 800000 公里。该汽车采用工作量法计提折旧。假如某月该汽车行驶 6000 公里,请计算该汽车的单位量程折旧额和该月折旧额。

3. 双倍余额递减法

双倍余额递减法是在不考虑固定资产残值的情况下,用直线法折旧率的两倍作为固定的折旧率,乘以逐年递减的固定资产期初净值,得出各年应提折旧额的方法。双倍余额递减法是加速折旧法的一种,假设固定资产的服务潜力在前期消耗较大,在后期消耗较少。为此,其在使用前期多提折旧,后期少提折旧,从而相对加速折旧。

双倍余额递减法计算公式如下:

$$年折旧率 = 2 \div 预计的折旧年限 \times 100\%$$
$$年折旧额 = 固定资产期初账面净值 \times 年折旧率$$
$$月折旧率 = 年折旧率 \div 12$$
$$月折旧额 = 固定资产期初账面净值 \times 月折旧率$$
$$固定资产期初账面净值 = 固定资产原值 - 累计折旧 - 固定资产减值准备$$

> **案例思考 10-5　用双倍余额递减法确定固定资产折旧额**
>
> 某企业于 1998 年 12 月 20 日购置并投入使用一项常年处于超强度使用状态的生产用固定资产,原价为 400000 元,预计使用年限为 5 年,预计净残值 12000 元。2001 年 12 月 30 日,该企业按规定提取固定资产减值准备 20000 元,并于 2003 年 12 月 28 日将该固定资产变价处置,收到变价收入 11000 元(假设不考虑其他相关税费)。该固定资产经税务部门批准,按双倍余额递减法计提折旧。企业采用纳税影响会计法核算所得税,所得税税率为 33%。
>
> 请计算该固定资产每年的折旧额,并编制相关会计分录。(注:年折旧率 = 2÷5× 100% = 40%)

4. 年数总和法

年数总和法,又称折旧年限积数法、年数比率法、级数递减法或年限合计法,是固定资产加速折旧法的一种。它是将固定资产的原值减去残值后的净额乘以一个逐年递减的分数计算确定固定资产折旧额的一种方法。

年数总和法计算公式如下:

$$年折旧率 = (折旧年限 - 已使用年数) / \{折旧年限 \times (折旧年限 + 1)\} / 2$$
$$月折旧率 = 年折旧率 / 12$$
$$年折旧额 = (固定资产原值 - 预计净残值) \times 年折旧率$$
$$月折旧额 = 年折旧额 / 12$$

> **案例思考 10-6　用年数总和法确定固定资产折旧额**
>
> 某企业购进两台设备。一台原值 78000 元,预计残值 2000 元,预计可用 4 年;一台机器价格为 30 万元,预计使用 5 年,残值率为 5%。
>
> 请用年数总和法分别计算这两台设备各年折旧额。

二、流动资产管理

(一) 流动资产的含义

流动资产是指可以在一年内或超过一年的一个营业周期内耗用或变现的资产,包括各类材料、低值易耗品、在产品、产成品等各种存货,现金及各种存款,应收及预付款项等。

(二) 流动资产管理的内容

1. 存货管理

存货是指企业为耗用或销售而存储的物资。

存货管理的要求:在存货数量必须保持生产过程正常需要的前提下,尽可能减少存货占用的资金,防止超储积压,加速资金周转。

存货管理具体措施:合理确定保险储备量、对存货实行 ABC 分类管理、合理确定生产批量和订货数量、降低生产用物资消耗定额、缩短生产周期等。

2. 货币资金管理

货币资金包括现金与银行存款,采用转账结算。管理货币资金应积极组织资金收支,合理调度资金,保证经营所需资金的供应,加快资金周转,提高资金的利用效果和经济效益。

3. 应收和预付款项的管理

应收和预付款项包括应收票据、应收账款、预付款项。管理时要严格控制应收账款限额和回收时间,及时催收;其他应收款也要积极组织催收;控制预付款的范围、比例、期限,减少资金占用,加速资金周转。

(三) 流动资产运用效果的评价

流动资产运用效果评价的主要指标有:

1. 流动资产周转次数

$$\text{流动资产周转次数} = \text{流动资产周转总额} / \text{流动资产平均占用额}$$

2. 流动资产周转天数

$$\text{流动资产周转天数} = \text{计划期的天数} / \text{流动资产周转次数}$$
$$= \text{流动资产平均占用额} \times \text{计划期的天数} \div \text{流动资产周转总额}$$

3. 流动资产产值率

$$\text{流动资产产值率} = \text{企业总产值} \div \text{流动资产平均占用额}$$
(每百元在一定时期提供企业总产值)

4. 流动资产盈利率

$$\text{流动资产盈利率} = \text{企业实现税利总额} \div \text{流动资产平均占用额}$$
(每百元在一定时期内提供盈利额)

三、无形资产、递延资产管理

(一)无形资产

无形资产是指企业拥有或者控制的没有实物形态的可辨认非货币性资产。无形资产具有广义和狭义之分,广义的无形资产包括货币资金、应收账款、金融资产、长期股权投资、专利权、商标权等,它们没有物质实体,而是表现为某种法定权利或技术。但是,会计上通常将无形资产作狭义的理解,即将专利权、商标权等称为无形资产。

无形资产自使用之日起,其价值在有效使用期限内平均摊销进入管理费用。无形资产转让的收入,计入营业外收入。

(二)递延资产

递延资产是指本身没有交换价值,不可转让,一经发生就已消耗,但能为企业创造未来收益,并能从未来收益的会计期间抵补的各项支出。递延资产又指不能全部计入当年损益,应在以后年度内较长时期摊销的除固定资产和无形资产以外的其他费用支出,包括开办费、租入固定资产改良支出,以及摊销期在一年以上的长期待摊费用等。开办费指企业在筹建期间,除应计入有关财产物资价值以外所发生的各项费用,包括人员工资、办公费、培训费、差旅费、印刷费、注册登记费以及不计入固定资产价值的借款费用等。长期待摊费用指摊销期在一年以上的已付费用,如:经营性租入固定资产较大改良支出和固定资产大修理支出等。

第四节 财务分析

财务分析指利用企业财务报告提供的资料及其他相关资料,采取一定的方法进行计量分析,以综合反映和评价企业的财务状况、经营成果和现金流量状况。财务分析的基础是资产负债表、损益表、现金流量表。

一、偿债能力分析

(一)短期偿债能力分析

1. 流动比率

$$流动比率 = 流动资产/流动负债$$

流动比率为 2 比较合适。

2. 速动比率

$$速动比率 = (流动资产 - 存货)/流动负债$$

速动比率为 1 比较合适。

3. 现金比率

$$现金比率 = (现金 + 短期有价证券)/流动负债$$

现金比率说明及时偿付负债的能力。

（二）长期偿债能力分析

1. 资产负债率

$$资产负债率＝负债总额/资产总额$$

资产负债率大于1时，企业已资不抵债，临近破产警戒线。

2. 产权比率

$$产权比率＝负债总额/所有者权益总额$$

企业的产权比率越低，长期偿债能力越强。

3. 所有者权益比率

$$所有者权益比率＝所有者权益总额/资产总额$$

企业的所有者权益比率越大，负债比率越小，财务风险越小。

4. 已获利息倍数

$$已获利息倍数＝（净利润＋所得税＋利息费用）/利息费用$$

已获利息倍数越大，利息支付的保障程度越高，本金偿还更安全。

二、营运能力分析

（一）应收账款周转率

$$应收账款周转率＝赊销收入净额/应收账款平均余额$$

应收账款周转比率越高，应收账款变现越迅速，不易发生坏账。

（二）存货周转率

$$存货周转率＝销售成本/平均存货$$

存货周转率指标越高，经营效率就越高，存货数量也能保持适度。

（三）流动资产周转率

$$流动资产周转率＝销售收入/流动资金平均占用额$$

企业流动资产周转速度越快越好，这样才能少占用流动资金，增强盈利能力。

（四）固定资产周转率

$$固定资产周转率＝销售收入/平均固定资产净值$$

固定资产周转比率越高，说明利用率越高，企业管理水平越好。

（五）总资产周转率

$$总资产周转率＝销售收入/评价资产总额$$

该比率反映了固定资产的周转速度，速度越快越好。

三、获利能力分析

（一）企业获利的一般分析

1. 销售净利率

$$销售净利率＝净利润/销售收入$$

通过这一指标的变动，可以促使企业在扩大销售的同时，注意改善经营管理。

2. 销售毛利率

$$销售毛利率＝（销售收入－销售成本）/销售收入$$

3. 成本费用净利率

$$成本费用净利率＝净利润/（销售成本、费用、税金及附加＋管理费用＋财务费用）$$

该指标反映增收节支、增产节约，销售的增长和销售成本的减少都可使这一指标上升。

4. 资产净利率

$$资产净利率＝净利润/平均资产总额$$

资产净利率表明了每占用1元资产可以获得多少净利。

5. 资本金利润率

$$资本金利润率＝净利润/资本金总额$$

资本金利润率反映了投资人实收资本的获利能力。

6. 净资产收益率

$$净资产收益率＝净利润/平均所有者权益总额$$

净资产收益比率越高，投资者的收益水平越高，获利能力就越强。

（二）股份公司税后利润分析

1. 每股收益

$$每股收益＝（税后利润－优先股股利）/普通股流通股数$$

每股收益0.4元以上为绩优股；0.1～0.4元为中档股；0.05～0.1元为中低档股；0.05元以下为垃圾股。

2. 每股股利

$$每股股利＝支付普通股的现金股利/普通股流通股数$$

每股股利反映了每股普通股获得现金股利的水平。

3. 市盈率（倍）

$$市盈率（倍）＝当天股市收盘价/（上年度报）每股税后利润$$

市盈率反映了股东长期持有该股票，并且该公司将每股收益全部以现金股利分配给股东，按目前的盈利水平，需要多少年（倍数）才能收回投资。

案例分析 10-1

KL 公司的筹资方案

KL 公司是一家上市公司，专业生产、销售整体橱柜。近年来，由于我国经济快速发展，居民掀起购房和装修热，对该公司生产的不同类型的整体橱柜需求旺盛，导致其销售收入增长迅速。为此，该公司决定在 2015 年年底前建成一座新厂，需要筹措资金 5 亿元，其中 2000 万元可以通过公司自有资金解决，剩余的 4.8 亿元需要从外部筹措。2014 年 5 月 31 日，公司董事长周易召开董事会会议，研究筹资方案，并要求财务总监刘华提出具体计划，以提交董事会会议讨论。

公司在 2014 年 5 月 31 日的有关财务数据如下：

1. 资产总额为 27 亿元，资产负债率为 50%。
2. 公司有长期借款 2.4 亿元，年利率为 5%，每年年底支付一次利息。其中 6000 万元将在 2 年内到期，其他借款的期限尚余 5 年。借款合同规定公司资产负债率不得超过 60%。
3. 公司发行在外普通股为 3 亿股。

另外，公司 2013 年获得净利润 2 亿元。2014 年预计全年可获得净利润 2.3 亿元。公司适用的所得税税率为 25%。假定公司一直采用固定股利率分配政策，年股利率为每股 0.6 元。

随后，公司财务总监刘华根据总经理办公会议的意见设计了两套筹资方案，具体如下：

方案一：以增发股票的方式筹资 4.8 亿元。

公司目前的普通股每股市价为 10 元。拟增发股票每股定价为 8.3 元，扣除发行费用后，预计净价为 8 元。为此，公司需要增发 6000 万股股票以筹集 4.8 亿元资金。为了给公司股东以稳定的回报，维护其良好的市场形象，公司仍将维持其设定的每股 0.6 元的固定股利率分配政策。

方案二：以发行公司债券的方式筹资 4.8 亿元。

鉴于目前银行存款利率较低的情况，公司拟发行公司债券。设定债券年利率为 4%，期限为 10 年，每年付息一次，到期一次还清本金，发行总额为 4.9 亿元，其中预计发行费用为 1000 万元。

[分析]

（1）分析上述两种筹资方案的优缺点。

（2）你认为以上两种筹资方案中哪一个方案更适合 KL 公司？

★★★★★ 本章小结 ★★★★★

- 一、企业财务管理综述
  - 财务概念
    - 企业财务活动　企业筹资引起的财务活动、企业投资引起的财务活动、企业经营引起的财务活动、企业分配引起的财务活动。
    - 企业财务关系　企业同其所有者之间、企业同其债权人之间、企业同其被投资单位之间、企业同其债务人之间、企业内部各单位之间、企业与职工之间、企业与税务机关之间
  - 企业财务管理目标　利润最大化、股东财富最大化、企业价值最大化、相关者利益最大化。

- 二、筹资管理
  - 筹资渠道与方式
    - 筹资渠道
      - 含义　指筹集资金来源的方向与通道。
      - 来源　内部筹资渠道、外部筹资渠道。
    - 筹资方式　借款、发行债券、普通股融资、优先股融资、可转换证券融资、购股权证融资。
  - 资本金制度
    - 含义　指企业在工商行政管理部门登记的注册资金。
    - 内容　资本金筹集制度、资本金管理制度、资本公积金。
  - 主权资本筹集　吸收直接投资、股票筹资。
  - 负债筹集　银行借款、企业债券、融资租赁、商业信用。

- 三、资产管理
  - 固定资产管理
    - 含义　是使用期限超过一年，单位价值在规定标准以上，且在使用过程中保持原有物质形态，其价值逐步转移到产品中去的资产。
    - 折算方法　平均年限使用法、工作量法、双倍余额递减法、年数总和法。
  - 流动资产管理
    - 含义　指可以在一年内或超过一年的一个营业周期内耗用或变现的资产。
    - 内容　存货管理、货币资金管理、应收和预付款项的管理。
    - 运用效果评价　流动资产周转次数、流动资产周转天数、流动资产产值率、流动资产盈利率。
  - 无形资产、递延资产管理

- 四、财务分析
  - 偿债能力分析
    - 短期　流动比率、速动比率、现金比率。
    - 长期　资产负债率、产权比率、所有者权益比率、已获利息倍数。
  - 营运能力分析　应收账款周转率、存货周转率、流动资产周转率、固定资产周转率、总资产周转率。
  - 获利能力分析
    - 企业一般获利分析　销售净利率、销售毛利率、成本费用净利率、资产净利率、资本金利润率、净资产收益率。
    - 股份公司税后利润分析　每股收益、每股股利、市盈率。

复习思考

1. 现代企业的理财观念有哪些？
2. 目前我国有哪些筹资渠道和筹资方式？
3. 固定资产折旧计算方法有哪些？如何计算？
4. 企业财务分析的基本内容有哪些？

活动建议

1. 企业财务管理三种代表性的模式，你倾向于哪种？为什么？
2. 你认为企业负债越少越好吗？请查找相关资料进行分析。

参考书目

CANKAOSHUMU

1. 杨剑,金果,尹丽荣.企业病诊断与防治[M].北京:中国纺织出版社,2004.
2. 王永森.企业管理[M].新北:龙腾文化事业公司,1987.
3. 虞文均,周振邦.企业弊病[M].上海:上海财经大学出版社,2005.
4. 吴志远.企业经营诊断术[M].北京:经济管理出版社,2002.
5. 周三多.管理学——原理与方法[M].上海:复旦大学出版社,2005.
6. 蒋景楠.现代企业管理[M].上海:华东理工大学出版社,2000.
7. 何业才.新编现代工业企业管理[M].北京:经济管理出版社,1995.
8. 戴淑芬.管理学教程[M].北京:北京大学出版社,2004.
9. 丁仁忠.现代企业管理基础[M].上海:立信会计出版社,2000.
10. 徐金石,陶田.企业管理与技术经济[M].北京:机械工业出版社,1997.
11. 徐江.现代企业管理基础[M].上海:华东理工大学出版社,1995.
12. 蒂姆·汉纳根.掌握战略管理[M].北京:中国商务出版社,2004.
13. 胡建绩,陆雄文.企业经营战略管理[M].上海:复旦大学出版社,2004.
14. 葛志才.商业企业管理实务[M].北京:中国物资出版社,2003.
15. 李宗尧.企业管理[M].北京:科学出版社,2005.
16. 冯光福.管理学基础[M].北京:化学工业出版社,2005.
17. 邱晓文.现代工商管理[M].北京:经济科学出版社,2003.
18. 盛华仁.工商管理概论[M].北京:人民出版社,2002.
19. 赵曙明.人力资源管理[M].北京:机械工业出版社,2005.
20. 林泽炎.员工职业生活设计与管理[M].广州:广东经济出版社,2003.
21. 安维.现代企业管理[M].北京:中国金融出版社,2005.
22. 马红光.企业管理[M].北京:科技出版社,2005.
23. 邵一明.现代企业管理[M].上海:立信会计出版社,2001.
24. 马红光.企业管理[M].北京:科学出版社,2005.
25. 吴建国,林德语,龚卫星.商品流通企业经营管理学[M].上海:立信会计出版社,1996.
26. 张建伟.现代企业管理[M].北京:人民邮电出版社,2017.
27. 王丹.现代企业管理教程[M].北京:清华大学出版社,2016.
28. 官灵芳.现代企业管理[M].北京:北京理工大学出版社,2017.
29. 许志杰.现代企业管理[M].杭州:浙江大学出版社,2016.